W0095567

ANA LILIA PÉREZ

KOKAINMEERE

Die Wege des weltweiten Drogenhandels

Aus dem mexikanischen Spanisch
von Birgit Weilguny und Katrin Behringer

Pantheon

Die Originalausgabe ist 2014 unter dem Titel *Mares de cocaína. Las rutas náuticas del narcotráfico* bei Grijalbo erschienen, einem mexikanischen Imprint der Penguin Random House Grupo Editorial, Barcelona. Der Text wurde für die deutsche Ausgabe gekürzt.

Der Verlag weist ausdrücklich darauf hin, dass im Text enthaltene externe Links vom Verlag nur bis zum Zeitpunkt der Buchveröffentlichung eingesehen werden konnten. Auf spätere Veränderungen hat der Verlag keinerlei Einfluss. Eine Haftung des Verlags ist daher ausgeschlossen.

Verlagsgruppe Random House FSC® N001967
Das für dieses Buch verwendete FSC®-zertifizierte Papier
Lux Cream liefert Stora Enso, Finnland.

Der Pantheon Verlag ist ein Unternehmen der
Verlagsgruppe Random House GmbH.

Erste Auflage
April 2016

Copyright © 2014 by Ana Lilia Pérez
Copyright © der deutschsprachigen Ausgabe 2016 Pantheon Verlag,
München, in der Verlagsgruppe Random House GmbH,
Neumarkter Str. 28, 81673 München
Umschlaggestaltung: Büro Jorge Schmidt, München, unter Verwendung
einer Abbildung von © Benoit Audureau/plainpicture
Redaktion: Bettina Engels und Corinna Santa Cruz, Frankfurt
Satz: Ditta Ahmadi, Berlin
Karte: Peter Palm, Berlin
Druck und Bindung: CPI books GmbH, Leck
Printed in Germany
ISBN 978-3-570-55338-1

www.pantheon-verlag.de

Inhalt

Vorwort		7
Einleitung		11
1	Die Schiffe der Drogendealer	17
2	Kolumbien – Die Herren des Pazifiks	47
3	Buenaventura – Die schwarze Perle des Ozeans	67
4	Die mexikanische Mafia erobert die Weltmeere	85
5	Die Mittelamerika-Routen	113
6	Brasilien – Das neue Paradies des Kokains	131
7	Die Anfänge des transatlantischen Drogenhandels	153
8	La Grande Nation	175
9	Deutschland – Umschlagplatz und Top-Konsumentenland	183
10	Das Teufelsmeer und die Kängururoute	203
11	Italien – Segelschiffe, Meeresbrisen und Kokainwellen	221
12	Portugal – Narcojäger auf hoher See	249
13	Großbritannien – Unter Feinden	271
14	Highway 10 – Die Autobahn der Drogenhändler	291
Register		315

Vorwort

Auf meiner Reise von Mexico City nach Berlin* habe ich mir Gedanken darüber gemacht, was Meinungsfreiheit ist und was sie gegenwärtig für die Menschen bedeutet. Meinungsfreiheit ist ein Grundrecht; ein Recht, das der Entwicklung der Zivilisation innewohnt; und folglich sind Konzepte wie Demokratie ohne die Ausübung von Meinungsfreiheit nicht vorstellbar.

In Deutschland ist dieses Recht garantiert und wird frei und in hohem Maße ausgeübt, da die Verleger der Zeitschriften und Bücher Frauen und Männer sind, die sich ernsthaft für die Meinungsfreiheit und folglich auch für die Gesellschaft engagieren. Auf der anderen Seite gibt es Länder, in denen das Ausüben dieses Rechts das Risiko mit sich bringt, ermordet zu werden. Wir, die Journalisten, die die Meinungsfreiheit und das Recht der Bürger auf Information verteidigen, unterschreiben in diesen Ländern im Grunde unser Todesurteil.

In Mexiko, wo Demokratie nur auf dem Papier existiert, wurden im letzten Jahrzehnt mehr als achtzig Journalisten ermordet, ungefähr zwanzig sind spurlos verschwunden. Darüber hinaus gibt es weitere Gefahren für die Meinungsfreiheit wie die Zensur und die Selbstzensur. Den Beruf des Journalisten in einem Land wie Mexiko auszuüben ist eine mit großem Risiko behaftete Aufgabe. Obgleich es offiziell keinen Krieg gibt, ist mein Land eines der lebensgefährlichsten Länder auf der Welt; nicht nur für die Presse, sondern auch für die Bevölkerung im Allgemeinen. Jeden Tag werden Menschen auf so gewalttätige Art und Weise umgebracht, wie es in den vergangenen Jahrzehnten undenkbar

---

* Ana Lilia Pérez wurde im November 2015 mit der vom Verband Deutscher Zeitschriftenverleger verliehenen Goldenen Victoria für Pressefreiheit ausgezeichnet. Die Rede, die sie bei der Preisverleihung gehalten hat, wurde für dieses Vorwort leicht abgewandelt.

schien. Dennoch bin ich mir sicher, dass es das Risiko wert ist: weil ich von der Bedeutung des Journalismus überzeugt bin; und weil die Meinungsfreiheit eine Lebensform und zugleich eine Pflicht gegenüber der Gesellschaft ist.

Ich habe über Jahre hinweg den Journalismus unter Wahrung zweier persönlicher Prinzipien ausgeübt: Ethik und Verteidigung der Meinungsfreiheit. Aus diesem Grund habe ich lange Zeit mit Bedrohungen und Gefahren gelebt und musste lernen, unter Angst zu arbeiten; aber ich mache weiter, weil ich glaube, dass der ehrliche Journalismus eine Säule für die Demokratie und für die Zukunft eines Landes ist.

2012 hat meine Reise nach Deutschland in einem zweijährigen Exil geendet, was mir das Leben gerettet hat. In diesem Land gaben mir Menschen wie Sie die Flügel, um meine Arbeit fortzusetzen und in mein Land zurückzukehren. Von neuem beginnend, war ich stark, firm und überzeugt, dass der Journalismus sich positiv auf die Bevölkerung auswirken kann, um eine kritische Gesellschaft zu festigen und unabhängiges und freies Denken zu fördern; so wie es in Deutschland bereits Realität ist.

Für mich ist der Journalismus der schönste Beruf der Welt. Aus diesem Grund fühle ich mich trotz der Ängste und Risiken, mit denen meine Arbeit verbunden ist, sehr privilegiert. Ich lebe immer noch, ich atme, und ich kann mich an Sie als die Leser meines Buches wenden.

Das Buch, das Sie in den Händen halten, gibt mir Stärke. Es gibt mir Anerkennung für die bitteren Zeiten, die ich erlebt habe, und es ist für mich ein Anreiz, weiterzumachen. Ich widme es der deutschen Gesellschaft, die mir die Chance auf ein neues Leben gegeben hat. Darüber hinaus widme ich es der Hamburger Stiftung für politisch Verfolgte und dem deutschen PEN-Zentrum, die mir Exil gewährt und mir dadurch das Leben gerettet haben.

Ich widme es auch Martina Bäurle, Johannes von Dohnanyi, Teresa Ávila, Harald und Penka Ihmig und allen anderen Kolleginnen und Kollegen, die mir hier in diesem Land ihre Unterstützung und ihre Freundschaft angeboten haben. Ich möchte es außerdem meiner Familie widmen, deren Haltung, Stärke und Geist mich bedingungslos begleiten. Ich widme es auch meinem Land, weil wir Mexikaner einen besseren Staat verdienen; einen Staat, der tatsächlich die Meinungsfreiheit garantiert. Dieses Buch bedeutet auch, dass wir Hoffnung haben. Es bedeutet, dass wir mexikanische Journalisten nicht allein sind. Danke, dass Sie uns nicht allein lassen.

Dieses Buch ist insbesondere eine Umarmung für all diejenigen Autoren, die bedroht, verfolgt und eingesperrt sind. Eine Umarmung für diejenigen, die zensiert worden sind, weil sie im Interesse der Bevölkerung Korruption in den Zentren der Macht aufgedeckt haben. Es ist auch eine Umarmung für unsere Verschwundenen und Erinnerung an unsere Toten.

Vielen Dank an Sie, dass Sie meine Stimme hören möchten. Eine Stimme, die Nein zur Zensur sagt, die Ja zur Meinungsfreiheit sagt und Ja zur wahren friedlichen Demokratie.

Berlin, im November 2015

Einleitung

Meine Recherchen über die Kokainmeere begannen im Jahr 2004. Ich untersuchte damals für mein Buch *Camisas azules, manos negras* (»Blaue Hemden, schwarze Hände«) die im halbstaatlichen mexikanischen Ölkonzern Pemex grassierende Korruption, die bis in höchste Regierungskreise reicht. Hierfür fuhr ich mit dem Schiff in das Zentrum der mexikanischen Erdölindustrie, in die Bucht von Campeche im Golf von Mexiko. Auf dieser abenteuerlichen Reise in eines der am stärksten boomenden Erdölfördergebiete der Welt war ich nicht allzu überrascht, zu erfahren, dass auf den Bohrinseln – Plattformen aus Stahl und Glasfaser neunzig Kilometer vor der Küste – Kokain konsumiert wird. Die Tatsache, dass Männer, die über lange Zeit von der Außenwelt abgeschnitten auf einer Plattform arbeiteten und sich dabei einem hohen Risiko aussetzten, auch während der Arbeitszeit zu Stimulantien griffen, verblüffte mich weniger als die Art und Weise, wie das Rauschgift auf die Bohrinseln gelangte.

Die Ölplattformen sind staatliches Sperrgebiet. Um sie zu betreten, muss man strenge Sicherheitskontrollen passieren. So gut wie jeder Neuankömmling wird komplett durchleuchtet, ebenso die Gegenstände, die er mit sich führt. Es sind abgeschirmte, von Armee und Polizei mit moderner Hightech-Ausrüstung minutiös überwachte Einrichtungen. Trotzdem ist hier Rauschgift erhältlich, vor allem Kokain. Ich fragte mich damals, wie das funktionierte und wer dahintersteckte.

Wieder auf dem Festland angekommen, skizzierte mir ein Kapitän, der Einsätze gegen den Rauschgifthandel koordinierte, in groben Zügen, wie der Drogenschmuggel auf See funktioniert. Er war darauf spezialisiert, Kokainladungen aufzuspüren, die von einem südamerikanischen Mutterschiff angeliefert werden, bevor sie an bestimmten Koordinaten entweder »zurückgelassen« und von Rauschgifthändlern mit Schnellbooten aufgefischt oder auf kleinere Schiffe umgeladen und dann in den Hafen gebracht werden. »Das läuft perfekt koordiniert ab«, sagte er.

Später erfuhr ich, dass Rauschgift auf denselben Tankern in die Bucht von Campeche gelangt, die auch die Kabotage erledigen, oder aber auf Schiffen versteckt wird, die im Auftrag des Staates die Plattformen errichten und warten; manchmal sogar mit den Fährbooten, die Arbeiter zur Plattform bringen. Einzelne Arbeiter fungieren in diesem Fall als Mulis, das heißt, sie schmuggeln Kokainplomben an oder in ihrem Körper.

Mir war schnell klar, dass ich auf die logistischen Strukturen eines der einträglichsten und bestorganisierten Geschäfte krimineller Kartelle gestoßen war – des Kokainschmuggels im großen Stil –, auf eine Infrastruktur, die Süchtige diesseits und jenseits des Atlantiks, ja bis in den hintersten Winkel des Pazifiks mit dem begehrten Rauschmittel versorgt. Auch der Tauschhandel zwischen den Rauschgiftschmugglern in Mexiko und Südamerika und ihren Kollegen im Mittleren Osten und in Asien wird, wie ich bald herausfand, von hier aus organisiert: Drogenausgangsstoffe und Waffen gegen weiterverarbeitetes Kokain und Heroin, das die bitterarme Bevölkerung der afrikanischen Länder vom Golf von Guinea bis zum Maghreb ebenso süchtig macht wie die Konsumenten des entlegenen, weitläufigen und finanzstarken Kontinents Australien, wo *ein Gramm* Kokain bis zu 785 Dollar kosten kann – während in Produzentenländern wie Kolumbien oder Peru *ein Kilogramm* aus erster Hand oft für achthundert Dollar zu haben ist.

Ich ging davon aus, dass hier wie zu allen Zeiten diejenigen, die die Seewege kontrollierten, die über die Mittel verfügten, um die Meere zu befahren und die Häfen zu infiltrieren, auch den Handel dominierten, da in dieser Phase – verglichen mit Anbau und Herstellung – die höchsten Profite erzielt werden. Um dies zu belegen, wagte ich mich über das Meer zu den dunklen Abgründen und Mechanismen des weltweiten Rauschgifthandels vor, jenes Mafia-Apparats, der Partner unterschiedlichster Gesinnung, Herkunft, Nationalität, Muttersprache und sozialer Stellung in einem lukrativen Geschäft vereint, bei dem es weder Konjunkturflauten und Börsencrashs noch politisches Lagerdenken gibt und an dem sich Sozialisten und Kapitalisten gleichermaßen beteiligen.

Je länger ich mich mit der Schifffahrt als dem Rückgrat des Welthandels – und damit auch des Rauschgifthandels – beschäftigte, desto gründlicher konnte ich mich davon überzeugen, dass sie eine Welt für sich ist, die ihren eigenen, den meisten Menschen völlig unbekannten Gesetzen gehorcht. Es ist eine Welt am Rande der staatlichen Aufmerksamkeit und der behördlichen Kontrolle. Die Ozeane und ihre Häfen sind rechtsfreie Zonen, und das organisierte Verbrechen profitiert davon. Die zahllosen Häfen dieser Welt, in denen Kokainschmuggler ungehindert durch den Zoll kommen, sind die Drehscheiben, die den weltweiten Vertrieb und Konsum des Rauschgifts überhaupt erst möglich machen. Für diese Organisationen, die weder Sprachbarrieren noch gesetzliche Schranken kennen, ist die Welt klein und überschaubar: Sie besteht nur aus Routen für die Übergabe von Drogen, aus Häfen und Zollstellen mit Beamten, die auf ihren Gehaltslisten stehen, aus den *halcones* genannten Spähern, die ihre Ladungen überwachen, und sonstigen Informanten, die für sie arbeiten – weil die kriminellen Organisationen die finanziellen Möglichkeiten haben, Beamte zu schmieren, auch in Ländern, in denen man stolz auf niedrige Korruptionsraten ist.

Als ich meine Nachforschungen anstellte, erlebte Mexiko gerade eine der turbulentesten Phasen seiner Geschichte, den »Krieg gegen die Drogen«: ein brutales, törichtes und sinnloses Blutbad als Folge der Entscheidungen eines gescheiterten Präsidenten, in dessen Regierungszeit die mexikanischen Mafiakartelle zu den Herrschern des weltweiten Kokainhandels aufgestiegen sind. Die Mexikaner konnten die noch in den achtziger Jahren dominierenden Kolumbianer ablösen, indem sie die Seerouten für den Rauschgiftschmuggel organisierten, kontrollierten und ausbauten. Seither ist ihre Herrschaft ungebrochen, auch wenn einige bekannte Anführer verhaftet wurden.

Auf dem Seeweg haben die mexikanischen Kartelle – in Kooperation mit galicischen, kolumbianischen, venezolanischen, peruanischen, britischen, italienischen, chinesischen, türkischen und russischen Mafiosi – entlegene Weltgegenden wie den australischen Kontinent, die Marshallinseln und die Häfen Asiens erobert. Unter ihrem Einfluss sind Guinea-Bissau zum ersten Drogenstaat der Welt, Spanien zur Rauschgiftbörse Europas, Panama zum wichtigsten Drehkreuz für den interozeanischen Drogenschmuggel, der Amazonas zum Zubringerfluss und verschiedene mexikanische Häfen zu wahren Drogenparadiesen geworden.

Investigativer Journalismus ist nie ganz risikolos. Für das vorliegende Buch aber musste ich von Anfang an mit den Haien schwimmen – weil mich die Recherchen in ein Milieu führten, in dem es oberstes Gebot ist, zu schweigen, wenn man am Leben bleiben will. Der angesehene Reeder, dem man gegenübersitzt, gehört womöglich einer kriminellen Organisation an, ohne dass man etwas davon ahnt. In einem solchen Umfeld kann jeder falsche Schritt tödlich sein – doch ich lernte, nur den Leuten zu vertrauen, die von meinem Vorhaben wussten und es unterstützten.

Um die Seerouten des Rauschgifthandels zu skizzieren, besuchte ich sowohl die Länder, in denen das Rauschgift verarbeitet und verschifft wird, als auch die Länder, für die es bestimmt ist. Nach der Veröffentlichung meines Buchs *El cártel negro* (»Das schwarze Kartell«), in dem ich die Aktivitäten des organisierten Verbrechens innerhalb der mexikanischen Erdölindustrie und internationaler Konzerne aufgedeckt hatte, musste ich

Mexiko 2012 zu meiner eigenen Sicherheit verlassen. Als Stipendiatin der Hamburger Stiftung für politisch Verfolgte und später des internationalen Autorenverbandes PEN ließ ich mich in Deutschland nieder. Es sah damals ganz nach einer langen Flaute für mein Rechercheprojekt aus, so als wäre der Plan aufgegangen, sich einer Journalistin zu entledigen, die gierige Geschäftsleute und eine korrupte Regierung für die Stärkung der mexikanischen Mafia verantwortlich gemacht hatte. Doch neuer Wind kam auf und brachte es wieder auf Kurs. Denn auf dem eurasisch-afrikanischen Festland schließt sich der Kreis des Kokainhandels. Seine Häfen und sein Markt für den Drogenkonsum – der zweitgrößte nach den USA – machen ihn für die Rauschgiftschmuggler zu einem wichtigen Bestimmungsort für ihre Lieferungen und zum Umschlagplatz für Waffen, Grundstoffe und Geld. Seine Banken, Konsortien und Konzerne sind nicht nur Teil einer sauber bilanzierten Wirtschaft, sondern auch Orte, wo Schwarzgeld gewaschen wird. Und nicht zuletzt befinden sich hier ebenso die Schifffahrts- und Ermittlungsbehörden, die am besten darüber Bescheid wissen, wie die Mafia ihre Geschäfte über das Meer abwickelt.

Dieses Buch enthüllt, wie der organisierte Rauschgifthandel und seine wirtschaftlichen Strukturen den internationalen Handel unterwandert haben. Ich konnte es nur schreiben, weil mir Seeleute und andere Kenner der Materie Zugang zu ihren Kreisen verschafften. Weil sie gegen die *omertà*, die Schweigepflicht, verstießen, um die Öffentlichkeit wissen zu lassen, wie lang der Arm der Mafia tatsächlich ist. Nur mit ihrer Hilfe konnte ich erfahren, in welchem Ausmaß die Seeverkehrs- und Hafenwirtschaft von kriminellen Vereinigungen durchsetzt ist, nur mit ihrer Hilfe konnte ich verstehen, wie das Rauschgift auf See transportiert wird, und auch den Modus Operandi der großen Schifffahrtsunternehmer kennenlernen, die wissentlich oder unwissentlich am Drogenschmuggel beteiligt sind. Diese Insider stellten mir die nötigen Informationen über den Seehandel zur

Verfügung, der den Kartellen als Tarnung und gleichzeitig zur Geldwäsche dient.

Meine Recherchen konnte ich nur dank der Kapitäne durchführen, die so großzügig waren, mich – manchmal als »autorisierte blinde Passagierin« – auf ihren Schiffen mitzunehmen, und von denen viele besorgt sind, dass Berufseinsteiger heute eher davon träumen, eine Schmuggeltour durchzuführen, als Kapitän zu werden; dank der Seeleute, die freimütig erzählten, wie attraktiv es ist, für reiche Rauschgifthändler zu arbeiten; dank des Zolls, der Polizei und der Marine und jener Taskforces, die ich interviewen konnte, in deren Archiven ich stöbern und deren Anstrengungen, den Zustrom des Kokains zu unterbrechen, ich miterleben durfte.

Dieses Buch gäbe es nicht ohne die Menschen, die mir bei Interviews, Übersetzungen, Reisen und der Suche in Archiven geholfen haben, darunter Martina Bäurle, Johannes von Dohnanyi, Isaac Mosqueda, Laura Schneider, Antonia Mendoza, Araceli Pérez, Harald Ihmig, Penka Ihmig, Yoselin Konow, Teresa Ávila, Peter Axer und meine Herausgeber bei Penguin Random House.

Ich danke Carmen Aristegui, Edgardo Buscaglia, Blanca Pérez, Marta Durán, Wolfgang Grenz, dem Verband Deutscher Zeitschriftenverleger (VDZ), der Hamburger Stiftung für politisch Verfolgte, dem PEN-Zentrum Deutschland, der Leipziger Medienstiftung, Article 19, CIMAC Mexiko, Reporter ohne Grenzen, Freedom House und dem Knight Center for Journalism in the Americas.

1
Die Schiffe der Drogendealer

Wenn man im Hafen von Santa Marta steht, sieht man zum einen die Kordilleren, deren Ausläufer bis ins Andenhochland am Fuß der Sierra Nevada de Santa Marta reichen, und zum anderen, nur wenige Meter entfernt, die kolumbianische Karibikküste mit ihren sandigen Buchten. Im Morgendunst des Juni 2008 kündigte an einem der sieben Hafenkais, auf die sich die anlegenden Boote je nach ihrer Fracht verteilen, die *Río Manzanares* tutend ihre Abfahrt an und durchpflügte mit stampfenden Motoren das Wasser. Das kleine Fischereischiff aus Venezuela war am Vorabend nach Kolumbien gekommen, um Fracht aufzunehmen. Zu dieser frühen Stunde, in der Himmel und Meer in der Dunkelheit miteinander verschmelzen, wirkte es wie ein Geisterschiff.

Im Morgengrauen nahm die *Río Manzanares* Kurs auf die Karibik, scheinbar um nach Hause zurückzukehren. Doch der Eindruck täuschte, denn auf der Höhe von Puerto Bolívar durchquerte sie den Golf von Venezuela, vorbei an Aruba, Curaçao und Bonaire, Tortuga und Margarita. Auch am helllichten Tag fiel die *Río Manzanares* zwischen den Hunderten von Fähr-, Fracht-, Fischerei- und Vergnügungsschiffen, die sich in der Karibik tummeln, nicht weiter auf. Zwar kreuzte sie nun bereits in internationalen Gewässern, die vor allem von Öltankern und Frachtschiffen auf Transatlantikfahrt frequentiert werden, doch auch dafür konnte es eine Erklärung geben: Sie besaß eine Lizenz für Hochseefischerei, und viele Schiffe stachen durchaus auch zur Schonzeit in See, denn ohne Fleiß kein Preis. Doch in diesem Sommer gab sich die Besatzung nicht damit zufrieden, in den fischreichen Gewässern zwischen den großen und kleinen Inseln auf den Wellen zu treiben und ihre Netze auszuwerfen. Die *Río Manzanares* war diesmal nicht zum Fischen hier, sondern als

Mutterschiff* – sowohl von der Mafia als auch von der Polizei so genannt, weil es Drogen auf hohe See bringt, die von dort auf kleinere Schiffe und Schleppkähne verladen werden, um mit der Fracht einen Hafen oder eine bestimmte Küste anzulaufen. Von dort aus wird das Rauschgift ins Landesinnere gebracht, wo es gelagert, weiterverarbeitet, verteilt und schließlich verkauft wird. Aus diesem Grund hatte sich die *Río Manzanares* weit über die Karibik hinaus in Richtung Äquator begeben, von wo aus man alle möglichen Staaten ansteuern kann.

An jenem Tag beförderte die *Río Manzanares* entgegen ihrer eigentlichen Bestimmung 2258 Kilogramm reines Kokain bester Qualität aus kolumbianischer Produktion, sorgfältig in achtzig Ballen verpackt. Die Besatzung hatte vermutlich den Auftrag, es nach Cedeira, einer Hafenstadt in der Provinz A Coruña an der Nordküste Spaniens, zu bringen. Dafür sollte wohl die im Schmugglerjargon als »Highway 10« bezeichnete Route entlang des zehnten nördlichen Breitengrads gewählt werden. Wie ich noch erläutern werde, bevorzugt das organisierte Verbrechen seit 2004 diese Route, nachdem die Kontrollen des maritimen Verkehrs in anderen Breiten verschärft wurden. Das Schiff sollte also auf der Nordhalbkugel bis zum Nullmeridian nach Osten kreuzen und dann über Guinea in den Nordatlantik weiterfahren.

Vor der galicischen Küste sollte sich auf offener See ein anderes Schiff nähern, das Kokain übernehmen und in seinen Kühlkammern zwischen Eisblöcken mit gefrorenem Fisch lagern. Diese Methode ist bei Rauschgiftschmugglern äußerst

---

* Die Bezeichnung »Mutterschiff« wird auch außerhalb des Drogenhandels als Bezeichnung für größere Schiffe verwendet, die vor Ort bleiben und von kleineren Schiffen angelaufen werden können, denen sie zuarbeiten oder die sie versorgen. Das ist zum Beispiel bei Fischfangschiffen der Fall, bei militärischen Einsatzbooten, aber auch ganz generell bei kleineren Schiffen, die zwischendurch Nachschub oder eine bestimmte Spezialausrüstung benötigen.

beliebt, weil der Stoff so für die Zollbeamten selbst mit Einsatz von Röntgentechnologie kaum zu entdecken ist. An einem weiteren Treffpunkt auf See sollte dieses zweite Schiff die heiße Ware dann auf Schnellboote verteilen, um sie zur Küste zu bringen, von wo aus sie über Land in irgendein geheimes Labor in Galicien gelangen sollte, um für den Verkauf in ganz Spanien und anderen europäischen Ländern mit Füllstoffen gestreckt und verpackt zu werden.

Die *Río Manzanares* hatte ihre besten Jahre längst hinter sich, das war nicht zu übersehen: Zwar verfügte sie über eine stabile Konstruktion und den erforderlichen Tiefgang, um auf langen Fahrten in karibischen Gewässern, im Pazifik oder im Südatlantik rund um den amerikanischen Kontinent dem Seegang standzuhalten, doch ihre Reling und selbst der Maschinenraum waren rostzerfressen, die blaue Farbe am Rumpf war braun gesprenkelt und das völlig verdreckte Schiff von Ratten bevölkert. Aber die *Río Manzanares* war noch nicht bereit, für immer vor Anker zu gehen. Sie trug den stolzen Namen des Flusses, der von der Serranía de Turimique bis zu seiner Mündung in den Golf von Cariaco an der Karibikküste achtzig Kilometer durch die hügeligen Wälder Venezuelas fließt. Unter diesem Namen hatte das Schiff jahrzehntelang die Gewässer des Kontinents befahren. Der Fluss wiederum war im 16. Jahrhundert von den spanischen Eroberern nach dem gleichnamigen Río Manzanares in der spanischen Hauptstadt Madrid benannt worden. Davor hatte ihn die indigene Bevölkerung Cumaná genannt, und unter diesem Namen hatte auch Alexander von Humboldt seinen Verlauf kartografiert. Fünf Jahrhunderte später war der Fluss nun also Namensgeber für ein Fischereischiff.

Bei der Überfahrt in jenem Sommer befanden sich fünf Besatzungsmitglieder an Bord, alles Seeleute aus Venezuela, die dringend Geld brauchten: der Schiffsführer Kapitän Luis José, der Maschinist Carlos und die Matrosen Asdrúbal, Luis und Efrahim. Der Eigentümer des Schiffes befand sich nicht an Bord, er musste sich an Land um seine Firmen kümmern, aber er hatte alles für seine Besatzung organisiert: etwas zu essen und ein paar Gallonen Wasser für die lange Fahrt. Angesichts der dürftigen Verpflegung – und unter den ungläubigen Blicken der anderen – hatte einer der erfahrenen und in Überlebensstrategien auf hoher See bestens beschlagenen Seemänner sechs Hundewelpen mit an Bord gebracht, als sie in See stachen. Die Hitze war mörderisch, sodass selbst die Wasservorräte rationiert werden mussten. Schon nach 24 Stunden wurden die Lebensmittel knapp. Der vorausschauende Seemann hatte gleich bei der Abfahrt begonnen, die großen Ratten, die hier überall herumrannten, an die Welpen zu verfüttern, und als sich die Speisekammer leerte, dienten die Hunde den Seeleuten als Nahrung. So rettete ihnen die bellende Fracht das Leben. Obwohl es im Schiffsbauch entsetzlich stank, wagte die Mannschaft nicht, die Luken zu öffnen oder die Lüftung einzuschalten, weil auch der Treibstoff streng rationiert war. Die fünf Seeleute waren am Ersticken, halb verhungert und völlig erschöpft, und dazu jedes Mal starr vor Schreck, wenn eine der großen Wellen das Schiff traf. Es blieb ihnen nichts anderes übrig, als wachsam zu sein, die Ohren zu spitzen und zu hoffen, dass sie die Fracht sicher ans Ziel bringen würden – eine Fracht, die siebzig Millionen Euro wert war (oder weit über zweihunderttausend Millionen Bolívar, wie sie sich ausrechneten), also ein Vermögen, das sie sich nicht einmal vorstellen konnten.

In ihren schlimmsten Albträumen versenkte ein Sturm das Schiff und sie ertranken alle, oder eine Welle spülte ihre Fracht über Bord, oder sie wurden von modernen, auf die Plünderung von Rauschgifttransporten spezialisierten Piraten, den sogenannten *tumbadores*, überfallen. Oder noch schlimmer: Sie wurden von einem Marineschiff kontrolliert. Sie hörten schon das Abfeuern der Leuchtraketen, mit denen das Militär oder die Polizei sie zum Anhalten aufforderte. Dann würden die Drogen konfisziert, und sie müssten für den Verlust geradestehen.

Ihre Befürchtungen waren nicht ganz unbegründet: Die kolumbianischen Kokainlieferanten sind – wie die mexikanischen – in einem solchen Fall gnadenlos. Ein unglückseliger Kurier, dem, unter welchen Umständen auch immer, Drogen abhandenkommen, ist praktisch ein toter Mann. Die Fracht der *Río Manzanares* war Eigentum einer mächtigen Mafiaorganisation, die Kokain nach Europa schmuggelt. In ihren Reihen befinden sich Reeder, Schiffseigner, Fischerei- oder Import-Export-Unternehmer, Bankiers, Scheichs, Zollbeamte und die einflussreichen Besitzer großer Schifffahrtsunternehmen. Die Mafiaorganisation, die den europäischen Markt für Rauschmittel bedient, kooperiert mit anderen kriminellen Organisationen und hat auf den Meeren und in den Häfen der alten und neuen Welt überall ihre Leute. Für den Drogentransport setzt sie eigene Schiffe ein, aber auch für längere oder kürzere Zeit angemietete Frachter; sie kommuniziert, gewöhnlich verschlüsselt, über Internet, Mobil- und Satellitentelefone und hat in der Schifffahrt große Erfahrung. Die Fahrten der *Río Manzanares* sowie zahlloser anderer Schiffe, von denen ich hier noch berichten werde, ergeben ein aussagekräftiges Bild von den Aktivitäten der Drogenmafia auf See, ihren wichtigsten Routen und ihrer einflussreichen Stellung in der Handelsschifffahrt.

Drogenkuriere auf See

Da sie wie Maultiere kleinere Drogenmengen in ihrem Gepäck, am oder gar *im* Körper mit sich tragen, werden kleine Drogenkuriere Mulis genannt. Während sie auf Flughäfen, beim Zoll oder an Grenzübergängen kontrolliert werden, befinden sich die Drogen in ihrem Magen, ihrem Anus oder ihrer Vagina. Die Kokainkapseln werden dann am Bestimmungsort wieder ausgeschieden oder manuell entfernt. Für die Mafia ist es die billigste Art des Transports, für die Kuriere ist sie jedoch hochriskant, sie setzen dabei für eine Handvoll Dollar oder Euro ihr Leben aufs Spiel.

Nicht alle Mulis werden losgeschickt, damit die Drogen in den Verkauf gehen. Manchmal ist ihre Fracht für die Fahnder bestimmt, damit diese ihre Sicherstellungsquoten erfüllen können. Dann verrät die Mafia ihre eigenen Kuriere, um die wirklich großen und kostbaren Lieferungen an den Kontrollen vorbeischleusen zu können, während die Polizei mit den kleinen Fischen beschäftigt ist.

Solche Mulis anzuwerben stellt kein Problem dar. In unserer Konsumwelt gehen selbst Schwangere derartig hohe Risiken ein, so etwa zwei Frauen aus Norwegen und Bolivien, die Kokain von Bolivien nach Spanien schmuggeln sollten. Die Norwegerin hatte siebenhundert Gramm geschluckt, die Bolivianerin fast ein Kilo. Ein anderes Beispiel ist der 47-jährige Nigerianer, der am 29. Oktober 2012 auf dem Internationalen Flughafen Mohammed V in Casablanca bewusstlos zusammenbrach: Er hatte in Doha 76 Kapseln mit Kokain geschluckt, um sie von Katar nach Benin zu bringen. Bei der Zwischenlandung in Casablanca aber platzten einige der Kapseln und vergifteten den Kurier. Sich vor Schmerzen den Bauch haltend, starb er noch vor Ort.

Dieses Schicksal ereilte im September 2011 in Bolivien auch die dreißigjährige Spanierin Esther Rodríguez Rey bei dem Versuch, Kokain nach Madrid zu schmuggeln. In Lima erwischte es im Mai desselben Jahres einen 21-jährigen Litauer, der ebenfalls auf dem Weg nach Madrid war; im Dezember 2004 war der Kanadier Sylvain Riel, der Kokain nach Kanada schmuggeln sollte, in Kolumbiens Hauptstadt Bogotá gestorben; und im Juni 2013 starb in Barcelona die Rumänin Adina Vasile, in deren Magen mehrere mit Kokain gefüllte Kapseln geplatzt waren, die sie aus Venezuela eingeschmuggelt hatte.

Vom Ausmaß dieser Art des Drogenschmuggels kann man sich am ehesten eine Vorstellung machen, wenn man bedenkt, dass auf argentinischen Flughäfen, die sicher nicht die beliebtesten Umschlagplätze sind, pro Woche mindestens eine Person wegen eines entsprechenden Notfalls versorgt werden muss.

Aber der Stoff kann auch anders befördert werden. Die männlichen und weiblichen Drogenkuriere führen ihn in Prothesen, Brust- und Po-Implantaten oder in falschen Schwangerschaftsbäuchen aus Silikon mit sich. Dem Einfallsreichtum sind hier keine Grenzen gesetzt. In Großbritannien kam einmal ein Passagier an, der ein Porträt des ehemaligen Arsenal-Spielers Emmanuel Adebayor im Gepäck hatte. Der Rahmen war prall mit Drogen gefüllt. Der Reisende war aus Togo, dem Geburtsland des Spielers, gekommen und wollte nach Tottenham, nördlich von London, wo Adebayor bei den Hotspurs als Stürmer unter Vertrag stand. Noch eine Fußballvariante: Eine Woche vor dem Finale der Fußball-WM in Südafrika begaben sich im Juli 2010 drei Männer auf die lange Reise von Kolumbien nach Madrid. In ihrem Gepäck befand sich eine mit den T-Shirts der Nationalmannschaften Uruguays, Portugals und Großbritanniens umwickelte Nachbildung des WM-Pokals, die bis zum Rand mit elf Kilogramm Kokain gefüllt war. In Chile begleitete ein Händler persönlich die zehntausend Flaschen Rotwein, die er exportierte und in denen je dreihundert Gramm Kokain steckten. Im September 2012 hatte sich ein Besatzungsmitglied auf eine Mittelmeer-Kreuzfahrt ein gebratenes Hähnchen als Proviant mitgenommen, das mit Kokain »gewürzt« war. Ein Reisender auf dem Londoner Flughafen Gatwick führte den Stoff in Esskastanien- und Erdnusstüten mit.

In mexikanischen Städten an der Grenze zu den USA werden Kokain und Marihuana durch Pipelines oder unterirdische Tunnel, deren Ausgänge sich oft unter Parkuhren verstecken, auf die andere Seite verschoben. Ein ehemaliger Schmuggler berichtete von einem nach allen Regeln der Kunst inszenierten Begräbnis in der kalifornischen Grenzstadt Calexico, bei dem der Leichenwagen nichts als Marihuana geladen hatte: »Wir taten so, als müssten wir einen Verstorbenen aus dem Leichenschauhaus holen. Wir hatten sogar einen falschen Bescheid dabei und eine schwarz gekleidete Frau, die vorn saß und Mitleid erregen sollte. Alle glaubten uns und sahen sich lediglich die Papiere an, nicht aber den Wagen.«

Eine andere Bande im mexikanischen Bundesstaat Sonora benutzte Katapulte, um Marihuana-Päckchen über den Grenzzaun in die USA zu schleudern. Im Lauf des Jahres 2011 beschlagnahmten die mexikanischen Streitkräfte in dem an der Grenze zur Stadt Douglas in Arizona gelegenen Ort Agua Prieta vier dieser Katapulte: Sie waren aus drei Meter langen Vierkantrohren konstruiert und mit sechzehn breiten Gummibändern und einem Stück robustem Stoff versehen und erinnerten an die Katapulte, mit denen Alexander der Große die Schutzwälle des Persischen Reichs überwunden hatte.

Jede Art von Transportmittel wird genutzt, auch Schiffe, angefangen von kleinen Schnellbooten über moderne Schiffe bis hin zu U-Booten für lange Strecken. Und auf jedem Schiff lassen sich, vom Kiel bis unters Deck, zahllose Verstecke finden – nicht anders als bei fast allen Landfahrzeugen. Doch natürlich sind hier die geschmuggelten Mengen wesentlich größer – der Welthandel mit Drogen wird vorwiegend auf dem Seeweg abgewickelt. Die Kokain-Tanker kreuzen auf allen Weltmeeren, von den ruhigen Inselparadiesen bis hin zu den hektischen Großhäfen erreichen sie jeden Ort der Welt.

Meere, weiß wie Schnee

Das Gesicht des internationalen Drogenhandels hat sich in den letzten Jahren gewandelt. In den neunziger Jahren waren die Kartelle aus Medellín und Cali noch die wichtigsten Drogenlieferanten, und das Kokain wurde auf dem Luftweg, dem Landweg oder dem Seeweg transportiert. In letzterem Fall schickten die Dealer ihre eigenen Schiffe los, um in den internationalen

Gewässern des Pazifiks die Ladung von den Kolumbianern zu übernehmen. Beide Seiten nutzten dafür oft Fischereischiffe mit etwa fünf bis zehn Tonnen Ladekapazität. Heute hingegen bestimmen Kapitäne, Reeder, Werften, Zollbeamte und Import-Export-Unternehmer das Geschäft. Sie verschiffen die illegale Fracht von allen Häfen der Welt aus.

Das Meer ist heute der wichtigste Transportweg für den Welthandel, und so werden auch die meisten Drogen per Schiff befördert – versteckt zwischen der Ladung, in doppelten Böden, Lüftungsanlagen oder zwischen den großen Maschinen im Maschinenraum. In jeder Nische, jedem Abstellraum, jedem Detail der Ausstattung, jedem noch so kleinen Winkel kann man Kokain verstecken, zum Beispiel an Deck, in Laderäumen, Schlafkojen, Kajüten, in der Kombüse, ja sogar in Lampenfüßen, im Grunde an jedem Ort an, auf, über oder unter dem Schiff. Im Grunde sind die Schiffe Mulis im großen Stil: Sie schlucken die Drogen tonnenweise und schmuggeln sie in ihren Körpern aus Stahl, Holz oder Fiberglas, ohne sich dabei ihre Mägen zu verätzen oder ihre Eingeweide zu verbrennen. Bei ihnen liegt das Risiko woanders.

Drogenkuriere reisen nicht nur im Flugzeug um die Welt, sondern auch auf Touristenbooten, Kreuzfahrtschiffen oder Fähren. Wenn diese »Mulis auf hoher See« gut vorbereitet sind, mischen sie sich unter die Reisenden, genießen abends an Deck die mediterrane Brise, plaudern mit den Senioren, die ihre Ersparnisse und ihre ganze Pension in luxuriöse Kreuzfahrten stecken, oder frönen auf den Casinoschiffen vor der amerikanischen Küste und der französischen Côte d'Azur an der Seite von Geschäftsleuten dem Glücksspiel.

Auf Frachtschiffen wird das Kokain ebenfalls geschickt getarnt. So treffen im Hafen von Miami regelmäßig Schiffe mit südamerikanischen Bananen und Hunderten Kilogramm Kokain ein, versteckt in Päckchen unter den Bananen oder in kunstvoll handbemalten Bananenattrappen aus Glasfaser, die sich auf den ersten Blick nicht von echten Bananen unterscheiden lassen.

Geschmuggeltes Kokain findet sich immer häufiger in Containern mit Lebensmitteln aller Art, besonders wenn deren Konsistenz oder Geruch zur Tarnung geeignet sind, wie bei Zitronen, Oliven und eben Bananen. Von den argentinischen Häfen aus werden enorme Mengen der angeblich besten Äpfel ganz Argentiniens nach Spanien verschifft. Darunter finden sich auch »weiße Äpfel« aus reinem Kokain. Auf die gleiche Weise gelangen »weiße Ananas« aus Costa Rica nach Großbritannien. Und in der Dominikanischen Republik wird die Droge als Recyclingpapier oder -plastik getarnt. Man muss sich schließlich für den Umweltschutz engagieren.

Man findet das Kokain ebenso in Fässern mit fossilen Brennstoffen oder Chemikalien für die verschiedensten Zwecke, im Innern von Maschinen, sogar zwischen losem Reis, Mais, Saatgut oder Düngemitteln. Dem Einfallsreichtum der Rauschgiftschmuggler sind abermals keine Grenzen gesetzt. So stachen beispielsweise von Guayaquil aus, dem größten Hafen Ecuadors, Frachtschiffe in Richtung Casablanca oder Tanger in Marokko in See, die mit Kokain versetztes Chilipulver transportierten (die beiden Komponenten werden später durch ein chemisches Verfahren wieder getrennt). Die Idee mag verrückt erscheinen, macht aber durchaus Sinn: Hafenbehörden sind mit Kontrollen von Massengutfrachten oft zurückhaltend, weil sie dafür die gesamte Ladung vom Schiff löschen, das heißt abladen müssten, was ein spezielles Equipment und viel Zeit und Personal erfordert. Diese organisatorische Schwierigkeit spielt natürlich den Rauschgiftschmugglern in die Hände. Werden auf einem Öltanker oder Massengutfrachter Drogen vermutet und entschließen sich die Behörden zu einer Überprüfung, dann brauchen sie zu diesem Zweck einen zweiten Tanker oder ein zweites Frachtschiff von ausreichender Größe. Verläuft die Kontrolle ergebnislos, muss der Zoll dem Frachtunternehmen hohe Entschädigungssummen zahlen und läuft sogar Gefahr, von der Reederei oder dem Eigentümer der Fracht verklagt zu werden.

Eine Fracht, deren Überprüfung besonders schwierig beziehungsweise gefährlich ist, eignet sich bestens für Drogentransporte. Das ist vor allem bei Gefahrengütern wie Atommüll, Sondermüll und verseuchtem Schrott der Fall. Um diese zu kontrollieren, braucht man eine Spezialausrüstung und genügend Raum für Manöver. Das Schiff könnte aufgrund des hohen Gewichts seiner Fracht außerdem Schlagseite bekommen und im Hafen ein Chaos anrichten. In einigen Häfen ist die Polizei trotzdem das Risiko eingegangen und konnte den einen oder anderen kleinen Sieg für sich verbuchen. So wurden 2007 in Havanna zwanzig Kilogramm Kokain auf zwanzig Päckchen verteilt in einer Schrottladung gefunden.

Manche Mafiabanden kennzeichnen die verschiffte Ware mit Codes, Symbolen oder Namen. So verließ ein Spezialbagger für Ölförderung den Hafen von Buenos Aires in Richtung Lagos. Das ist an sich nicht ungewöhnlich, denn das schwarze Gold ist der wichtigste Wirtschaftsmotor Nigerias. Die Firma, an die der Bagger angeblich geliefert werden sollte, existierte allerdings nicht. Das Wertvollste an dieser Fracht war das hochreine Kokain aus Kolumbien, das – bleiverkleidet, um bei einer möglichen Durchleuchtung nicht gesehen zu werden – sowohl in der Walze als auch in der Basis der schweren Maschine steckte: 536 Kilogramm, verteilt auf 348 bunte und mit dekorativem Paketband verschnürte Päckchen, auf denen allesamt in Blockschrift handgeschrieben »Caballo« zu lesen war.

Die Ladung war von einem überaus einflussreichen kolumbianischen Rauschgiftboss ebenjenes Beinamens verschifft worden. Caballo verfügte sowohl in den Häfen Mittel- und Südamerikas als auch in den Häfen Europas über exzellente Verbindungen und kennzeichnete seine Ware, die er in die USA, nach Mexiko und Europa verkaufte, immer auf diese Weise. Seine Organisation nutzt aber auch andere Verstecke: Aus Rosario in Argentinien schickte sie beispielsweise 67 Kilogramm Kokain in einer Erntemaschine nach Bulgarien. Die Maschine reiste auf dem Seeweg bis Varna an der Schwarzmeerküste, wo sie mitsamt den Drogen auf ein anderes Schiff verladen und weiter die Donau aufwärts verschifft wurde.

Andere kriminelle Organisationen wenden ähnliche Methoden an. So brachte etwa der argentinische Transportunternehmer Óscar Allende in Buenos Aires Windturbinen voller Kokain nach Spanien auf den Weg, als deren Empfänger laut spanischem Zoll ein gewisser Zoran Matijevic angegeben war. Es lohnt sich, diesen Fall genauer zu betrachten: Der gebürtige Serbe Zoran Matijevic ist französischer Staatsbürger und lebt in Paris. Er war zunächst als Manager des Fußballclubs Nizza und später als Spielervermittler für die FIFA tätig. 2009 beschlagnahmte die spanische Polizei nach einer geheimen Operation unter dem Decknamen »Ciclón« (»Zyklon«) sechshundert Kilogramm Kokain. Das Kokain war in besagten Windturbinen verschickt worden, und zwar in einem Container, der aus Argentinien über Tanger weiter nach Algeciras reiste. Dort hatte man die Ladung am 21. Februar 2009 gelöscht und auf dem Landweg weiter nach Madrid verbracht, wo die Drogen in den Verkauf gehen sollten. Offiziell war Matijevic nach Argentinien gereist, um an Verhandlungen über Transfers von Spielern wie Éver Banega oder Ángel di María zu europäischen Klubs teilzunehmen. Außerdem wollte er helfen, Radamel Falcao vom argentinischen Verein River Plate an Werder Bremen zu verkaufen, und den Transfer von Leonel Núñez von den Argentinos Juniors zu Olympiakos Piräus unter Dach und Fach bringen. Doch die spanischen Behörden entdeckten sein doppeltes Spiel. Matijevic wurde nach der Sicherstellung des Kokains verhaftet und wegen seiner herausragenden Rolle innerhalb eines gewaltigen Netzwerks, das unter Ausnutzung seiner FIFA-Lizenz Betäubungsmittel von Südamerika nach Spanien geschmuggelt hatte, vor Gericht gestellt. Mit ihm wurden auch der Spieleragent Pablo Acosta Rivera und die ehemaligen Fußballspieler Jesús Emilio Díez de Mier und der aus Serbien stammende Predrag Stanković angeklagt.

Dies sind nur einige Beispiele für den Einfallsreichtum, mit dem die am häufigsten konsumierte Droge der Welt auf dem Seeweg transportiert wird. Und die Entfernungen? Sie verteuern die Ware: Wenn das Gramm, das ein Kokainsüchtiger zum Frühstück schnupft, auf abenteuerliche Weise Tausende von Seemeilen unterwegs war, wird er die Kosten dafür tragen müssen – über den Preis, den sein Dealer von ihm verlangt. Je länger die Reise, umso teurer das Rauschgift.

Infiltrierte Häfen

Die großen Mafiaorganisationen nutzen den legalen Seehandel, über den neunzig Prozent des Welthandels mit Waren abgewickelt werden, für ihre Geschäfte; außerdem besitzen sie eigene Fracht- und Fischereischiffe, Schnellboote, Jachten, Segelboote oder sogar Mini-U-Boote und haben unter den Reedern, Schiffseignern, -agenten und -betreibern, den Spediteuren, Zollbeamten, etc. in jedem Hafen ihre Leute.

Innerhalb der legalen Schifffahrt gedeihen kriminelle Verbindungen, die man nicht für möglich halten würde. Es gibt keinen Hafen, keine Insel, keine Inselgruppe und keine Küste, die der Mafia unzugänglich wären. An Land herrscht erbitterte Konkurrenz um die Kontrolle von Schmuggelrouten, was in Mexiko und Mittelamerika regelmäßig zu Blutvergießen führt. Aber »das Meer ist groß und bietet Platz für alle«. So hat es José Ferreira Leite, Leiter des Operationszentrums für den Kampf gegen den Drogenhandel im Atlantik (Maritime Analysis and Operations Centre – Narcotics, MAOC-N) und einer der renommiertesten europäischen Experten in diesem Bereich, einmal ausgedrückt. Trotzdem gibt es auch hier Versuche der Mafia, bestimmte Routen zu kontrollieren. So beanspruchen Mitglieder eines mexikanischen Kartells ein Gebiet im Pazifik für sich und erheben neuerdings eine Art Wegzoll für die Passage von Drogenlieferungen.

Den wahren Einfluss der Mafia kann man ermessen, wenn man sich vor Augen führt, dass Hafengelände – ob staatlich oder privat betrieben – überall auf der Welt staatliche Sicherheitszonen sind. Außerdem ist jeder Hafen verpflichtet, internationale Sicherheitsvorschriften zu beachten. Seit den Attentaten vom 11. September 2001 haben die USA mithilfe der Internationalen Seeschifffahrts-Organisation (IMO) die weltweite Systematisierung und Verstärkung der Sicherheitsvorkehrungen sowie die Verbesserung der Infrastruktur und die Bereitstellung von mehr Sicherheitspersonal durch die Regierungen durchgesetzt. Das führte dazu, dass sich heute praktisch jeder, der ein Hafengelände betritt, einer Sicherheitskontrolle unterziehen muss (nachzulesen im internationalen ISPS-Code für die Gefahrenabwehr auf Schiffen und in Hafenanlagen).

Trotz dieser strengen Kontrollen werden Drogen von Hafen zu Hafen geschmuggelt. Warum es der Mafia gelingt, sämtliche Sicherheitsbarrieren zu überwinden, lässt sich nach Ansicht der Zollfahnder, Hafenarbeiter und anderer Kenner der Materie nur mit Hinweis auf ihre guten Beziehungen zu den Kontrollorganen beantworten. Die von ihr infiltrierten Sicherheitsbehörden haben ein doppeltes Gesicht.

Ein Hafenbetrieb ist für Normalsterbliche, die seine komplexen Abläufe und baulichen Gegebenheiten nicht kennen, ziemlich undurchschaubar. Es ist nicht so einfach, herauszufinden, wo überhaupt der Eingangsbereich liegt – man ist auch nur mit einem speziellen Ausweis zutrittsberechtigt –, geschweige denn, wohin man, ist man einmal hineingelangt, gehen müsste. Ein Hafengelände ist wie eine Stadt in der Stadt, mit eigenen Gebäudetypen, Regeln, Kontrollmechanismen und Sperrzonen.

Selbst wenn man sich mithilfe einer Karte oder Skizze orientieren könnte und ein bestimmtes Schiff gefunden hätte, dürfte man es nicht einfach betreten. Die Schiffe gehören, ähnlich einem exterritorialen Gebiet, zu dem Land, unter dessen Flagge sie fahren. Die Leute vor Ort, selbst Behördenvertreter, dürfen nicht ohne eine entsprechende Genehmigung an Bord gehen. Üblicherweise entscheidet eine Wache, ob jemand aufs Schiff gelassen wird oder nicht, oft erst nach einer Durchleuchtung mit Röntgen- oder Gammastrahlen.

Obwohl die Sicherheit also streng geregelt ist, gehen die Rauschgifthändler in kolumbianischen Häfen wie Cartagena oder Buenaventura, aber auch in Veracruz, Manzanillo oder Lázaro Cárdenas in Mexiko einfach an Bord eines Schiffes und versuchen, die Besatzungsmitglieder zu kaufen: »Zuerst fragen sie dich: ›Aus welcher Stadt bist du?‹ – ›Na von hier, aus Veracruz.‹ – ›Dann hör gut zu, ich werde dir ein Paket mitgeben. Wenn das Schiff angekommen ist, wird es jemand holen kommen.‹ Weil die Mafia in jedem Hafen der Welt Geschäfte macht und überall ihre Leute hat.« So erzählte es ein erfahrener Kapitän, der seit vielen Jahren an der amerikanischen Pazifikküste und im Golf von Mexiko unterwegs ist. Er schilderte auch, wie die Kartelle Seeleute bestechen oder gleich erpressen, Drogenlieferungen mitzunehmen:

Sie haben Telefonnummern von vielen Leuten auf der anderen Seite des Ozeans, sie sind gut vernetzt und kennen überall jemanden, der für sie Pakete übernehmen würde. Dabei ist jedem klar, dass man so ein Paket niemals öffnen darf. Man weiß zwar nicht, was es enthält, und es könnte alles Mögliche sein, aber man kann es sich schon denken. Sie bieten eine Menge Geld, fünf- oder zehntausend Dollar, nur dafür, dass man ein Auge auf das Paket hat und darauf achtet, dass es im Ankunftshafen sicher übergeben wird.
Wenn wir Kapitäne so jemanden bei dem Versuch, Besatzungsmitglieder zu kaufen, an Bord erwischen, sind wir verpflichtet, es zu melden. Aber in Wirklichkeit tun wir nicht mehr – und können auch nicht mehr tun –, als sie freundlich aufzufordern, das Schiff zu verlassen. Wir wissen genau, dass es keine andere Möglichkeit gibt, denn an Bord

besitzen wir keine weitergehende Handhabe gegen sie, und außerdem weiß man nie, was sie tun werden, denn sie haben wirklich überall ihre Verbindungen. Wenn ein Rauschgiftschmuggler in Veracruz an Bord gekommen ist und wir ihn des Schiffes verwiesen haben, wissen wir, dass die Gefahr mit Verlassen des Hafens nicht gebannt ist. Denn sie haben wirklich auf der ganzen Welt Kontakte und könnten überall etwas gegen dich unternehmen. Bei dem ganzen System ist die Angst, irgendwie mit hineingezogen zu werden, dein ständiger Begleiter, weil du immer verlieren wirst; man kann nichts dagegen tun, da ist nichts zu machen.

Zu fragen wäre dennoch: Wie kommen diese Leute überhaupt aufs Hafengelände? Doch nur, indem sie sich über die Sicherheitskontrollen hinwegsetzen, indem jemand sie hineinlässt. Als Nächstes müssen sie aber auch noch an Bord des Schiffs gelangen, wo es wieder Sicherheitsbarrieren gibt, die sie eigentlich davon abhalten müssten, aber es gelingt ihnen trotzdem. Und das sind keine Einzelfälle. Die Rauschgiftmafia agiert aus dem Innern der Häfen heraus. Und wenn Leute, die wenig oder nichts besitzen, viel Geld angeboten bekommen, dann sehen sie die Gefahr nicht mehr, auch wenn sie selbst das größte Risiko tragen und im Fall des Falles geopfert werden. Und so können die Seeleute dem Sirenengesang der Mafia oft nicht widerstehen.

Einst war die größte Sorge der Seeleute, ob ihre alten Expeditions- und Handelsschiffe wohl den Unwettern, den Naturgewalten der rauen See, standhalten würden, ob die Besatzung erfolgreich Wirbelstürmen und Epidemien trotzen könnte. Über die Jahrhunderte kam die Angst vor Piraten hinzu, als sich rege Handelsbeziehungen zwischen der alten und neuen Welt entwickelten.

Heutzutage sind für Seeleute weder Wetterkapriolen noch Piraten auch nur annähernd so gefährlich wie der Schmuggel illegaler Substanzen. Auf der ganzen Welt erzählen sich die Matrosen in den Häfen und an den Molen Geschichten von Leuten, die zur Zusammenarbeit mit den Rauschgiftschmugglern gezwungen wurden und nur unter Androhung von Gewalt Schmiergelder angenommen haben (natürlich gibt es auch diejenigen, die sich bereitwillig schmieren lassen). In den Häfen der gesamten Welt hat das Hafen- und Schiffspersonal eigentlich keine andere Wahl, als – mehr oder weniger freiwillig – mit den Rauschgiftschmugglern zu kooperieren.

Die Mafiabanden sind in den Häfen so organisiert wie ein Unternehmen: Sie haben Leute, die für sie die Augen offen halten und Waren abfertigen, Container bewegen, Zollpapiere bearbeiten. Diese Späher mischen sich unauffällig unter die Arbeiter, die die Ladung löschen, unter die Kraftfahrer und das lokale Personal, das genau zu verzeichnen hat, wer wo ein und aus geht.

Man sollte auch darauf hinweisen, durch welche Hölle die gesamte Schiffsbesatzung geht, wenn ein Muli oder irgendeine illegale Fracht unbemerkt an Bord gelangt und von Zollfahndern oder der Polizei entdeckt wird. In einem solchen Fall werden alle verhaftet und verbringen vielleicht Jahre in U-Haft, bis es endlich zu einem Prozess kommt bzw. die Verantwortlichkeit geklärt werden kann. Selbst bei großen Schifffahrtsunternehmen gibt es keine Garantie für einen raschen Prozess. So wird die Besatzung indirekt zum Opfer der Schmuggler.

Container voller Kokain

Wie erwähnt bedient sich die Mafia einer Vielzahl von Methoden, um das Kokain zu verschiffen. Je nach Größe der Fracht wird entschieden, welche Schiffe die Drogen transportieren sollen.

Oft befindet sich Rauschgift an Bord, ohne dass die Besatzung davon weiß. Diese Vorgehensweise wird als *gancho ciego* oder *gancho perdido*, oft auch als »Rip-off-Methode« bezeichnet.

Sie kommt auf Schiffen aller Größenordnungen, am häufigsten aber auf den großen Frachtschiffen zum Einsatz und besteht darin, die Drogen in kleineren Mengen, etwa in Paketen, Taschen, Koffern, Fässern oder einer anderen nicht zu großen Verpackungseinheit, von der Besatzung unbemerkt – das sei ausdrücklich betont – an Bord zu bringen. Manchmal wird die »blinde Fracht« zwischen der legalen Ware in versiegelten Containern deponiert und befindet sich insofern geschützt an Bord, als kein Besatzungsmitglied das Recht hat, einen solchen Container zu öffnen. Im Zielhafen wird die Ware ebenso heimlich wieder abgeholt. Für ein solches Prozedere ist jedoch die Mithilfe des Hafenpersonals beziehungsweise der Zöllner nötig. Manchmal wissen dabei weder der Exporteur noch der Importeur, dass sich zwischen ihren legalen Waren Rauschgift befindet. Natürlich gibt es aber auch genügend Schiffseigner und Transportunternehmer, die vorsätzlich handeln und von Anfang an eingeweiht sind.

Eine andere, bei der Mafia immer beliebtere Methode besteht darin, die Container einfach selbst zu füllen, um sie dann auf großen Frachtschiffen bekannter Schifffahrtsunternehmen transportieren zu lassen. In der Regel können diese Unternehmen wegen der riesigen Containerzahlen nicht jeden einzelnen überprüfen, auch wenn in jedem Container etwas versteckt sein könnte. Außerdem sind weder Schiffsbetreiber noch Besatzung dazu berechtigt, Container zu öffnen. Sie transportieren also die gemeldeten Waren, ohne sie je zu Gesicht zu bekommen, und können somit nie wirklich wissen, was sie eigentlich mitführen – es sei denn, der Kapitän, die Offiziere oder die Mannschaft sind am Schmuggel beteiligt.

Die Weltzollorganisation (WZO) und das Büro der Vereinten Nationen für Drogen- und Verbrechensbekämpfung (UNODC) melden eine Zunahme des weltweiten Containerschmuggels von Drogen und Drogenausgangsstoffen. Laut offiziellen Zahlen der WZO werden nur zwei Prozent der verschickten Container überprüft. In ihrem Weltdrogenbericht 2012 schätzt die UNODC »die Wahrscheinlichkeit, dass durch Kontrollen nach dem Zufallsprinzip illegale Drogenladungen in Containern entdeckt werden, als verschwindend gering« ein.

Die US-Rauschgiftbehörde DEA ist ebenfalls der Meinung, dass die Containerschifffahrt es den Rauschgifthändlern erleichtert, ihre Transporte zu organisieren. Indirekt ermöglicht das exponentielle Wachstum des Weltseehandels der Mafia, in Märkte vorzudringen, die ihr vorher nicht zugänglich waren. Auf diese Weise wurden manche afrikanischen Länder nach und nach in regelrechte Narcostaaten verwandelt. Nie zuvor waren die offiziellen und inoffiziellen Strukturen des internationalen Seehandels derart von mafiösen Vereinigungen durchsetzt.

Heute werden siebzig bis achtzig Prozent des weltweit konsumierten Kokains auf dem Seeweg verschoben. In jedem Augenblick werden auf den Weltmeeren Millionen Waren in Containern bewegt oder in irgendeinem Hafen verladen, und es ist anzunehmen, dass sich in einigen davon Kokain befindet. Welche Mengen unbemerkt die Kontrollen passieren, ist schwer abzuschätzen. Auf jeden Fall steigt der Kokainkonsum trotz Beschlagnahmungen stetig, auch in Ländern, in denen es bis vor Kurzem noch gar nicht erhältlich war.

Ein noch raffinierteres System zur Beförderung von Kokain über kurze Distanzen ist der Einsatz von Halbtauchern und U-Booten. Damit kann die Droge von einem Schiff zum anderen gebracht werden, beispielsweise von einem Küstenfrachter zu einem den Atlantik kreuzenden größeren Frachter. Bei solchen Operationen schweißen Fachleute unter Wasser die verbotene Fracht am Schiffsrumpf fest. Dafür braucht man geschultes Personal und eine Spezialausrüstung. Die Schmuggler müssen mitsamt ihrer Tauchausrüstung in den Hafen kommen, die Drogen zum jeweiligen Schiff bringen und ihre Arbeit unter Wasser erledigen. Die Mafia macht keinen Hehl daraus, dass ihre Leute in den Häfen ein und aus gehen.

Und es gibt noch eine Methode: Die kriminelle Organisation gründet ihr eigenes Schifffahrtsunternehmen, kauft Schiffe, beantragt eine Lizenz für Versorgungsfahrten oder für die Fischerei und transportiert die Drogen selbst. Ein solches Vorgehen wird durch die Möglichkeit, Schiffe unter einer Billigflagge fahren zu lassen, erleichtert. Das System der Billigflaggen erlaubt es Reedereien und Schiffseignern, ihre Schiffe in Ländern registrieren zu lassen, von denen wenig bis gar keine Kontrolle auf den Schifffahrtssektor ausgeübt wird. Sie können sich daher getrost darauf verlassen, von niemandem überprüft zu werden. Ein solches Billigflaggenland ist beispielsweise Panama*, wo jeder x-Beliebige in wenigen Stunden ein Schifffahrtsunternehmen oder eine Import-Export-Firma gründen kann, ohne deren Existenz nachweisen zu müssen; man bezahlt einfach eine Registrierungsgebühr. Und so »importieren« und »exportieren« Scheinfirmen erfundene Produkte, während ihre Fracht – die niemand überprüft – in Wahrheit aus Drogen besteht.

Länder wie Panama, Liberia oder Malta, die solche Billigflaggen vergeben, sind regelrechte Drogenhändlerparadiese. Es verwundert daher kaum, wenn in Malta, einem EU-Land, zwanzig oder dreißig auf dem Papier existierende Schifffahrtsunternehmen dieselbe Adresse haben. Und manche kriminellen Organisationen neben eigenen Schiffen auch Hafenterminals und Import-Export-Unternehmen besitzen – alles Nötige für internationale Drogengeschäfte aus einer Hand!

Oft chartert das organisierte Verbrechen auch Schiffe. Meist handelt es sich um sogenannte Trampschiffe – das sind Frachtschiffe, Massenschüttgut-Transporter oder Tankschiffe, die ohne

---

* Zu den Billigflaggenländern zählen des Weiteren Antigua und Barbuda, Äquatorialguinea, die Bahamas, Barbados, Belize, Bermuda, Bolivien, Curaçao, Georgien, Gibraltar, Honduras, Jamaika, die Kaimaninseln, Kambodscha, die Komoren, der Libanon, Liberia, Malta, die Marshallinseln, Mauretanien, die Mongolei, Myanmar, Nordkorea, São Tomé und Príncipe, St. Vincent und die Grenadinen, Sri Lanka, Tonga, Vanuatu und Zypern.

festen Fahrplan verkehren und für einzelne Aufträge Frachten übernehmen –, eine Art Meeres-Taxi. Sie werden äußerst selten kontrolliert. Ein Trampschiff ist schnell gechartert; ein Anruf beim Schiffsmakler genügt. Da die meisten dieser Schiffe kaum etwas wert sind, stellen ihre Eigentümer sie gern für den Transport von Drogen zur Verfügung, die den vielfachen Wert des Schiffes haben. Zudem werden sie oft nachlässig geführt: So sagte einmal ein Kapitän im Hafen von Veracruz – die Ladung war längst gelöscht – kurz vor dem erneuten Auslaufen lapidar: »Übrigens haben wir eine Leiche an Bord. Es gab einen Unfall im Maschinenraum.« Niemand fragte weiter nach. Der Tote wurde vom Schiff gebracht und die Fahrt fortgesetzt.

Die Mafia hat zwar bestimmte Vorlieben, aber grundsätzlich nutzt sie jede Art von Schiff. Es muss nur schwimmen. Die Schiffe werden für den Drogentransport eingesetzt, aber auch für Hilfsdienste, etwa um Treibstoff zuzuliefern. Es gibt auch Schiffstypen, die die Mafia speziell für ihre Zwecke konstruieren lässt, so wie jene Mini-U-Boote, die in den achtziger Jahren erstmals für die kolumbianischen Kartelle unterwegs waren. Wie viele andere bedient sich heute beispielsweise auch das von den US-amerikanischen und europäischen Sicherheitsbehörden als weltgrößtes Drogennetzwerk eingestufte Kartell von Sinaloa dieser U-Boote.

Kokain auf Fähr- und Kriegsschiffen

Es kommt gar nicht so selten vor, dass Reisende auf einer Ladung Kokain sitzen, während sie sich an Deck einer Fähre oder eines Touristenschiffs entspannt den Wind ins Gesicht wehen lassen. Auch auf solchen Schiffen werden des Öfteren doppelte Böden für den Rauschgiftschmuggel eingebaut.

Nicht nur reiche Magnaten, auch Rauschgiftbarone lieben Jachten, denn sie symbolisieren geschäftlichen Erfolg und bemänteln den einen oder anderen Drogentransport: auch hier möglicherweise in einem doppelten Boden, in der Verkleidung des Schiffsrumpfs oder in jedem beliebigen Hohlraum. So sieht der VIP-Drogenhandel aus.

Nicht oft, aber gelegentlich werden sogar Marineschiffe für den Drogentransport missbraucht. Ein Fall, der als Skandal durch die Medien ging, war das Schulschiff *Gloria* der kolumbianischen Seestreitkräfte. Auf einer für sechs Monate anberaumten Fahrt nach Nordamerika und Europa, die von Kolumbien als Imagekampagne geplant war, wurde im April 2004 Kokain an Bord gefunden. Wer weiß, wie oft das Schiff davor schon als Mutterschiff für den Drogenhandel genutzt wurde.

Einen weitaus größeren Skandal verursachte schließlich der Fall der *Juan Sebastián Elcano*. Das Segelschulschiff, das ebenfalls für Kokaintransporte missbraucht wurde, galt als Aushängeschild der spanischen Armada. Im Juli 2014 fand die spanische Polizei bei einer Durchsuchung im Schiffsarsenal *La Carraca* in Cádiz 127 Kilogramm Kokain in einem Raum, der für die Aufbewahrung der Segel gedacht war. Das Kokain war auf einer sechsmonatigen Übungsfahrt des Schiffes im Hafen von Cartagena de Indias von Besatzungsmitgliedern an Bord gebracht worden. Die drei Militärs (zwei Spanier und ein Ecuadorianer) hatten vom 10. bis zum 15. Mai, als das Schiff im Hafen von New York lag, schon mindestens zwanzig Kilogramm verkauft. Außerdem hatte die *Juan Sebastián Elcano* noch in Cagliari, Mahón, Sète, Melilla, Cádiz, Santa Cruz de Tenerife, Praia, Cartagena, Santo Domingo, Dublin, Hamburg und Oslo Station gemacht. Die Polizei fand Hinweise darauf, dass dies nicht das erste Mal war, dass das Schulschiff als Mutterschiff fungierte. Die beteiligten Seeleute hatten für den Transport fünftausend Dollar pro Kilogramm Kokain erhalten.

Mit Fangschiffen wie der *Río Manzanares* haben die Mafiaorganisationen jedoch in jedem Fall ein Ass im Ärmel, weil derlei Schiffe üblicherweise bis zu dreißig Tage auf See bleiben.

Kehren sie dann in ihren Heimathafen zurück, fragen die Hafenbehörden nicht, was sie denn so aus dem Meer gefischt haben.
Dafür interessiert sich niemand. Jene Kartelle, die sich ganz auf
den Seeschmuggel von Drogen spezialisiert haben, besitzen ja
nicht nur ihre eigenen Flotten, sondern auch die nötigen, von
den Regierungen ganz legal ausgestellten Lizenzen.

Von der Manila-Galeone zu den Kokainfrachtern

Die als »Manila-Galeonen« bekannten spanischen Handelsschiffe durchpflügten zweieinhalb Jahrhunderte lang den Pazifischen Ozean und beförderten Waren von den Philippinen ins
Vizekönigreich Neuspanien, wobei sie vor allem den Hafen von
Acapulco anliefen. Damals war dies die längste und wichtigste
Handelsroute. Das letzte Mal stach ein Schiff der Manila-Galeone
1815 in See. Ein Teil der Waren wurde von Acapulco über Land
quer durch den Kontinent nach Veracruz transportiert, wo die
andere wichtige Handelsroute ihren Ausgang nahm: die Route
der Silberflotte, die zwischen Veracruz, Cartagena, Portobelo
und Havanna in der Neuen Welt und den spanischen Städten
Sevilla und Cádiz verkehrte.

Schon die Teilnehmer der frühen Expeditionen berichteten
davon, dass die Ureinwohner Amerikas Kokablätter kauten und
dass man diese Blätter in der Karibik auch als Heilmittel verwendete. Es waren Seeleute, die diese Kokablätter erstmals in
Europa bekannt machten. Amerigo Vespucci erwähnt sie in den
Berichten über seine Abenteuer in der Neuen Welt. In ihrer *Histo-
ria de la psicofarmacología* weisen Francisco López-Muñoz
und Cecilio Álamo González darauf hin, dass Vespucci die »Blätter mit Kalk«, die von den Ureinwohnern »zur Stärkung« gekaut
wurden, im Jahr 1507 erstmals erwähnte. Ferner berichten die
Autoren: »Nach der Niederlage der Inkas gegen Francisco Pizarro 1553 und dem Tod Atahualpas zerfiel das Reich der Inkas,

und der Konsum von Kokablättern griff um sich. Zu Anfang verbot die spanische Kolonialregierung noch ihren Gebrauch, aber bald erkannte man, dass sich das Geschäft lohnte. Bereits 1569 gab es zweitausend Männer, die Interesse am Verkauf von Kokablättern an eine mögliche Zielgruppe von über dreihunderttausend Indios bekundeten.«

Auch wenn Kokablätter – anders als Tabak, den die Spanier schon früh auszuführen begonnen hatten – grundsätzlich nur auf dem lokalen Markt gehandelt wurden, nahmen einige Seeleute sie heimlich mit, um den »Indianerbrauch« auszuprobieren. In den folgenden Jahrzehnten experimentierten europäische Labore verstärkt mit dem darin enthaltenen Alkaloid, das im 19. Jahrhundert erstmals für medizinische Zwecke eingesetzt wurde. Damals konnte man den Stoff einfach kaufen: So erzeugte die Lloyd Manufacturing Company Kokainpillen, die man an Kinder mit Zahnschmerzen verabreichte. Die Drogerien von Barcelona warben für »echte Kokaintabletten«, mit denen sich angeblich Kehlkopf- oder Halsentzündungen bekämpfen ließen. Kokain war einst auch der Grundstoff für Coca-Cola (1903 durch Koffein ersetzt), das in den neunziger Jahren des 19. Jahrhunderts erstmals auf den Markt kam und zur Anregung oder gegen Kopfschmerzen getrunken wurde.

Hatten Piraten oder Korsaren während der Prohibitionszeit Schnaps, Tabak und Kaffee geschmuggelt, bedienen ihre modernen Nachfolger den Schwarzmarkt mit Kokain. Die Droge ist heute so begehrt wie Tulpen im 17. Jahrhundert, als eine einzige Zwiebel so teuer sein konnte wie ein ganzes Haus; so begehrt wie ehemals Tee aus China, den sich in Europa früher nur ein paar besonders gut betuchte Briten leisten konnten; so wie Salz im Römischen Reich, das auf kleinen Barkassen transportiert wurde und als Zahlungsmittel sowohl für Güter als auch für Sklaven diente; wie der kostbare Safran, den die griechische und römische Aristokratie in der Antike als Duftstoff für ihre Häuser schätzte; oder wie Tabak, Opium und Rum zur Zeit der Korsaren.

Heutzutage werden Waffen, Menschen, Gold, Diamanten oder Medikamente verschoben, doch das mit Abstand lukrativste Schmuggelgut des 21. Jahrhunderts bleibt Kokain. Bei diesem Geschäft gibt es keine Konjunkturflauten, Börsenabstürze oder sonstigen Krisen. Der Markt für Kokain wird täglich größer, und die Kunden sind bereit, ein Vermögen für eine Line auszugeben, von der sie sich – und sei es auch nur vorübergehend – den Himmel auf Erden versprechen.

Kokablätter und die später in die ganze Welt verkaufte Kokainbase werden in den südamerikanischen Andenländern, vor allem in Kolumbien, Peru und Bolivien, angebaut beziehungsweise hergestellt, aber auch in Ecuador, Venezuela und Brasilien existieren große Koka-Plantagen. Die Raffinierung zum Endprodukt Kokain* kann hingegen auch außerhalb der Produzentenländer erfolgen. In Kolumbien sind es Kleinbauern, die einen Großteil der Kokablätter anbauen und oft auch die Kokapaste und die Kokainbase herstellen. Dasselbe gilt für Peru und Bolivien; die Gebiete erstrecken sich hier vom Putumayo bis zum Amazonas- und Orinoco-Becken. Weiterverarbeitet wird das Kokain in ganz Südamerika, den angrenzenden Ländern und natürlich in Mexiko, wo die Kartelle mittlerweile von ihrer ehemaligen Handlangerrolle zu Endproduzenten und Großhändlern der Droge aufgestiegen sind. Im Zusammenschluss mit anderen großen Mafiaorganisationen kontrollieren sie heute den Dro-

---

* Es gibt verschiedene Sorten von Kokasträuchern: den kolumbianischen Kokastrauch (*E. novogratense var. novogratense*), den bolivianischen bzw. Huanuco-Kokastrauch (*E. coca var. coca*), den Amazonas-Kokastrauch (*E. coca var. ipadu*) und den Trujillo-Kokastrauch (*E. novogratense var. truxillense*). Vor dem Verkauf an die Endabnehmer setzen die Rauschgifthändler den Kokainhydrochloridgehalt mithilfe von Substanzen wie Amphetaminen, Acetylsalicylsäure, Koffein, Phenacetin, Lidocain, Ephedrin, Chinin, Levamisol, Formaldehyd, Strychnin, Tensiden, Talk, Gips, Mehl, Puderzucker, Stärke, Carbonaten, Asche, Cyanid oder Rattengift herab.

genhandel weltweit und genießen, wie sich in den Häfen Ecuadors, Kolumbiens und anderer südamerikanischer Länder immer wieder beobachten lässt, auch in den Produzentenländern einen weitreichenden Einfluss.

Die Mafiaorganisationen wählen Häfen und Hafenstädte, aber auch Inseln als Stützpunkte. Sie verschicken die Ware aus Maracaibo wie aus Suriname, Belize, Australien oder Kap Verde. Die Drogen überqueren den Pazifik und den Golf von Guinea; sie erreichen die galicische Küste oder fahren weiter bis nach Mexiko, um sich von dort aus auf die Pazifikroute der legendären Silberflotte in Richtung Asien zu begeben.

Laut Statistiken der DEA und der europäischen Polizeibehörde Europol stammt fast das gesamte in den USA verkaufte Kokain von mexikanischen Kartellen. Am weltweiten Drogenmarkt haben die USA einen Anteil von 47 Prozent, Europa einen von 39 Prozent.

Das Kokain, das die mexikanischen Kartelle in die USA und nach Kanada liefern, gelangt meist auf dem direkten Seeweg aus Süd- und Mittelamerika dorthin, auch wenn einzelne Schiffe Mexiko anlaufen, um das Kokain auf dem Landweg weiterzubefördern. Das Kokain für Europa hingegen wird meist nach etwa drei Vierteln der Reise, die es auf einem Frachtschiff oder Mutterschiff transportiert wird, vor der Westküste Afrikas auf kleinere Schiffe umgeladen, die dann die europäischen Häfen anlaufen.

Die Herren zu Wasser und zu Land

Ende der neunziger Jahre formierte sich innerhalb weniger Jahre das mächtige Drogenkartell der Zetas. Die Männer dieser Organisation, ehemalige Soldaten des mexikanischen Militärs, waren ursprünglich als bewaffneter Arm des Golf-Kartells angeworben worden. Seither reicht der Einfluss der Zetas nicht nur bis nach Mittel- und Südamerika, wo sie weite Gebiete kontrollieren und sich mit Drogen und Waffen eindecken. Wissend, dass der Transport mit Schiffen die rentabelste Form des Rauschgiftschmuggels darstellt, haben sie sich auch die Weltmeere untertan gemacht. In Zusammenarbeit mit lokalen Mafiaorganisationen sind sie in Häfen in Italien, Großbritannien, Spanien und vielen anderen europäischen Ländern, aber auch in Asien und einem großen Teil Afrikas präsent.

Wie das Kartell von Sinaloa gleichen auch die Zetas einem multinationalen Konzern. Es ist ihnen sehr schnell gelungen, sowohl die mexikanischen Häfen als auch die Häfen der europäischen und sonstigen Zielländer für Drogentransporte zu infiltrieren und ihre Ware überallhin zu liefern. Umgekehrt kommen galicische, russische, serbische, italienische und andere Mafiaorganisationen nach Lateinamerika, um Kokain, Heroin, Marihuana und andere Drogen zu kaufen, die in Südamerika produziert und dann auf der anderen Seite des Globus weiterverarbeitet oder weiterverkauft werden. Ihre Mitglieder aber sind nicht in kleinen »Pistolen-Gruppen« unterwegs, wie man es auf dem mexikanischen Festland gewohnt ist, sie zeigen mindestens nach außen ein sehr viel seriöseres Gesicht.

Die verschiedenen Mafiaorganisationen kooperieren miteinander, doch haben sich die Mexikaner laut Europol zu »Koordinatoren« des weltweiten Kokainhandels aufgeschwungen. Außerdem kontrollieren sie die Weltproduktion von Ecstasy und synthetischen Drogen, deren Konsum sich in Europa immer weiter verbreitet. Dabei eroberten sie zunächst den nordamerikanischen Markt, wo sie geradezu das Monopol auf den Vertrieb von Drogen besitzen, und über den Seeweg auch die Häfen Afrikas, Asiens und sogar Ozeaniens, um dann ihre Fühler nach den europäischen Märkten auszustrecken, die früher fest in der Hand der kolumbianischen Paten und ihrer italienischen und spanischen Verbündeten waren.

Europol hat in Den Haag wiederholt vor der Expansion der mexikanischen Kartelle in die Eurozone gewarnt und auf die damit verbundene Zunahme der Gewalt hingewiesen. Auch die Sonderkommission des Europaparlaments für organisierte Kriminalität, Korruption und Geldwäsche, die im Jahr 2012 die Unterwanderung des alten Kontinents durch das organisierte Verbrechen untersuchte, nannte Häfen in Europa, die von den Zetas als Umschlagplatz für einen Weiterverkauf des Kokains in Großbritannien und in andere Teile Europas genutzt werden: den Hafen von Liverpool, aber auch die Häfen von Palermo, Gioia Tauro und Neapel in Italien, wo sie sich durch ihre Allianz mit der mächtigen italienischen Mafia mühelos etablieren konnten.

Obgleich weit entfernt, erweist sich der europäische Markt für das organisierte Verbrechen Mexikos als besonders rentabel, weil hier sehr hohe Preise für Kokain erzielt werden und der Konsum stetig steigt. Ein Kilogramm Kokain, das in den USA für dreißigtausend Dollar verkauft wird, ist in Europa mehr als das Doppelte wert. Die Lieferungen aus Südamerika landen in Antwerpen, in den Frachthäfen Hamburgs und Bremens, an der galicischen Küste oder in Großbritannien. Die Häfen der Iberischen Halbinsel, ihre Küsten, der Norden Europas, aber auch das Schwarze Meer sind nur einige der wichtigsten Einfallstore für den Kokainschmuggel nach Europa, wobei sich die Schmuggelrouten in Abhängigkeit von den Kontrollen auf See immer wieder ändern.

Die Schifffahrtsbranche ist durch die Korruption und Komplizenschaft von Kapitänen, Seeleuten und sonstigen Mannschaftsmitgliedern ganz und gar vergiftet und durchsetzt. Wie man an den in diesem Kapitel geschilderten Fällen erkennen kann, bedienen sich die herrschenden Mafiaorganisationen und ihre Geschäftspartner der modernsten Kommunikationssysteme, Waffen und technischen Hilfsmittel, um ihre Transporte zu tarnen. Auf ihren Gehaltslisten steht sowohl das Personal der privaten Schifffahrtsunternehmen als auch das der staatlichen Zollbehörden. Letztere helfen mit ihren Befugnissen beispielsweise, auf den Frachtpapieren den tatsächlichen Containerinhalt zu verschleiern, damit die Drogen unbemerkt zusammen mit ganz normaler, legaler Ware transportiert werden können. Oder auch dabei, durch Vertauschen von Nummern und anderen Daten vor dem Verladen bei der Containerzuordnung Verwirrung zu stiften – so als würde man bei einem Auto oder Lastwagen, mit dem man eine Straftat begehen will, die Kennzeichen tauschen. Wenn ein Frachtcontainer aus Südamerika, in dem Kokain versteckt ist, vor dem Weitertransport in die USA in einem mexikanischen Hafen umgeladen wird, wird schnell die ursprünglich zugeordnete Nummer geändert, damit niemand die Herkunft des Containers zurückverfolgen kann.

In der Schifffahrt geschieht genau dasselbe wie in den bitterarmen mexikanischen Dörfern, in denen die Kartelle Männer, Frauen und Kinder anwerben, die aus Mangel an Alternativen bereit sind, für die Mafia zu arbeiten. Auch Seeleute und Fischer geben an, dass sie sich aus Geldnot für den Rauschgiftschmuggel anwerben lassen, denn eine erfolgreiche Fahrt bringt ihnen genauso viel wie sechs Monate oder gar ein Jahr legaler Arbeit. Geschichten von erfolgreichen Schmuggeltouren sind bei den Kolumbianern in aller Munde. »Wem sich eine solche Gelegenheit bietet, der muss sie beim Schopf packen«, sagt Javier Sánchez, ein Seemann aus der Hafenstadt Manzanillo an der mexikanischen Pazifikküste. Für das organisierte Verbrechen sind diese Leute dankbare Opfer, denn sie haben keine Angst, bei der Verteidigung einer Mafiaroute oder einer illegalen Ladung ihr Leben zu lassen. Die Mafia sucht sie ganz gezielt aus, in dem Bewusstsein, dass sie einerseits keine andere Wahl haben und andererseits vermutlich auch unter den widrigsten Umständen durchkommen. Diese unsteten Söldner, die lieber das Meer als festen Boden unter den Füßen haben, die mit größtem Geschick den launischen Wellen ausweichen, die jeden Wind der Welt erkennen würden – diese Seeleute finden die unauffälligsten Routen und sind auf einem modernen Schiff genauso überlebensfähig wie auf dem klapprigsten Schrottkahn.

Trotz des hohen Risikos beteiligen sich heutzutage sehr viele Seeleute für schnelles Geld am organisierten Schmuggel von Drogen. Natürlich würden die reichen Bosse, die bei den Seetransporten illegaler Güter die Fäden ziehen, nie selbst auf einem solchen Schiff mitfahren, auch wenn sie manchmal gezwungen werden, als Geiseln in irgendeinem Hafen auszuharren. Doch sie sind es nicht, die sich ins Wasser stürzen müssen, um der Küstenwache zu entkommen. Die dicken Fische findet man in ruhigen Gewässern, und ihr immenser Reichtum schützt sie vor Strafe.

Auch wenn die Polizeiarbeit anderswo weniger durch Korruption untergraben wird als in Mexiko oder anderen Ländern Lateinamerikas, gelingt es insgesamt nur sehr bedingt, den Seeweg zu blockieren. Allzu oft sind die Rauschgifthändler den Fahndern viele Seemeilen voraus. Dietmar Schulze, der Pressesprecher des Zollfahndungsamtes Hamburg – das über eine eigene Spezialeinheit verfügt, um Drogen auf den Schiffen aufzuspüren –, zieht an einem regnerischen Apriltag Bilanz: »Es taucht immer und irgendwo ein dicker Fisch auf, aber er könnte immer noch dicker sein. Meistens hebt man ... nicht das ganze Nest aus, sondern irgendwo sitzt noch einer, den man ... verdächtigt. Man kann ihm aber nichts beweisen.«

2
Kolumbien – Die Herren des Pazifiks

Vor fünf Jahrhunderten wurde der Pazifik vom spanischen See-fahrer Vasco Núñez de Balboa »entdeckt« und vom portugie-sischen Weltumsegler Magellan wegen seiner vermeintlich glatten, windstillen Oberfläche auf den Namen »Stiller« oder »Pazifischer Ozean« getauft. Der Pazifische Ozean bedeckt ein Drittel der Erdoberfläche und verbindet drei Kontinente: Aus-tralien/Ozeanien, Afrika und Amerika. Er erstreckt sich von der Beringsee im arktischen Norden bis zum Rossmeer im antark-tischen Süden; und in West-Ost-Richtung von Indonesien bis zu den warmen Küstengewässern Kolumbiens.

Wegen seiner Größe und geografischen Lage mit Tausenden von Kilometern unzureichend überwachter Küste und über zehntausend Inseln eignet er sich hervorragend für schmutzige Geschäfte. Ein Großteil des weltweiten Kokainschmuggels findet auf dem Pazifik statt, der von den südamerikanischen Anden bis nach Alaska die gesamte Westküste des amerikanischen Konti-nents umspült. Angebaut und verarbeitet wird die Kokapflanze vorwiegend in Kolumbien, Peru, Bolivien, Ecuador, Brasilien und Venezuela, von wo aus sie dann in die Abnehmerländer ver-schifft wird, entweder nach Norden in die USA oder in die Ge-genrichtung nach Südamerika und von dort über den Atlantik nach Europa oder Asien.

Es gibt drei Wasserwege, die den Pazifik mit dem Atlantik verbinden: den Panamakanal und, viel weiter im Süden, die Magellanstraße und die Drake-Passage; Letztere liegt zwischen der südlichsten Spitze des südamerikanischen Kontinents, Kap Hoorn im chilenischen Teil Feuerlands, und den Südlichen Shetlandinseln in der Antarktis. Sie galt lange als einer der ge-fährlichsten Wasserwege überhaupt. Täglich passieren schwer beladene Schiffe, die sowohl Kokainbase als auch fertiges Kokain transportieren, diese Wasserwege auf ihrem Weg nach Europa, Afrika oder Asien.

Seit den siebziger Jahren kontrollierten kolumbianische Drogenhändler den Pazifik. Für drei Jahrzehnte waren sie nicht nur Herren über die 1300 Kilometer Küstenlinie ihres Landes, sondern teilweise auch über den Hafenbetrieb der anderen Produzentenländer, ja aller Länder Amerikas: So dominierten sie auch in den Häfen Argentiniens, Chiles, der USA und Kanadas.

Ende der neunziger Jahre und in der ersten Dekade des neuen Jahrtausends gelang es den Kolumbianern zunächst noch, ihre Kokainproduktion und Vertriebskanäle aufrechtzuerhalten, obwohl im Zuge von Regierungsprogrammen wie dem »Plan Colombia« einige einflussreiche Kartellbosse gefasst und in die USA oder nach Kanada ausgeliefert wurden. Mit der Zeit mussten sie allerdings einen Teil ihres Geschäfts abgeben und sich mit dem organisierten Verbrechen anderer Länder arrangieren. Obwohl die mexikanischen Kartelle seit der Jahrtausendwende nach und nach die Vorherrschaft im Kokainhandel übernahmen und heute den größten Profit machen, bestehen die operativen Strukturen der Kolumbianer weiterhin.

Das Medellín-Kartell

Die großen kolumbianischen Drogenbosse, wie der 1993 erschossene Pablo Escobar, der deutschstämmige Carlos Lehder, der 1989 bei einer Razzia umgekommene Gonzalo Rodríguez Gacha sowie die Brüder Jorge Luis, Fabio und Juan David Ochoa, erkannten die von den wichtigen Häfen Kolumbiens auslaufenden Frachter mit landwirtschaftlichen Erzeugnissen als ideale Vehikel für den Kokainschmuggel. In den achtziger Jahren kontrollierten sie laut Aussagen der DEA mindestens achtzig

Prozent des Handels mit dem in Kolumbien, Peru und Bolivien produzierten Kokain.

Zusammen mit Rodríguez Gacha war Lehder der Stratege des Seeschmuggels. Listig nutzte er die großzügigen Gesetzesspielräume vieler Inseln aus, um etwa die Bahamas in einen wichtigen Umschlagplatz für das per Schiff oder per Flugzeug angelieferte Kokain zu verwandeln. Er liebte das Meer, war ein begeisterter Segler und machte die kleine Bahamas-Insel Norman's Cay – angeblich das Vorbild für Robert Louis Stevensons *Schatzinsel* – 180 Kilometer vor der Küste Miamis zu seinem Hauptquartier. Hier wurde die Ware zwischengelagert, bevor er sie an mexikanische Geschäftspartner oder in die USA weiterverschickte.

In den siebziger und achtziger Jahren muss sich Lehder wie der legendäre Pirat und Schmuggler Norman höchstpersönlich gefühlt haben, der die Bahamas-Insel im 16. Jahrhundert als Erster betreten haben soll. Schon bei seinem ersten Aufenthalt im Jahr 1978 begann Lehder, Eigentum auf Norman's Cay zu erwerben. Er ließ sich einen luxuriösen Wohnsitz errichten, baute ein Hotel und eine Landebahn. Der ehemalige Autodieb und Hippie-Sonderling hatte es im Drogengeschäft weit gebracht. Er war ein Selfmademan, der fließend Deutsch und Englisch sprach. Sein Vater Josef Wilhelm Lehder stammte aus Frankfurt und hatte in Kolumbien die »Pensión Alemana« betrieben, eine kleine Pension, die als »Schaltzentrale des nationalsozialistischen Geheimdiensts« gedient hatte, aber schon während des Zweiten Weltkriegs geschlossen worden war. Carlos interessierte sich für deutsche Kultur und bewunderte Hitler – eine Faszination, die er offensichtlich von seinem Vater Wilhelm (später Guillermo) Lehder übernommen hatte, den der US-Geheimdienst als Nazi-Agenten betrachtete: »Ich habe die Ehre, Ihnen mitzuteilen, dass Guillermo Lehder, ein deutschstämmiger Einwohner der Stadt Armenia in Kolumbien, von der kolumbianischen Polizei als gefährlicher Nazi eingestuft wird«, lautete das Telegramm eines

US-amerikanischen Dienstes von 1943, aus dem die kolumbianische Tageszeitung *El Tiempo* 1989 zitierte.

Der Sohn wurde bald zum Herrn über die Meere des amerikanischen Kontinents. In Mexiko waren seine Kontakte der aus dem Bundesstaat Sinaloa stammende Miguel Ángel Félix Gallardo, Gründer des Kartells von Guadalajara, und dessen Geschäftspartner Ernesto Fonseca Carrillo, genannt Don Neto; außerdem arbeitete er mit Rafael Caro Quintero und dem 1987 erschossenen Pablo Acosta Villarreal zusammen, der im staubigen Städtchen Ojinaga im mexikanischen Bundesstaat Chihuahua ein großes Verteilerzentrum für Kokain betrieb. Hier, in der Grenzregion zu Texas an den Ufern des Rio Grande, der in Mexiko Río Bravo heißt, schmuggelte er pro Jahr sechzig Tonnen kolumbianisches Kokain über die Grenze sowie Marihuana und Heroin aus Mexiko. Für kurze Zeit war Rafael Aguilar Guajardo für die Operationen zuständig, mit seinem gewaltsamen Tod im April 1993 übernahm Amado Carrillo Fuentes diese Aufgabe. Auch er stammte aus Sinaloa, wurde von seinem Onkel Don Neto protegiert und stieg zum mächtigen Señor de los Cielos (»Herrn des Himmels«) auf. Als Boss des Juárez-Kartells etablierte er seine eigenen Schmuggelrouten durch die Luft und über das Meer.

Der auch als »Vizekönig der Bahamas« bekannte Lehder konnte sich im Drogengeschäft sehr lange halten. Im Lauf der Jahre perfektionierte er die Organisation der Transporte zu Wasser und in der Luft. Über Letztere erfährt man einiges in dem Film *Blow*, in dem Johnny Depp Lehders US-amerikanischen Geschäftspartner George Jung verkörpert.

Das Cali-Kartell

Man kann zwar sagen, dass das kolumbianische Medellín-Kartell die ersten Kokaintransporte auf dem Pazifik organisierte, doch wirklich untertan gemacht haben sich dieses Meer erst die Brüder Gilberto und Miguel Ángel Rodríguez Orejuela. In den achtziger und neunziger Jahren standen sie gemeinsam an der Spitze des Cali-Kartells – benannt nach der gleichnamigen Stadt am Ufer des Flusses Cauca, der durch den kolumbianischen Bundesstaat Valle del Cauca fließt und in den Pazifik mündet. Hier befand sich die Operationsbasis des Kartells. Zur Führungsspitze gehörten außerdem José Santacruz Londaño und Helmer Herrera Buitrago, auch als Pacho Herrera bekannt. Er war früher einmal Geldwäscher Pablo Escobars in den USA gewesen.

In den USA ließ sich das Kartell von Harold Ackerman vertreten, seines Zeichens Gemüse-Importeur und Eigentümer der Firma Southeast Agrotrade. Er war in der Lage, die Verschiffung der Drogen in so wichtige Häfen wie Miami, das Eingangstor in die USA, zu gewährleisten. Zwischen Tiefkühlbrokkoli oder in Zementsäcken versteckt, gelangten von 1991 bis 1992 allein durch diesen Hafen 22 Tonnen Kokain ins Land.

Nach dem Tod Pablo Escobars im Dezember 1993 schafften es seine Feinde und Konkurrenten, namentlich die Brüder Gilberto und Miguel Rodríguez Orejuela (die Bosse des Cali-Kartells), die führenden Kokainlieferanten der Welt zu werden. Die US-Behörden gehen davon aus, dass die Brüder Rodríguez Orejuela zu jener Zeit achtzig Prozent des weltweit konsumierten Kokains auf den Markt brachten.

Diese Monopolstellung konnten sie nur erringen, indem sie strategische Partnerschaften für die Drogenausfuhr über den Golf von Mexiko und die Karibikroute – ein Großteil der Lieferungen in die USA erfolgte ja weiterhin über den Pazifik – eingingen, etwa mit dem »Herrn des Himmels« und den Brüdern

Arellano Félix vom Tijuana-Kartell. Allerdings machte ihnen die Politik einen Strich durch die Rechnung: Als Ernesto Samper, der damalige Präsident Kolumbiens, in dem Verdacht stand, von den Brüdern Rodríguez Orejuela eine Wahlkampfspende in Höhe von sechs Millionen Dollar erhalten zu haben, sah er sich gezwungen, das Cali-Kartell zu verfolgen. Im Juni 1995 wurde zunächst Gilberto Rodríguez Orejuela festgenommen, einen Monat später José Santacruz Londoño und im August auch Gilbertos Bruder Miguel. 1996 stellte sich Helmer Herrera freiwillig und wurde in Valle del Cauca inhaftiert.

Zwei Monate später, im März desselben Jahres, wurde der aus dem Gefängnis entflohene José Santacruz Londoño im Zuge eines Machtkampfs innerhalb der Organisation ermordet. Auf Befehl Wílber Varelas alias Jabón (»Seife«), eines ehemaligen Auftragskillers des Kartells, der zum Boss aufgestiegen war, fand Helmer Herrera im Gefängnis den Tod. Leute aus den Reihen der Organisation gründeten das Norte-del-Valle-Kartell, das bald sämtliche Pazifikhäfen kontrollierte, durch die im Bundesstaat Valle del Cauca raffiniertes Kokain geschleust wurde. Repräsentiert wurde diese Organisation von El Hombre del Overol (»dem Mann im Overall«): José Orlando Henao Montoya, dessen Geschwister Fernando, Arcángel und Lorena sich um das operative Geschäft kümmerten.

Das Norte-del-Valle-Kartell

Im Zuge seines Niedergangs wurde das Cali-Kartell also durch ein anderes kolumbianisches Kartell verdrängt, das seinen Stammsitz im Norte del Valle hatte, einer nördlich von Cali im Cauca-Tal gelegenen Region des Bundesstaats Valle del Cauca. Da das Norte-del-Valle-Kartell in den Pazifikhäfen das Sagen hatte und nahezu perfekt organisiert war – von der US-Regierung wurde es einmal als das effizienteste Kartell von allen bezeichnet –, konnte es sein Geschäft auf andere kolumbianische Bundesstaaten ausdehnen und zum wichtigsten Kokainlieferanten der ganzen Welt werden.

Lange Jahre kontrollierte das Norte-del-Valle-Kartell einen Großteil des Seehandels mit Kokain. Nach Angaben der DEA verschiffte es sechzig Prozent des seit den neunziger Jahren bis 2007 weltweit konsumierten Kokains. Zu seinen Hauptabnehmern gehörten die mittlerweile tonangebenden mexikanischen Kartelle. Wegen seiner idealen geografischen Lage war das Kartell aus dem Cauca-Tal allen anderen kolumbianischen Drogenhändlerringen gegenüber im Vorteil: Sein Stammsitz lag genau in der Mitte zwischen dem Regenwaldgebiet der Andenregion, in dem Koka angebaut, verarbeitet und raffiniert wird, und dem gut geschützten Hafen von Buenaventura, der den Korridor für den Seehandel bildet.

Aufschlussreich ist, wie der mächtigste Flügel des Kartells, die Familie Montoya, den Drogenhandel im Pazifik aufzog. Diego Montoya, der sich schon im Alter von zwanzig Jahren zusammen mit seiner Mutter um das – damals noch legale – Geschäft der Familie kümmern musste, gehörte wie andere Familienmitglieder später zu den einflussreichsten Bossen des Norte-del-Valle-Kartells und baute in den Jahren um die Jahrtausendwende ein Imperium auf.

Die Region, in der die Familie Montoya lebte, war in den achtziger Jahren einerseits von zunehmender Guerillapräsenz geprägt – wie viele Unternehmer- und Viehzüchterfamilien der Region wurden die Montoyas erpresst, ihre Ländereien wurden von der Guerilla in Beschlag genommen; andererseits vom Kokaingeschäft, das weitaus höhere Einnahmen verhieß als jede legale Erwerbsmöglichkeit, weshalb sich viele Grundbesitzer anwerben ließen, um dann, mit den nötigen finanziellen Mitteln ausgestattet, eigene paramilitärische Einheiten zur Verteidigung ihres Grund und Bodens und ihrer Pflanzungen zu unterhalten.

1984 verbündeten sich Diego Montoya und Iván Urdinola Grajales – ein bekannter Kokainhändler, der später Lorena, die Schwester der Henao Montoyas, heiratete –, um auf ihren Gütern in Andinápolis in der Gemeinde Trujillo ein kleines Drogenlabor für Kokainbase einzurichten. Die Kokainbase bezogen sie aus Putumayo. Urdinola schleuste den fertigen Stoff dann nach Mexiko und in die USA. Geschickt expandierte Diego gemeinsam mit seinem Bruder Juan Carlos so lange, bis sie zu den größten Produzenten gehörten: Mit fünfzig Kilogramm fingen sie an und stellten nur wenige Monate später bereits eine Tonne für ihren Vertriebsmann Urdinola her.

Zum ersten Labor in Andinápolis gesellten sich in der Folge viele weitere. Das Imperium, das die Brüder Montoya im Garrapatas-Cañon aufbauten, produzierte nicht nur genug Stoff für Urdinola, sondern auch für andere Großhändler des Valle del Cauca, die mexikanischen Partner – zu den Großkunden zählte unter anderen das Kartell von Tijuana – oder direkt für die Abnehmer in den USA und Europa.

Die Montoyas verarbeiteten immer unglaublichere Mengen. Lieferungen von fünfhundert bis eintausendfünfhundert Kilo Kokainbase oder raffiniertes Kokain wurden mit Schnellbooten den Río San Juan hinunter zur Küste gebracht, nach Buenaventura oder nach Chocó, um von dort aus zunächst per Flugzeug und dann – spätestens seit 1990 – vorwiegend per Schiff nach Mexiko und in die USA weiterbefördert zu werden. Und nachdem Diego Montoya erkannt hatte, dass der Seeweg der einfachste und rentabelste Transportweg für Drogen war, verschickte er auf diesem Weg tonnenweise Kokain in die Welt. Nur viermal wurden dabei größere Ladungen beschlagnahmt: Im Jahr 2001 wurden einmal sechstausend, einmal zwölftausend und einmal neuntausenddreihundert Kilogramm aus dem Verkehr gezogen, im Juli 2004 einmal zweitausendzweihundert Kilogramm.

In Valle del Cauca hatten die Montoyas eine ideale Infrastruktur für ihr expandierendes Geschäft geschaffen: Sie besaßen einen Flugplatz, von dem aus sie ihre eigene Ware und die anderer Rauschgifthändler transportieren konnten. Der Konkurrenz wurden Flugzeuge vermietet oder Gebühren für die Benutzung der Landebahnen, später auch der Schiffe und aller anderen vom Familienclan kontrollierten Transportmittel in Rechnung gestellt.

Als Diego Montoya den Lufttransport vernachlässigte und beschloss, sich auf Seetransporte zu konzentrieren, schaffte er sich eine Flotte an, mit der er mindestens 15 Jahre lang regelmäßig Kokainlieferungen in der Größenordnung von eintausend bis sechstausend Kilogramm verschiffte. Um dafür das nötige Umfeld aufzubauen, wurden seine Leute in Schifffahrtsunternehmen, Reedereien und Hafenanlagen vorstellig und warben dort Personal für die Organisation an.

In Kooperation mit den Mexikanern kontrollierte das Norte-del-Valle-Kartell zahlreiche Seerouten. Dies war wohl der Grund für den raschen Aufstieg des Kartells unter der Ägide der Brüder Montoya, die den Seetransport zum effektivsten und funktionalsten Transportweg überhaupt machten, und zwar sowohl entlang der kolumbianischen Pazifikküste, von wo aus das Kokain nach Mexiko und Mittelamerika gelangte, als auch durch die Karibik, wo das Kokain über Cancún nach Mexiko kam und auf die Bahamas geliefert wurde.

1996 wurde Juan Carlos Ramírez Abadía alias Chupeta (»Lollipop«) wegen seiner exzellenten Verbindungen zu mexikanischen Drogenhändlern und wegen seines großen Netzwerks in den USA Diego Montoyas Geschäftspartner für Kokainlieferungen nach Mexiko. Da er sowohl gute Kontakte zu Transportunternehmen, Reedereien und Schiffsmaklern in Kolumbien als auch zu den Organisationen unterhielt, die sich in Mexiko um den Absatz kümmerten, war seine Mitwirkung von entscheidender Bedeutung.

Der 1963 in Palmira im heißen kolumbianischen Süden geborene Chupeta war dunkelhaarig und von mittlerer Statur. Bei der Auswahl der Anlaufstellen für die Lieferungen des Norte-del-Valle-Kartells spielte er eine Schlüsselrolle. Er interessierte sich ganz besonders für die Schifffahrt und war als junger Mann sogar zwei Jahre bei der Marine gewesen, als Kadett der Marineakademie »Almirante Padilla«.

Als er sich an einem bestimmten Punkt seiner Karriere zur Selbstanzeige gezwungen sah, hielt er sich eine Weile aus allem heraus und legte auch seine Zusammenarbeit mit Diego Montoya auf Eis. Durch den Kokainhandel zu ungeheuren Reichtümern gelangt, dachte Chupeta nach seiner Haftentlassung vier Jahre später allerdings nicht im Mindesten daran, das Geschäft aufzugeben, sondern weitete es, ganz im Gegenteil, nach nur wenigen Jahren auf einen beträchtlichen Teil des amerikanischen Kontinents und einige Regionen Europas aus. 2005 ließ sich Chupeta mit seiner Familie in Brasilien nieder, wo er eine protzige Villa etwas außerhalb von São Paulo bewohnte, und lenkte seine Geschäfte von dort aus. Er verschiffte seine Ladungen mit Kokain aus brasilianischen Häfen in die USA, nach Mexiko und nach Europa, ebenso nach Uruguay und Argentinien. Über verschiedene Firmen ließ er seine Drogengelder waschen. Um nicht erkannt zu werden, unterzog er sich insgesamt fünf Schönheitsoperationen.

Als Chupeta später erneut einsaß, bauten die Brüder Montoya mithilfe seiner Kontakte ihre Kokaintransporte auf der Pazifikseite aus. Die maßlose Gewalt in Kolumbien, die zahllosen Morde und Verhaftungen sowie die internen Machtkämpfe im Norte-del-Valle-Kartell zwangen die Montoyas, sich nach neuen Geschäftspartnern umzusehen, die auch einen Teil der Transporte übernehmen konnten. Sie sollten bei den Mexikanern fündig werden, die mit ihren eigenen Schiffen und ihren eigenen Leuten bereits Stoff in die USA schleusten.

Gewalt und Geldwäsche

Die Geldwäsche besaß für das Kartell hohe Priorität. Diego und Juan Carlos Montoya kümmerten sich bis 1992 persönlich um die Finanzen der Organisation; als die Gewinne langsam die der übrigen Partner überflügelten, begab sich Diego auf die Suche nach einer Ablöse und übergab die Finanzverantwortung an seinen Bruder Eugenio.

Dieser entlohnte Geschäftspartner nicht mehr nur mit Bargeld oder anderen Zahlungsmitteln, sondern überschrieb ihnen zuweilen Immobilien oder dicke Autos. So wurde das Geld auch gleich gewaschen, selbst wenn ein Großteil der Gewinne weiterhin auf Banken auf den britischen Jungferninseln, in Kolumbien und den USA landete. Im größten Stil aber wurde die Geldwäsche von kolumbianischen Banken erledigt; und durch die Finanzierung des luxuriösen Lebensstils des Montoya-Clans, für den Eugenio Montoya Millionen Dollar Bargeld bereitstellte. Ende der neunziger Jahre bewohnte eine Reihe von Familienmitgliedern – darunter Diego Montoyas Mutter, seine Schwester und seine Exfrau, seine beiden Söhne sowie Nichten und Neffen – Luxusimmobilien in den Toplagen Floridas. Diego selbst hatte eine Schwäche für Schiffe und Luxusjachten und besaß vor der Küste Floridas eine teure, auf Eugenio angemeldete Jacht, auf der er sich gern entspannte. Außerdem besaß er in dem von der Sonne verwöhnten Florida noch zwei Luxusdomizile und mehrere Luxusschlitten. In Medellín und Magdalena gehörten den Montoyas Tankstellen, in Cali verschiedene private Flugunternehmen und eines der exklusivsten Fitness-Center der Stadt.

Bevor Diego Montoya ihn Anfang August 2003 ermorden ließ, war John Jairo García Giraldo alias Dos Mil (»Zweitausend«) für die Kommunikationstechnik der Organisation zuständig gewesen, hatte Mobiltelefone und andere Kommunikationsausrüstung besorgt und zugeteilt. Das Kartell hielt ihn jedoch für einen Spitzel der US-Behörden, denn im Juni 2003 war er von Kolumbien nach Südflorida gereist. Diego Montoya hatte Wind von einem dortigen Treffen mit DEA-Agenten bekommen und seinen Bruder Eugenio beauftragt, erst herauszufinden, was Dos Mil den Amerikanern erzählt hatte, und ihn dann zu beseitigen.

Also sorgte Eugenio dafür, dass ihm eine Falle gestellt wurde. Nach Dos Mils Rückkehr beorderte er ihn für eine Besprechung auf ein Landgut in Jamundí, etwas außerhalb von Cali. Dos Mil kam in dem Glauben, es gehe um den Ankauf von Mobiltelefonen für die Organisation. Als er am Treffpunkt erschien, schlugen sie ihn zuerst mit Baseballschlägern auf die Schienbeine und den restlichen Körper. Dann quetschten sie ihm so lange die Brüche und die geplatzte Haut, bis er sich selbst der Spitzelei für die DEA bezichtigte. Sie hielten seinen in eine Plastiktüte gewickelten Kopf unter Wasser, bis er fast erstickte. Schließlich folterten sie ihn zu Tode, zerstückelten die Leiche und warfen sie in den Fluss. Diego Montoya hatte Mitglieder der Organisation, die vielleicht auch mit dem Gedanken an Verrat spielten, eines Besseren belehren und nebenbei sicherstellen wollen, dass nicht vor einem US-Gericht gegen einen Montoya ausgesagt würde. Er musste hart bleiben.

Der bereits erwähnte Wílber Alirio Varela wurde 1957 in Roldanillo in Valle del Cauca geboren. Er war Sergeant bei der Polizei und wurde von den Brüdern Rodríguez Orejuela als Geldeintreiber angeworben. Da es ihn in der Hierarchie des Kartells bald wie Seifenschaum nach oben gespült hatte, wurde er fortan nur noch Jabón genannt. Durch den Handel mit Rauschgift war er wohlhabend geworden: Er besaß über 1200 Geschäfte und Wohnungen in Kolumbien, Aruba, Costa Rica, Ecuador, Panama, Peru, Spanien, Venezuela, auf den Bahamas, den britischen Jungferninseln und den Kaimaninseln.

2001 waren Diego Montoya und Wílber Varela die einflussreichsten Bosse des Norte-del-Valle-Kartells. Aber nur einer konnte ganz oben stehen, und so begannen sie sich zu bekriegen. Seit er diesen blutigen Konflikt mit seinem ehemaligen Partner austrug, ließ sich Montoya als El Señor de la Guerra (»der Kriegsherr«) anreden. Er zog in die Gegend von Magdalena Medio, kehrte jedoch, weil er dort beinahe gefasst worden wäre, in das von ihm kontrollierte Gebiet nahe dem Norte del Valle zurück.

Im Mai 2004 setzte das FBI Diego Montoya auf die Fahndungsliste der zehn meistgesuchten Verbrecher. Am 10. September 2007 wurde er in der Umgebung der Stadt Zarzal in Valle del Cauca bei einem Einsatz festgenommen, am 12. Dezember 2008 an die USA ausgeliefert. Im August 2009 bekannte er sich des Rauschgifthandels für schuldig und wurde bereits wenige Wochen später, im Oktober, zu einer Gefängnisstrafe von 45 Jahren verurteilt.

Im Januar 2008 versteckte sich Jabón, der mächtige, grausame Boss eines anderen Flügels des Norte-del-Valle-Kartells, in einer Hütte im venezolanischen Mérida. Er wurde jedoch verraten und ermordet – von Javier Antonio Calle Serna, der seine Position einnehmen wollte, und von einem seiner Abnehmer, einem venezolanischen Unternehmer, der Jabóns Drogen in die USA und nach Europa verschiffte.

Die Brüder Calle Serna

Nachdem man Jabón ermordet hatte, Diego Montoya verhaftet und an die USA ausgeliefert worden war und alle anderen Bosse des Norte-del-Valle-Kartells ebenfalls im Gefängnis saßen, übernahmen die auch als Los Comba (kurz für *combatientes*, »Kämpfer«) bekannten Brüder Javier Antonio und Luis Enrique Calle Serna sowohl die Führung der Organisation als auch die Kontrolle über den Seetransport des Kokains. Ihr bewaffneter Arm waren die gefürchteten Rastrojos. Los Comba waren im Alter von nicht einmal vierzig Jahren an die Spitze gekommen. Als die neuen Herren des Pazifiks machten sie Geschäfte mit anderen mächtigen Rauschgifthändlern wie Daniel Barrera Barrera. El Loco Barrera (»der verrückte Barrera«), ein ehemaliger Verlader auf dem großen Markt von Bogotá, hatte auf den Koka-Plantagen im Regenwald von Guaviare als Pflücker angefangen und war unter dem Guerillakämpfer Tomás Medina alias El Negro Acacio (»der schwarze Acacio«) in den Rauschgifthandel eingestiegen. Ende der neunziger Jahre fungierte El Loco Barrera als Kontaktperson zwischen Guerilla und Narcos. Für seine Lieferungen wurde er normalerweise aus Manzanillo, gelegentlich auch aus anderen mexikanischen Pazifikhäfen bezahlt – so erhielt er beispielsweise im September 2009 27 Millionen auf mehrere Frachtcontainer verteilte US-Dollar in bar. Die Brüder Calle Serna arbeiteten zudem eng mit dem Sinaloa-Kartell zusammen.

Diese Allianz erlebte einen ersten Rückschlag, als die kolumbianische Küstenwache 6400 Kilogramm Kokain beschlagnahmte, das Luis Enrique Calle Serna am 29. Dezember 2010 aus Buenaventura an das Sinaloa-Kartell verschickt hatte. Zu weiteren Zwistigkeiten führte die Verhaftung von Fernando Alejandro Jiménez alias El Palidejo (»das Bleichgesicht«). Der Costa Ricaner war vom Sinaloa-Kartell als Verbindungsmann zu den Brüdern Calle Serna und deren bewaffnetem Arm, den Rastrojos, angeheuert worden. Zu seinen Aufgaben zählte, die von Los Comba verschifften Kokainfrachten durch die mittelamerikanischen Häfen zu schleusen und sie an die Mexikaner des Sinaloa-Kartells zu liefern, für die er auch Geldwäsche betrieb.

Das Sinaloa-Kartell hatte sich laut kolumbianischen Drogenermittlern von den Brüdern Calle Serna umfangreiche Garantien zum Schutz des Unterhändlers geben lassen. El Palidejo sollte sich in Mittelamerika frei bewegen können und, als ein internationaler Haftbefehl gegen ihn ausgestellt wurde, in Kolumbien in Sicherheit gebracht werden. Seinen Transport hatten die Rastrojos bis ins Detail geplant: Zwei Schiffe sollten ihn die Küste entlang bis nach Panama bringen, drei andere vor Punta

Ardita auf ihn warten, mit ihm an Bord aufs offene Meer hinausfahren, von wo er schließlich Chocó oder Valle del Cauca anlaufen sollte. Das Sinaloa-Kartell hatte bei Los Comba außerdem einen falschen Pass und Personalausweis für ihn bestellt, der auf den Namen »Carlos Emilio Cardona Marín« ausgestellt war. Doch bevor El Palidejo die Schiffe erreichte, wurde er festgenommen, und dafür hatte es nicht mal einer gezielten Polizeiaktion, sondern lediglich einer Routinekontrolle bedurft.

Im März 2012 wurde Luis Enrique Calle Serna von der DEA verhaftet. Zwei Monate später stellte sich sein Bruder Javier Antonio in Aruba den US-Ermittlern – für ein milderes Strafmaß war er bereit, die Schiffsrouten der Kokainhändler in die USA und nach Europa offenzulegen. Er wollte auch Informationen über El Chapo vom Sinaloa-Kartell, seinen größten Abnehmer, und über seinen Partner El Loco Barrera preisgeben. Man überstellte ihn von Aruba nach New York.

Die Privatarmee der Brüder, die mehr als zweitausend Mann starken Rastrojos, kontrolliert jedoch nach wie vor die kolumbianischen Küsten und erhebt von jedem, der auch nur ein einziges Gramm Kokain über den Pazifik zu transportieren beabsichtigt, Schutzzoll. Dies geschieht allerdings nicht ohne Zwischenfälle, denn die Rastrojos liefern sich mit den Urabeños, die Kokain aus dem Golf von Urabá und aus Chocó und Valle del Cauca nach Mexiko, in die USA und nach Europa verschiffen, einen Kampf um die Seerouten. Im Epizentrum der blutigen Auseinandersetzungen liegt Buenaventura, die Perle des Pazifiks und ein Zentrum des Rauschgiftschmuggels.

Ein Franchise-System für den Schnee

Erst war es die Guerilla, die einen Anteil des Drogengelds verlangte, dann führten die paramilitärischen Gruppen, die sogenannten Autodefensas – einige davon, wie erwähnt, von den

Narcos selbst ins Leben gerufen –, das System der Gebühren nach Gewicht ein. Dabei mussten die Kartelle für jedes Kilogramm Kokain, das sie unbehelligt durch eine bestimmte Zone befördern wollten, eine Gebühr in US-Dollar entrichten – ein System, das man schon vom Bananenexport kannte. Und zu guter Letzt kauften einige Rauschgifthändler den Autodefensas auch noch nach einer Art Franchise-System das Recht ab, unter ihrem Schutz beziehungsweise in ihrem Namen Drogen zu verschieben.

Die DEA geht davon aus, dass in Kolumbien die Autodefensas Unidas de Colombia (AUC), der gegen die Guerillabewegung operierende Verbund dieser paramilitärischen Einheiten, zu jener Zeit etwa fünfzig Prozent des Kokainschmuggels, vor allem auf dem Seeweg, kontrollierte. Wie im ersten Kapitel beschrieben, liefen ihre Schiffe von den wichtigsten kolumbianischen Häfen aus Destinationen in aller Welt an. In einigen Fällen waren es reine Drogentransporte, oft wurde das Kokain aber auch zwischen anderen Waren versteckt. Für ihre Kokainlieferungen bestachen sie die für die Radarüberwachung der Marine zuständigen Leute, ihre Geräte auszuschalten beziehungsweise bestimmte Schiffsbewegungen einfach nicht zu melden.

Kommandant des in Zentralkolumbien aktiven Bloque Central Bolívar, einer der militärischen Formationen der AUC, wurde Carlos Mario Jiménez Naranjo alias Macaco (»der Makake«), geboren in der Gemeinde Marsella im kolumbianischen Bundesstaat Caldas. Er stieg zunächst als Abnehmer der Kokapaste, die er in seinem Labor weiterverarbeiten ließ, in den Rauschgifthandel ein. Zehn Jahre später war er bereits ein mächtiger Partner des Norte-del-Valle-Kartells, kontrollierte die Meerenge des Golfs von Urabá und – mithilfe seines Stellvertreters Salvatore Mancuso Gómez alias Santander Lozada, Mono Mancuso (»Mancuso, der Affe«) oder Triple Cero – auch die Straßen von Córdoba in die Region Urabá. Mancuso knüpfte darüber hinaus enge Verbindungen mit der italienischen Mafia und lieferte ihnen auf dem Seeweg Kokain nach Italien.

Mancuso war Sohn italienischer Einwanderer. Er hatte an der Pontificia Universidad Javeriana in Bogotá und an der University of Pittsburgh in den USA studiert und einen Universitätsabschluss in Landwirtschaftsverwaltung erworben. Danach hatte er seine Ländereien in Córdoba bewirtschaftet und sich den von Carlos Castaño befehligten Autodefensas der Landwirte von Córdoba und Urabá angeschlossen, wo er Kommandant des Bloque Catatumbo wurde. Er war außerdem Stellvertreter Carlos Castaños, und seine Einheit versorgte sowohl die mexikanischen Drogenkartelle als auch die italienische Mafia mit Nachschub.

Ein großer Teil des Gebiets nördlich der Sierra Nevada de Santa Marta befand sich unter der Kontrolle Hernán Giraldo Sernas, der unter anderem als El Patrón oder El Tigre apostrophiert wird. Sein Neffe Nodier Giraldo Giraldo alias El Cabezón (»der Dickschädel«) führte seinerseits den Bloque Resistencia Tayrona an.

In den Grenzgebieten der Bundesstaaten Antioquia und Chocó wurden Drogen nach Panama geschmuggelt. Diesen Grenzstreifen kontrollierte der Bloque Elmer Cárdenas, dessen oberster Kommandant Freddy Rendón Herrera alias El Alemán (»der Deutsche«) im Tausch für Waffen und Geld noch mehr Stoff verschob.

Die Familie Rendón stammte aus Amalfi im kolumbianischen Bundesstaat Antioquia. Freddys Bruder Daniel Rendón Herrera alias Don Mario hatte sich den Autodefensas der Region Llanos Orientales angeschlossen. Er wurde zunächst in der Drogenküche eingesetzt, dann zum Stellvertreter von José Miguel Arroyave Ruiz alias Arcángel (»der Erzengel«) befördert, der den Bloque Centauros anführte, und war später für Kokaintransporte durch Mittelamerika zuständig, wobei er sich mit den wichtigsten mexikanischen Kartellen verbündete.

Ende 2007 warb er in Urabá ehemalige Paramilitärs an, um eine eigene Organisation zu gründen. Sie verfolgten den Plan, von Urabá, Córdoba und Chocó Kokain nach Mittelamerika und in die USA zu schmuggeln, und machten sich in den Häfen Urabás und an der Atlantikküste breit.

Der Bundesstaat Casanare wurde zum Nabel des Kokainhandels. Zur Hochzeit befand sich hier die Operationsbasis der von Héctor José Buitrago Rodríguez und seinen Söhnen Héctor Germán und Nelson Orlando Buitrago Parada befehligten Autodefensas der Landwirte von Casanare. Héctor Germán Buitrago Parada alias Martín Llanos hatte zusätzlich das Gebiet der Llanos Orientales und den Hafen Puerto López unter seine Kontrolle gebracht, den die Kolumbianer auch den »Nabel Kolumbiens« nennen und der lange Zeit eine wichtige Drehscheibe für das Kokain war. Puerto López, im Bundesstaat Meta gelegen, ist der größte Hafen am Río Meta, der in den Orinoco mündet und Kolumbiens Llanos Orientales mit Venezuela verbindet. Die hier von den Buitragos geschaffene Infrastruktur dient bis heute dem Transport von Kokain. Martín Llanos war einer jener Paramilitärs, die in der Region großen wirtschaftlichen und politischen Einfluss besaßen. Er wollte sogar Gouverneur von Casanare werden und konkurrierte in erbitterter Feindschaft mit Arcángel, dem Kommandanten des Bloque Centauros, um Macht, um die Geschäfte und um Transportrouten für das Kokain. Diese Fehde im Zusammenspiel mit seiner Weigerung, im Zuge des Friedensprozesses der Regierung Álvaro Uribes zur Demobilisierung der AUC die Waffen niederzulegen, zwang Martín Llanos dazu, nach Anzoátegui an der venezolanischen Küste auszuweichen und seine Geschäfte von dort weiterzuführen.

Mit der Hilfe seines Bruders Héctor Germán gelang auch Nelson Buitrago ein kometenhafter Aufstieg im Kokainhandel. Er zog in Meta eine riesige Kokainproduktion auf und knüpfte ein weitverzweigtes Netzwerk, das ihm nicht nur von Patagonien bis Zentralamerika, sondern auch auf den Seerouten und in den Häfen der gesamten Welt Einfluss und Kooperationspartner sicherte. Dabei hielt Nelson lange Zeit erfolgreich die Narcojäger in Schach, die in den europäischen Gewässern und Häfen den Drogenhandel bekämpfen. Wie seine Geschäftspartner bei den anderen Mafiaorganisationen, wie die bestochenen Beamten und die Seeleute auf seinen Schiffen, wie die Empfänger der Kokainlieferungen und die Mitarbeiter der Nachrichtendienste, die sich bemühten, seine bevorzugten Routen aufzudecken und die eine oder andere Ladung aus dem Verkehr zu ziehen, kannten sie ihn lediglich unter jenem Namen, mit dem er all seine Kokainpäckchen beschriften ließ: Caballo.

Die von der kolumbianischen Regierung vorangetriebene Demobilisierung der verschiedenen paramilitärischen Einheiten der Autodefensas hatte keine wesentlichen Auswirkungen auf den Rauschgifthandel und seine Strukturen. Selbst in den Jahren, in denen man sie als großen Erfolg feierte, war in der Wochenzeitschrift *Semana* nachzulesen, wie die Paramilitärs ihre Geschäfte machten und im großen Stil feierten: mit Live-Auftritten der bekanntesten mexikanischen Sänger und Musikgruppen wie Juan Gabriel und anderen. In ebendiesen Jahren halfen die AUC Christian Fernando Borda und Álvaro Alvarán Vélez bei der Verschiffung riesiger Kokainmengen. Borda beschaffte das Kokain von den kolumbianischen Paramilitärs und warb Personal an, Alvarán Vélez kümmerte sich mit seinen Kontaktpersonen in Mexiko um den Transport. Im Jahr 2005 verschifften sie in Cartagena eintausendfünfhundert Kilo Kokain in Kanistern mit Palmöl, im darauffolgenden Jahr waren es bereits dreitausend Kilo pro Lieferung. Borda verdiente mit dem Rauschgifthandel Millionen, nicht in der Landeswährung, sondern in US-Dollar.

Die Seerouten, die von den Paramilitärs für den Drogentransport etabliert wurden, und ihre Franchise-Vereinbarungen funktionieren immer noch nach dem altbekannten Muster, nur werden sie heute von Guerillakämpfern, ehemaligen Guerillakämpfern, Paramilitärs, ehemaligen Paramilitärs und von Rauschgifthändlern betrieben, die in den Häfen gut vernetzt sind und auf Schiffe jeglicher Art Zugriff haben.

3
Buenaventura – Die schwarze Perle des Ozeans

Dort, wo der Pazifik im Südwesten Kolumbiens tief ins Land schneidet, liegt Buenaventura, einer von 42 Gemeindebezirken des Bundesstaats Valle del Cauca. Er ist ein Mikrokosmos der Gegensätze, mit seinen hohen Gebirgsketten und Cañons, den Hochebenen und Tälern der Andenregion und den Mündungsgebieten der zahlreichen Meereszuflüsse an der Küste. Buenaventura ist eines der Gebiete mit dem größten Niederschlag und den höchsten Biodiversitätsraten der Erde.

Es liegt inmitten der kolumbianischen Pazifikregion, nicht weit entfernt von den Westlichen Kordilleren, dem Tal des Río Cauca und der Zentralkordillere der Anden. Im Norden grenzt Buenaventura an die Regenwaldgebiete des Bundesstaats Chocó mit seinem Kaffee-, Bananen- und Koka-Anbau in Caldas und Quindío, wo früher aus Afrika verschleppte Sklaven zusammen mit Indios unter Peitschenhieben und Blutvergießen jene Konzerne aufbauten, die heute an der Börse notieren. Der Küstenstreifen ist zum Teil von Mangrovenwäldern gesäumt; die Mangroven gedeihen in Sumpfgebieten und Flussmündungen, entlang der vielen Wasserarme, die sich vom Golfo de Tortugas ins Land hinein verästeln, etwa bei El Tigre und Bazán. Wie der gesamte Bundesstaat Valle del Cauca ist auch die Gemeinde Buenaventura von Wasser durchzogen.

Obwohl man den Hafen des Ortes in der Rangordnung der wichtigsten Häfen vergebens sucht, ist er für einen bestimmten Bereich des Welthandels der strategisch wichtigste Pazifikhafen und wird deshalb auch die »schwarze Perle des Pazifiks« genannt. Der florierende und effizient organisierte Hafen wurde in derselben Bucht erbaut, in welcher der aus Huelva stammende Juan Ladrillero, der die Magellanstraße als Erster in beide Richtungen durchquerte, im 16. Jahrhundert mit seinen Galeonen gelandet war.

Hier werden pro Jahr über 14 Millionen Tonnen Waren aus aller Welt umgeschlagen und rund sechzig Prozent der kolumbianischen Exporte verschifft: landwirtschaftliche Produkte, Bodenschätze, vier Fünftel des kolumbianischen Kaffees, die beliebten langstieligen Rosen, die nach ihrer Fahrt über den Pazifik die Cafés von Paris, die Körbe der Straßenverkäufer in Deutschland und die Schaufenster exklusiver Blumenläden in Russland schmücken, Bananen, Kohle und das hier reichlich sprudelnde Erdöl.

Die Profite würden ausreichen, um die Bevölkerung Buenaventuras wirtschaftlich an die Erste Welt heranzuführen, werden hier doch pro Jahr allein um die zwei Milliarden Dollar an den Zoll abgeführt. Doch weit gefehlt. Wer hier überlebt und nicht gerade irgendwo im Ausland einsitzt, der wohnt in irgendeinem Elendsviertel mit einer der höchsten Armuts- und Kriminalitätsraten Kolumbiens. Die meisten Menschen leben in ärmlichen Pfahlbauten an unasphaltierten Straßen ohne Abwassersystem und Trinkwasserversorgung. Buenaventura ist eine Stadt von unbeschreiblicher Armut, durch die das Geld lediglich hindurchfließt – in das 127 Kilometer entfernte Cali im Landesinneren, das wirtschaftliche Zentrum der Region, oder aber zu den Großbanken dieser Welt, Tausende von Kilometern jenseits ihrer Küsten. Und auch wenn der Prozentsatz kolumbianischer Exporte, die über diesen Hafen laufen, noch so hoch ist, bleibt das Kokain sein einträglichstes Exportgut: Fünfzig Prozent des in Kolumbien hergestellten Kokains wird hier verschifft. Durch die Drogenschiffe gelangt also insgeheim noch viel mehr Geld in die Stadt, denn schließlich müssen auch die illegalen Gebühren entrichtet werden.

In den letzten zehn Jahren ist Buenaventura, das schon seit den achtziger Jahren Kolumbiens wichtigster Kokainhafen war, darüber hinaus zu einem wichtigen Zentrum für den Anbau und die Verarbeitung der Kokablätter geworden. Denn seit die Koka-Plantagen in Bundesstaaten wie Putumayo und Caquetá im Rahmen des Plan Colombia 2005 mit Herbiziden besprüht und weitgehend vernichtet wurden, hat sich der Koka-Anbau zunehmend in die Pazifikregion verlagert, insbesondere an die Flussufer der Bundesstaaten Valle del Cauca, Chocó und Nariño.

Wegen seiner geografischen Lage – er befindet sich ziemlich genau auf halbem Weg zwischen den beiden wichtigen Durchgangsländern für das kolumbianische Kokain, Panama und Ecuador –, der laxen Kontrollen und des großen Einflusses der Rauschgifthändler in dieser Region entstand im Hafen von Buenaventura die nötige Infrastruktur für den systematischen Kokainschmuggel. Von hier aus wird das Kokain entweder auf der Pazifikseite in andere Länder des Kontinents oder auf der Atlantikseite hinüber in die alte Welt verschickt, auf großen Containerschiffen, mittelgroßen Frachtern oder kleinen Fischkuttern, von denen es hier an die viertausend gibt. Buenaventura, das Tor zum Südpazifik, mit seinem gleichermaßen einträglichen wie leistungsfähigen Hafen, mit den meisten registrierten Schiffen in der Pazifikregion, ist der Rauschgifthafen des 21. Jahrhunderts par excellence.

Wie man einen Rauschgifthafen betreibt

Als sich Buenaventura vor drei Jahrzehnten anschickte, der wichtigste Hafen für Kokainlieferungen zu werden, befand sich das Gebiet unter der Kontrolle der Revolutionären Streitkräfte Kolumbiens, der FARC. Sie kassierten zunächst von den Rauschgiftschmugglern eine Gebühr für jeden Transport und machten ihnen später Konkurrenz, indem sie selbst Drogen nach Mittelamerika und Mexiko verschifften. Ende der neunziger Jahre wurden sie von den Autodefensas der Landwirte von Córdoba und Urabá aus ihrer Vormachtstellung verdrängt. Die rechtsgerichteten Autodefensas, die sowohl von lokalen Bonzen als auch von Drogenhändlern unterstützt wurden, unterstanden den Brüdern Carlos und Vicente Castaño; ihr hiesiger Kampfverband Bloque Calima, angeführt von José Éver Veloza García alias Hernán Hernández oder auch HH, hatte begonnen, sich in der Region festzusetzen und sie unter seine Kontrolle zu bringen.

Nach dem Tod ihres Gründers Fidel Castaño übernahm dessen Bruder Carlos alias El Fantasma (»der Geist«) oder auch El Pelado (»der Abgebrannte«) die Führung der Organisation und ernannte ihre lokalen Anführer, alle im Rang eines Kommandanten und ihm unterstellt. Die Familie der Castaños stammte ursprünglich aus Amalfi in Antioquia und war schon vor ihrem paramilitärischen Engagement im Drogenhandel tätig gewesen. Daher beanspruchten die Brüder Castaño, als sie mit den AUC eine mächtige Organisation hinter sich wussten und über den nötigen Einfluss und die Infrastruktur verfügten, um mitzumischen, ein Stück vom Kuchen.

Als sich die AUC in der Küstenregion etablierten, kam es im Juni 1999 zu erbitterten Auseinandersetzungen zwischen den FARC und dem Bloque Calima. Vordergründig mag es wie eine ideologische Auseinandersetzung gewirkt haben, doch in Wirklichkeit war es ein Handelsstreit, in dem es vor allem um die Kontrolle über den Drogenkorridor ging. Die Auseinandersetzung hatte zahlreiche Todesfälle zur Folge, das spurlose Verschwinden und die Vertreibung vieler Menschen. In 95 Prozent der Fälle, in denen Einwohner Buenaventuras oder anderer Gegenden in Valle del Cauca ihre Zelte abbrachen, um in den Chocó und nach Nariño, Jamundí, Santander, Popayán, Dagua oder Yumbo zu flüchten, war dieser Konflikt der Grund.

HH gestand später, dass in den Jahren 2000 und 2001 allein in Buenaventura mehr als tausend Menschen ermordet wurden, nur um die FARC zu vertreiben und sich des ganzen Gebietes samt seiner Hafenwege zu bemächtigen, um in Zukunft selbst die illegalen Gebühren für einen unbehelligten Kokaintransport eintreiben zu können.

Ab 2001 beherrschten die AUC mehr oder weniger die gesamte Region und erlangten bald auch politischen Einfluss, auch wenn auf dem Land damals immer noch vereinzelte Splittergruppen der FARC aktiv waren: Sie finanzierten und unterstützten Bürgermeister und Kongressabgeordnete der Region, und so gelang es ihnen, in der Zeit von 2000 bis 2004 schrittweise die Kontrolle über die am Wasser gelegenen Armenviertel, über die Kais und Landungsbrücken zu übernehmen. (Diese für das Drogengeschäft so zentralen Orte wurden zu Schauplätzen von Vendettas und zu Massengräbern.) So entstand die sogenannte Parapolitik, die den Paramilitärs Bürgermeisterämter und sogar eine Repräsentanz im kolumbianischen Kongress eintrug.

Gebühren nach Gewicht

Der Drogenschmuggel war mittlerweile zur Haupteinnahmequelle der AUC geworden. Die Paramilitärs erhoben von den Drogenhändlern des Norte-del-Valle-Kartells eine Gebühr in US-Dollar für jedes einzelne Kilogramm Kokain, das den Hafen verließ. Sie wurden ebenso zur Kasse gebeten wie die Schifffahrtsunternehmer oder die Besitzer der großen und kleinen Fischereischiffe, die die Transporte für sie abwickelten, aber auch die großen Bananenkonzerne. Das Eintreiben der gewichtsabhängigen Gebühren lief laut HH folgendermaßen:

Als wir anfingen, in Valle del Cauca Steuern einzutreiben, nutzten wir dieselbe Methode, die wir an der Atlantikküste eingeführt hatten. Bei unserer Ankunft in Valle del Cauca teilten wir den Bootsbesitzern und den Narcos bei mehreren Versammlungen mit, dass sie eine Gebühr für den unbehelligten Transport ihrer Ware bezahlen müssten, weil wir sie andernfalls beschlagnahmen und/oder jemanden töten müssten. Ich sprach mit den Leuten, ich sprach mit diesen Narcos persönlich. Die Bootsbesitzer unter ihnen transportierten Drogen für die anderen Bosse. Die wissen schon, wie man Drogen außer Landes bringt. Die González y Duráns beispielsweise gehörten zu den Transportspezialisten.

Yesid Enrique Pacheco Sarmiento alias El Cabo (»der Gefreite«), der für die Hafenzone verantwortliche Paramilitär, beschreibt das Tarifsystem in Buenaventura so: »Für jedes Kilo, das jemand durch Buenaventura schleusen wollte, verlangten wir eine Abgabe von fünfzig US-Dollar. Die haben alle Narcos aus dem Umland freiwillig bezahlt.«

Der Finanzchef des Bloque Pacífico, Mauricio Aristizábal Ramírez alias El Fino (»der Zarte«), teilte den Rauschgifthändlern dann mit, welche Gebühren sie zu entrichten hatten. El Mocho sammelte das Geld ein, lieferte es über El Fino bei seinem Chef HH ab, der einen Teil wiederum Efrén Figueroa alias Fernando Político zukommen ließ, um in den von El Cabo zugewiesenen Gebieten Politik zu machen. Auf diese Weise nahmen sie allein in Buenaventura pro Monat dreißig bis vierzig Millionen kolumbianische Pesos ein, circa dreihunderttausend US-Dollar.

Um im Geschäft zu bleiben, schlossen sich viele FARC-Kämpfer umstandslos den AUC an. Diese ernannten einen Kommandanten für jedes Stadtviertel Buenaventuras, um sicherzugehen, dass kein einziges Kilo Kokain gebührenfrei verschifft wurde.

HH war ein Schattenmann, der für die Brüder Castaño auch andere wichtige Angelegenheiten regelte, meist an der Spitze des Bloque Bananero: »Meine Aufgabe war es, für die Brüder Castaño militärisch komplizierte Angelegenheiten zu regeln …

deshalb hielt ich mich im Hintergrund ... und schickte andere Leute vor, die für mich die Versammlungen abwickelten ... An manchen nahm ich sogar getarnt als Leibwächter teil.«

Mit dem Geld finanzierten die Paramilitärs ihre Mission: die Eroberung der strategisch wichtigen Korridore, die bis dahin von den FARC kontrolliert wurden. Zu diesem Zweck arbeiteten sie mit den Narcos zusammen und führten Drogenlabore (nicht zu vergessen die privaten Kokaingeschäfte vieler Anführer der AUC, vom Anbau über den Transport bis zum internationalen Vertrieb).

In Buenaventura, um das neuralgische Zentrum des Hafens herum, entstanden die wohl engsten Verflechtungen überhaupt zwischen Paramilitärs, Soldaten, Politikern, Rauschgifthändlern, Reedern und Schiffseignern, Besatzungsmitgliedern und hauptberuflichen Drogenschmugglern. Einer von ihnen, Javier Klinger, war unter dem Kommando seines Chefs Jorge Eliécer Asprilla Perea alias El Negro Asprilla einer der wichtigsten Verbindungsmänner der gebührenzahlenden Rauschgifthändler zur Guerillaführung und später zu den Anführern der Paramilitärs.

Um etwas besser zu verstehen, wie das organisierte Verbrechen einen solchen Hafen nutzt, lohnt es sich, die Profile einiger Narco-Reeder zu studieren, denn oftmals sind sie die Schlüsselfiguren dieser Operationen.

El Negro Asprilla

Ohne die Figur des Jorge Eliécer Asprilla Perea alias El Negro Asprilla lässt sich die Geschichte des Seeschmuggels von Kokain nicht verstehen. Da er das Regiment über den Hafen seiner Geburtsstadt Buenaventura führte, huldigte man diesem charismatischen Geschäftemacher, der mitten im blutigen Krieg um Valle del Cauca ungerührt mit beiden Seiten verhandelte, auch als El Señor del Pacífico (»Herr des Pazifiks«).

Noch bevor die FARC in Buenaventura eingezogen waren, hatte El Negro Asprilla, unterstützt von dem bereits erwähnten Javier Klinger, in der Region politisch den Ton angegeben. Er kontrollierte die Bürgermeister und die Hafenverwaltungen. Und als dann die AUC auf der Bildfläche erschienen, verhandelte er unverzagt auch mit ihnen, denn er fürchtete weder den Teufel noch das Weihwasser.

Neben seinen eigenen Frachten, für die er von den FARC Kokain bezog, wickelte er auch für die Bosse des Cali-Kartells, die Brüder Rodríguez Orejuela und José Santacruz Londoño, sowie später für alle Rauschgifthändler des Norte-del-Valle-Kartells, unter anderem auch die Montoyas, Transporte ab. Er brachte die Drogen ungehindert von Buenaventura nach Mexiko, in die USA oder nach Europa und nutzte auch die Häfen von Ecuador, Peru, Honduras und Costa Rica für seine Operationen. Gemeinsam mit José Castrillón Henao koordinierte er die Schmuggelrouten über Panama.

Er hatte seinen eigenen Ring namens Los Niches gegründet, besaß Labore für die Herstellung von Kokain und verfügte über die zugehörigen Vertriebswege. Mit den FARC auf seiner Seite – er war sehr gut mit dem Guerillakommandanten Víctor Julio Suárez Rojas befreundet – konnte er seinen Geschäften in völliger Sicherheit nachgehen. Zu Asprillas Netzwerk gehörten Werften, sechs Fischerei-Unternehmen, Maschinenbaufirmen, Unternehmen, die Treibstoffe und Außenbordmotoren vertrieben, Schiffe, Schnellboote, Segelboote, Schlepper und eine Flotte von Motorbooten wie die *Calypso 82*, die *Míster Juan* und die *Kathiuska Kelly*, die zur Unterstützung der großen Frachtschiffe auf hoher See dienten.

Im Februar 1999 wurde Asprilla im Rahmen der großangelegten »Operation Camarón« von den Ermittlungsbehörden in Cali geschnappt und hinter Gitter gebracht, was ihn jedoch nicht daran hinderte, seine Frachten weiterhin so zu organisieren, dass sie mit der gewohnten Pünktlichkeit und Effizienz aus

Buenaventura losgeschickt werden konnten – und das tat er sogar persönlich, denn er verließ das Gefängnis bei Nacht, während ein Double in seiner Zelle blieb. Wenn Pablo Escobar im Gefängnis wie ein König gelebt hatte, so stand ihm Asprilla in nichts nach. Als Asprilla in den USA einsaß, übernahm ein anderer das Regiment über Buenaventura: Olmes Durán Ibargüen alias El Doctor, El Señor del Puerto (»Herr des Hafens«) oder auch El Rey del Pacífico (»König des Pazifiks«). Als in Buenaventura jedoch verkündet wurde, dass Asprilla nach Verbüßung seiner Strafe im April 2013 wieder freikäme, gab es ein Freudenfest. Denn für die Leute aus Buenaventura ist Asprilla ein Volksheld, dem man seine Verdienste um die Schifffahrt ebenso hoch anrechnet wie die Tatsache, dass er im Gegensatz zu den meisten an die USA ausgelieferten und dort inhaftierten Drogenbossen seine ehemaligen Geschäftspartner nicht verraten hat.

Der Herr des Hafens

Olmes Durán Ibargüen wurde am 26. Juli 1968 in Bajo Baudó im Bundesstaat Chocó geboren. Schon als Kind war er Hilfskraft für die Reparatur und Wartung von Schiffen und wurde später Mechaniker. Mit nicht einmal dreißig kontrollierte er den Kokainschmuggel über das Meer an der kolumbianischen Westküste. Der britische, der US-amerikanische und der kolumbianische Geheimdienst hielten ihn einhellig für einen der mächtigsten Rauschgifthändler und -schmuggler der kolumbianischen Pazifikregion.

Er besaß finanziellen und politischen Einfluss, worauf man zurückführte, dass sein Jugendfreund und Trauzeuge Juan Carlos Martínez Sinisterra in den Senat von Kolumbien gewählt wurde. Mitglieder des Bloque Calima sagten aus, dass die illegalen Gebühren nach Gewicht an Duráns Freund Sinisterra geflossen seien.

In Asprillas Abwesenheit baute Durán an der Spitze des sogenannten Pazifik-Kartells durch die Gründung einer aus verschiedenen Firmen des Hafensektors bestehenden Holdinggesellschaft auch sein Geldwäschenetzwerk aus. Er kam sogar in den Genuss öffentlicher Aufträge für das Gesundheitswesen. Seine Organisation war so gut im Geschäft, dass er kaum genügend Personal finden konnte, um all die »Touren« zu betreuen, die in Auftrag gegeben wurden. So stand er tagtäglich selbst im Hafen und brachte die Schiffsfrachten aus Buenaventura und dem weiter südlich gelegenen Tumaco nach Mexiko, Guatemala und Panama auf den Weg, mit Bestimmungsort USA und Europa.

Er setzte Schnellboote ein, aber auch Geleitschiffe und Fischerboote, die ihm entweder selbst gehörten oder von einer seiner Firmen angemietet worden waren. Jede Fahrt erforderte einigen logistischen Aufwand und eine gut ausgearbeitete Route, worum sich Durán persönlich kümmerte.

El Señor del Puerto war in Buenaventura ein angesehener Geschäftsmann. Seine Reederei, die Durán Valencia & Co., war ein landesweit bekanntes, gut gehendes Unternehmen, das Arbeitsplätze schuf und von dessen Gewinnen Cali und Buenaventura profitierten. Dasselbe galt auch für seinen Garnelenhandel Durapez und sein Holzhandelsunternehmen Madera Durán Valencia, das ebenfalls Exportgeschäfte tätigte. Mit seiner Firma Chocó Pacífico war Durán außerdem der größte Spirituosenlieferant der Region und durch seine Apothekenkette La Mejor Vida Teil des öffentlichen Gesundheitssystems.

2007 jedoch wurde Durán in Buenaventura festgenommen, in Cali inhaftiert und wenig später an die USA ausgeliefert, woraufhin die wichtigsten Empfänger seiner Lieferungen, das mexikanische Sinaloa-Kartell, im Transportwesen dieses südamerikanischen Hafens eine größere Rolle zu spielen begannen.

W

Wenceslao Caicedo Mosquera, für einige der »Pablo Escobar von Buenaventura«, kennt man schlicht unter dem Kürzel W. Er gilt einerseits als erfolgreicher Unternehmer, der den Armen in der Hafenstadt Wohnungen schenkte, der Unternehmen gründete und jeden beschäftigte, der für ihn arbeiten wollte, andererseits aber auch als besonders grausamer Drogenboss; angeblich entledigte er sich seiner Feinde mit der Motorsäge.

W kam in einem Elendsviertel Buenaventuras zur Welt. In jungen Jahren arbeitete er als Schiffer, später schloss er sich Banden an, die Frachtschiffe überfielen und deren Ladungen in den armen Hafenvierteln verkauften. Nachdem er wegen dieser Überfälle kurz im Gefängnis gesessen hatte, begann er, auf den Kokapflanzungen des Rauschgiftbosses Milton Zambrano in Tumaco zu arbeiten. Mit Rückendeckung Diego Montoyas, des starken Mannes im Norte-del-Valle-Kartell, lieferte er Zambrano aber ans Messer und übernahm dessen Geschäft. W wurden auch Verbindungen zu Jabón nachgesagt.

Bald prangte an Ws Handgelenk eine fette Rolex aus purem Gold. Er war nun kein kleiner Arbeiter mehr, der klapprige Boote steuerte, sondern besaß seine eigene Schiffsflotte, bestehend aus 13 Fischkuttern: Zubringerschiffe für Kokainladungen, die er entweder selbst in den USA oder in Europa auf den Markt brachte oder für andere Narcos transportierte. Wenn es sich um seinen eigenen Stoff handelte, kennzeichnete er die Päckchen zuweilen mit einem W. Er führte eines der aktivsten Netzwerke der Gegend, das im Valle del Cauca, in Buenaventura, Cali, Tumaco, Yumbo, Calima, Darién und sogar im ecuadorianischen Manta präsent war. An der Pazifikküste besaß er mobile Labore, deren Produkte gleich mit den eigenen Schiffen oder Speedbooten befördert werden konnten.

Diese Methode behielt W bis 2005 bei. Er lebte in Ecuador, in der Hafengegend von Manta. Im Zuge der Verhandlungen über den Kauf dreier Schiffe, um die er seine Flotte vergrößern wollte, wurde W jedoch in einer gemeinsamen Aktion der kolumbianischen Kriminalpolizei (DIJIN) und der ecuadorianischen Polizei festgenommen. Es hieß, seine Partner hätten ihn verraten, weil sie seine Transportrouten übernehmen wollten.

El Caballista, der Pferdenarr

Joaquín Mario Valencia Trujillo war einer jener »ehrenwerten« Reeder, die sich auf den Transport des »weißen Goldes«, wie Kokain in Südamerika genannt wird, spezialisiert hatten. Er gehörte dem Cali-Kartell an und hatte 1980 einige der erfolgreichsten Unternehmen Buenaventuras gegründet, unter anderem Trinidad & Co., Gran Muelle und Dragados y Muelles Gaviota.

Der auch als El Caballista (»der Pferdenarr«) bekannte Joaquín – er züchtete mit Leidenschaft Vollblutpferde – verschiffte sowohl sein eigenes Kokain als auch die Ware seiner Partner, der Brüder Rodríguez Orejuela, Víctor Patiño Fómeque und Helmer Herrera Buitrago, auf großen Frachtern, die von Buenaventura und Guapí ausliefen. Viele Jahre lang war er laut FBI in Kolumbien einer der obersten Bosse des maritimen Kokainhandels.

Die Brüder González Rivas

Die Brüder Húber und Dagoberto González Rivas aus Buenaventura waren Schiffsagenten, die sowohl für die Narcos als auch für die Guerilla und die Paramilitärs arbeiteten. Anfangs kümmerten sie sich von Kolumbien aus um die Drogentransporte für die mexikanischen Kartelle (Juárez, Golf, Sinaloa). Wegen der anhaltenden Streitigkeiten zwischen den kolumbianischen Kokainhändlern um die Schmuggelrouten und der verstärkten

Präsenz der US-Marines in Kolumbien zogen sie sich später nach Panama und Costa Rica zurück. Dort errichteten sie ihr neues Hauptquartier, worauf ich später noch zurückkommen werde.

Ein umkämpfter Hafen

Ungeachtet der gelegentlichen Verhaftungen von Reedern, Transportunternehmern und Matrosen, die hier in den Rauschgifthandel verwickelt sind, laufen die Geschäfte in Buenaventura im Grunde immer besser. Sobald ein Boss aus dem Spiel geschlagen wird, ist schon ein Läufer zur Stelle, der ihn ersetzt. Und schlägt man diesen, rückt ein Bauer nach. Für jeden mattgesetzten König findet sich ein neuer Souverän. So ist und bleibt die »schwarze Perle des Ozeans« ein strategisch bedeutsamer und heiß umkämpfter Drogenumschlagplatz, jedermann verspricht sich hier traumhafte Profite.

Die Küstengemeinde Litoral de San Juan liegt lediglich 52 Kilometer von Buenaventura entfernt und erfüllt eine wichtige Brückenfunktion: Einerseits werden hier Drogen nach Panama verschifft, von wo aus sie über den Atlantik ganz Amerika und alle anderen Kontinente erreichen, andererseits kommen hier zuweilen Waffenlieferungen aus Mittelamerika an, mit denen die Narcos, die Guerilla und die Paramilitärs gewissermaßen in Naturalien bezahlt werden.

Die paramilitärischen Gruppen der AUC, die FARC und einige aus den Auftragsmörder-Truppen der örtlichen Kartelle hervorgegangene Organisationen wie die Rastrojos, die Urabeños, La Empresa oder Los Diablos machen einander fortwährend das Gebiet und die Infrastruktur für den Anbau, die Herstellung, den Transport und den Verkauf der Drogen streitig und verbreiten durch die anhaltenden Kämpfe Angst und Schrecken.

So sind die Rastrojos im großen Stil im Drogengeschäft aktiv. Über Korridore im Landesinneren und durch zahlreiche Häfen bewegen sie den Stoff zu Lande und zu Wasser. Während die FARC zuletzt im ländlichen Raum wieder Boden gutmachen konnten, kontrollieren sie die städtischen Gebiete in Valle del Cauca. Auch die FARC-Einheit Frente 30 widmet sich dem Rauschgifthandel – nicht nur dem Handel mit Kokainbase, sondern auch dem Anbau der Kokablätter, ihrer Verarbeitung und dem Exportgeschäft – und bringt das Kokain über die breiten Flussmündungen außer Landes.

Dabei hat sich die Logistik des Kokaintransports durchaus weiterentwickelt. Bis Mitte der neunziger Jahre wurden wendige Speedboote eingesetzt, doch wegen der zunehmenden Radarüberwachung durch die US-amerikanische und die kolumbianische Marine war man gezwungen, auf U-Boote und Halbtaucher auszuweichen. Insbesondere die U-Boote, die bis zu acht Meter unter der Wasseroberfläche fahren und bis zu zehn Tonnen Rauschgift transportieren können, sind weitaus schwerer zu entdecken und aufzuhalten als die früher genutzten Speedboote, wie auch das kolumbianische Verteidigungsministerium einräumt.

Erinnern wir uns, wie die Rastrojos Buenaventura unter ihre Kontrolle brachten: Im Zuge des Machtkampfs innerhalb des Norte-del-Valle-Kartells hatten sowohl Diego Montoya als auch Wílber Varela alias Jabón eigene Auftragskiller-Truppen aufgestellt: die Machos auf der einen und die Rastrojos auf der anderen Seite. Erstere standen unter dem Kommando von Óscar Varela García alias Capachivo, Letztere waren Diego Pérez Henao alias Diego Rastrojo unterstellt, einem Handlanger der Gebrüder Calle Serna.

Zusätzlich zu ihrer Hauptaufgabe als Auftragsmörder schützten die Machos Diego Montoyas Koka-Plantagen, die sich auf einem Gebiet vom Chocó bis ins Delta des Río San Juan an der Küste verteilten, und auch Pflanzungen und Labore im Garrapatas-Cañon, wo sich ihr Hauptquartier befand. Die Rastrojos wiederum schützten Koka-Plantagen in Putumayo und anderen Gegenden der Pazifikregion wie San José de Palmar, Puerto Meluk und weiteren von Jabón kontrollierten Gebieten.

In einer gemeinsamen Studie des International Council of Swedish Industry (NIR), des kolumbianischen Unternehmerverbands (ANDI) und der privaten kolumbianischen Stiftung Ideen für den Frieden (FIP) wird erläutert, welche Strukturen die Rastrojos etablierten, um Buenaventura zu kontrollieren:

In Buenaventura kann es keine andere kriminelle Vereinigung mit den Rastrojos aufnehmen, die hier mit einer quasimilitärischen hierarchischen Ordnung aufwarten ... Bisher haben die Rastrojos nicht versucht, diese auch auf das organisierte Verbrechen der Hauptstadt des Bundesstaats [Cali] zu übertragen. Es steht zwar in ihrem Dienst, aber nur indirekt als Auftragnehmer; es ist nicht direkt ihrer Führung unterstellt, und die Rastrojos bemühen sich auch nicht, so wie es etwa in den Stadtvierteln von Medellín geschieht, eine bestimmte Disziplin durchzusetzen. Aus diesem Grund nimmt die Gewalt in Cali überhand. Die Rastrojos nehmen sich der gewöhnlichen Verbrecherbanden nicht an und vermeiden dadurch, von diesen später im Kampf um die Vorherrschaft innerhalb wie außerhalb der Organisation herausgefordert zu werden. Dieses Vorgehen erleichtert es ihnen, die Kontrolle über die Region zu behalten. Seit der Verhaftung des [Rastrojo-Mitglieds] Apache 4 haben allerdings die Bandenrivalitäten zugenommen – vielleicht auch weil durch die vielen Verhaftungen ein Machtvakuum entstanden war, das gefüllt werden musste.

Um einer Verhaftung vorzubeugen, wird die Führungsspitze der Rastrojos immer wieder ausgetauscht ... Wenn die Behörden einen ihrer Köpfe ins Visier nehmen, dann wird innerhalb der Organisation rotiert. So gerät oftmals jemand in Gefangenschaft, der seine Funktion längst nicht mehr ausübt ... Die Rastrojos kauften von den Streitkräften Waffen und Camouflage-Uniformen, die sie ausschließlich in ländlichen Gegenden anlegen. In der Stadt hingegen kleiden sie sich wie Zivilisten, um nicht aufzufallen. Auf dem Land betreuen sie ihre Plantagen und Kokain-Labore, gehen dem Militär aber tunlichst aus dem Weg: Im Oktober und November 2010 schilderten Mitglieder der kolumbianischen Streitkräfte in mehreren Interviews, dass sich die Rastrojos beim ersten Anzeichen ihrer Gegenwart zurückgezogen hätten. So sei in einem illegalen Camp, in das Marineinfanteristen 2010 eingedrungen waren, der Kaffee in den Tassen noch heiß gewesen.

Die mächtigsten Feinde der Rastrojos sind heute die Urabeños, die auf der Lauer liegen, um ihrerseits die begehrte Stellung Buenaventura mit ihrem Hafen und ihren Zuflüssen zu erobern. Ihre Entstehungsgeschichte, ihre Strukturen und ihre Funktionsweise sind denen der Rastrojos sehr ähnlich. Sie werden von dem ehemaligen hochrangigen Paramilitär Darío Antonio Usuga, genannt Otoniel, angeführt und sind in den Hafenregionen der Karibik, zum Beispiel in Cartagena und Antioquia, präsent. Sie werden mit dem inhaftierten Boss Víctor Patiño Fómeque in Verbindung gebracht, einem einflussreichen Mann im Schifffahrts- und Fischereigewerbe. Die Kokainsendungen der Urabeños gehen zumeist an mexikanische Gruppen wie die Zetas. So wurde eine dieser Ladungen, 65 Kilogramm reinstes Kokain, mit der *San Judas Tadeo* Richtung Mexiko verschifft.

Der Kampf um Buenaventura zwischen Rastrojos, Urabeños, Paramilitärs und FARC spitzt sich seit 2010, als über hundert Morde verzeichnet wurden, immer weiter zu. Im Oktober des genannten Jahres detonierten in Hafennähe zwei Granaten. Im Folgejahr verdoppelte sich die Zahl der Opfer, im März explodierte ein Auto mit Sprengstoff. Es tauchten Leichen im Wasser auf. Die Gewalt in dieser Hafengegend nimmt einfach kein Ende. Human Rights Watch hat dokumentiert, dass sich allein im Jahr 2013 über dreizehntausend Menschen infolge dieses Konflikts auf der Flucht befanden.

Die Erfolgsquote

Auf jede aus dem Verkehr gezogene Schiffslieferung kommen Hunderte, die ihr Ziel erreichen. Wie im ersten Kapitel beschrieben, lassen die Rauschgifthändler manchmal selbst Informationen durchsickern, damit kleinere Lieferungen konfisziert werden und die Behörden ihre Sicherstellungsquoten erreichen. Auch in Buenaventura werden diese Quoten erfüllt. So entdeckten Beamte 58 Kilo Kokain auf der *MSC Andrés*, die am Kai 8 vor Anker lag. Diese Information war lanciert worden.

Buenaventura ist das Musterbeispiel eines von Drogenschmugglern kontrollierten Hafens. Man kann hier den Facettenreichtum des Drogenhandels und einiger Glieder der langen Vertriebskette dieses Milliardengeschäfts exemplarisch studieren: Auf der einen Seite die Holdinggesellschaften und luxuriösen Villen der Drogenbosse und auf der anderen die über tausend Einwohner der Stadt, die zurzeit in verschiedenen Ländern Haftstrafen verbüßen, weil ihre mit Kokain beladenen Schiffe von den Behörden aufgebracht wurden (allein in US-amerikanischen Gefängnissen sitzen circa achthundert Fischer aus Buenaventura ein). Und die meisten sagten aus, nichts von dem Kokain gewusst zu haben, das sich an Bord befand.

Auf jeden Fall sind die Fischer, die Seeleute, die Stauer und die Zollbeamten, die man bisweilen ermorden oder »verschwinden« lässt, die schwächsten Glieder in diesem Geschäft. Es wurde sogar ein eigenes Netzwerk für die Verschwundenen und Ermordeten von Buenaventura ins Leben gerufen (*Red de Desaparecidos y Cadáveres de Buenaventura*). Allein für die Jahre

2006 bis 2012 hat dieses Selbsthilfenetzwerk um die vierhundert Fälle dokumentiert, und das in einer Stadt mit 362 000 Einwohnern. 2013 gab es 61 Fälle, in denen Menschen verschwanden, und über achtzig Morde. 2014 verschärfte sich die Gewalt weiter: In den ersten Monaten des Jahres waren bereits über 150 Menschen ermordet worden, wobei die zerstückelten Leichen einiger Opfer im Wasser angetrieben wurden. Andere Statistiken besagen, dass in den letzten zehn Jahren sechstausend Menschen in Buenaventura ermordet wurden.

Und dennoch haben die meisten Männer Buenaventuras, ob alt oder jung, in einem wirtschaftlichen Umfeld, das vom Drogenhandel geprägt ist, dessen Arbeitslosenquote bei 65 Prozent liegt und in dem siebzig Prozent der legal Beschäftigten nicht einmal den Mindestlohn verdienen, keine andere Wahl, als ein Schnellboot mit Drogen zu steuern, auf einem Drogenschiff anzuheuern und so selbst einmal eine Schmuggeltour durchzuführen.

4
Die mexikanische Mafia erobert
die Weltmeere

Die Gründung des Kartells von Tijuana durch die Geschwister Arellano Félix markierte in den achtziger Jahren eine Zäsur im internationalen Drogenhandel, weil sein Geschäftsmodell und seine Organisationsstruktur noch heute sowohl von den mexikanischen Mafiaorganisationen als auch von ihren Geschäftspartnern in aller Welt kopiert werden. Seit das Kartell in den neunziger Jahren zu einem der größten Kokainlieferanten der Welt aufgestiegen war, hatte es sich eine Infrastruktur geschaffen, die ihm eine Monopolstellung auf den pazifischen Schmuggelrouten garantierte. Der Herrschaftsbereich des Kartells erstreckte sich von Kolumbien bis nach Tijuana und an die Westküste der USA, einschließlich so wichtiger Häfen wie San Diego und Long Beach.

Das neue Imperium entstand nach der Verhaftung Miguel Ángel Félix Gallardos im Jahr 1989, der seinerzeit das Kartell von Guadalajara gegründet hatte. Gallardos ehemaliger Stellvertreter in Tijuana, Jesús Labra Avilés alias Chuy Labra, ein angeheirateter Onkel der Familie Arellano Félix, übergab den Brüdern Arellano Félix die dortige *plaza*.* Auch wenn sie erst lernen mussten, wie man mit den kolumbianischen Kokainproduzenten verhandelt, waren doch sie es, die aus dem Franchise-System zusammen mit ihren Gefolgsleuten, Strategen und Experten schließlich ein Millionengeschäft machten. Dies versetzte sie in die Lage,

---

* Seit Ende der achtziger Jahre haben die mexikanischen Kartelle die für den Drogenhandel strategisch wichtigen Orte und Territorien untereinander aufgeteilt. Diese Orte wie beispielsweise Tijuana, Juárez oder Sinaloa, die oft namensgebend für die jeweils dort herrschenden Kartelle sind, heißen im Sprachgebrauch des organisierten Verbrechens *plaza*.

sich die Dienste und den Schutz sämtlicher Autoritäten zu erkaufen: von einfachen Polizisten bis zu den Oberbefehlshabern der mexikanischen Armee; von Vertretern ziviler Schifffahrtsbehörden bis zu Marinesoldaten; das funktionierte mehr als zwanzig Jahre lang, genau genommen bis zum Jahr 2006, als Francisco Javier Arellano Félix alias El Tigrillo (»Ozelot«) gefasst wurde.

Der Rest des Tijuana-Kartells, aber auch andere kriminelle Organisationen, die von Nordmexiko aus Drogen über den Pazifik in die USA schmuggeln, bedienen sich bis heute dieser Verfahren. Selbst ihre erbittertsten Feinde und Konkurrenten, wie beispielsweise das Kartell von Sinaloa, haben es übernommen. Und die letzten Erben des Tijuana-Kartells verlangen von den anderen Rauschgiftschmugglern bis heute Gebühren für den unbehelligten Transport. Als der mexikanische Präsident Felipe Calderón den Krieg gegen die Drogen entfesselte, wurde in den Analysen des Nationalen Sicherheitsrats das Kartell von Tijuana neben dem Golf-Kartell und dem Kartell von Sinaloa zu den drei mächtigsten kriminellen Organisationen Mexikos gezählt; wobei das Tijuana- und das Golf-Kartell das Kartell von Sinaloa erbittert bekämpften, zumindest bis dessen oberster Boss El Chapo Guzmán im Februar 2014 erneut gefasst wurde.

Nach seinem ersten Gefängnisausbruch hatte El Chapo 13 Jahre auf der Flucht gelebt. Von den amerikanischen Behörden wurde er als »Staatsfeind Nummer eins« bezeichnet (diese Ehre war in den dreißiger Jahren Alphonse Gabriel Capone, dem berüchtigten Al Capone, zuteilgeworden, weshalb El Chapo auch der »mexikanische Al Capone« genannt wird). Kurz nach seiner Inhaftierung im Frühjahr 2014 war ihm im Juli 2015 erneut die Flucht aus einem Hochsicherheitsgefängnis gelungen. Seit Januar 2016 sitzt er jedoch wieder hinter Gittern. Der Fall beschäftigt die internationale Presse, und das nicht erst, seitdem Sean Penn den flüchtigen El Chapo im Oktober 2015 an einem geheim gehaltenen Ort interviewt hat.

Auch wenn die ursprünglichen Bosse wie Benjamín, Francisco Javier und Eduardo Arellano Félix im Gefängnis sitzen oder wie Ramón (2002) und Francisco Rafael Arellano Félix (2013) ermordet wurden, verschifft das Kartell des ebenfalls aus Sinaloa stammenden Arellano-Félix-Clans weiterhin bedeutende Rauschgiftmengen aus mexikanischen Pazifikhäfen, schließt sich dafür aber neuerdings mit anderen Gruppierungen zusammen.

Und ungeachtet der Tatsache, dass der mexikanische Präsident Felipe Calderón der Drogenmafia 2006 den Krieg erklärt hat, geht das Tijuana-Kartell (genau wie die anderen mexikanischen Kartelle) immer noch seinen Geschäften nach. Das FBI ließ zuletzt mehrfach offiziell verlauten, dass die erfolgreiche Wirtschaftsprüferin Enedina Arellano Félix neuer Kopf der Organisation sein könnte. 2008 hatte ihr Sohn Luis Fernando Sánchez Arellano alias El Alineador (»der Zuchtmeister«) die Führung des von seinen Onkeln gegründeten Kartells übernommen. Er gehörte laut mexikanischen Behörden zumindest seit 2002 dem Kartell an, hatte sich allerdings stets im Hintergrund gehalten. Im Juni 2014 wurde er in einem Restaurant in Tijuana, wo er das WM-Spiel der mexikanischen Nationalmannschaft gegen Kroatien bei der Weltmeisterschaft in Brasilien im Fernsehen verfolgte, festgenommen und kurz darauf des Rauschgifthandels, der Erpressung, der Entführung und des Mordes angeklagt. Dennoch laufen einige seiner Geschäfte weiter, seine Strohfirmen waschen nach wie vor Schwarzgeld, und der Arellano-Félix-Clan drückt so dem Kokainhandel im Pazifik noch immer seinen Stempel auf.

Ein Seefahrtsimperium

Schon in jungen Jahren beherrschte Benjamín Arellano Félix alias El Min die hohe Kunst des Verhandelns. In Guadalajara hatte er den Rauschgifthändler Javier Caro Payán kennengelernt, der Mitte der siebziger Jahre Kokain aus Kolumbien bezog und in die USA und nach Kanada schmuggelte. Er wurde dessen Sekretär und überwachte für ihn höchstpersönlich Lieferungen nach San Diego und Los Angeles. El Min stand, wie man annehmen darf, von 1986 bis zu seiner Verhaftung am 9. März 2002 an der Spitze des Tijuana-Kartells. Unter seiner Herrschaft stieg der Arellano-Félix-Clan, zumal mit Kokaingeschäften, auf dem amerikanischen Kontinent zum mächtigsten aller Kartelle auf. Die US-amerikanische Steuerbehörde und die DEA gehen davon aus, dass die Organisation Geldwäsche in Höhe von »Hunderten Millionen US-Dollar« betrieben haben muss.

In den achtziger Jahren hatte sich die Familie Arellano Félix in Tijuana im mexikanischen Bundesstaat Baja California niedergelassen. In der Stadt, die als Tor zu Mexiko gilt, errichteten sie ihr finanzielles und operatives Hauptquartier. Hier waren sie direkt oder durch die Vermittlung von angesehenen Unternehmern ihres Geldwäschenetzwerks in das legale Wirtschaftsleben eingebunden. Eine neue Generation junger Rauschgifthändler wurde von einschlägigen Mafiosi angeworben: von Leuten wie Fabián Martínez González, Sohn eines angesehenen Mediziners, dessen Blutrünstigkeit ihm den Spitznamen El Tiburón (»der Hai«) eintrug; von Arturo Everardo Páez alias El Kitty, der diese Aufgabe in Tijuana und San Diego übernahm; oder von Alfredo Miguel Hodoyán Palacios alias El Lobo (»der Wolf«).

Das Tijuana-Kartell war nicht nur eines der mächtigsten, sondern auch eines der brutalsten Kartelle der Welt. Die Leichen ihrer Feinde wurden üblicherweise in Fässern mit Chemikalien aufgelöst oder in der Wüste verbrannt. Der mit unzähligen

Beinamen dekorierte Kartellboss Benjamín Arellano Félix soll Hunderte von Morden, darunter auch die Ermordung des Erzbischofs von Guadalajara Juan Jesús Posadas Ocampos im Jahr 1993, angeordnet haben. Ebenso wurden ihm zahlreiche Entführungen, Erpressungen sowie die Bestechung ziviler und militärischer Amtsträger zur Last gelegt. Er gab im *Rat der Bosse*, dem neben diversen Stellvertretern und Geschäftspartnern auch seine Brüder Ramón, Eduardo und Francisco Javier angehörten, den Ton an.

Innerhalb der Kommandostrukturen dieses Rates hatte der Arellano-Félix-Clan die Brüder Ismael und Gilberto Higuera Guerrero als Hauptverantwortliche für den Empfang und die Verteilung des Kokains eingesetzt. Mayel und Gililllo, wie die Brüder Guerrero genannt wurden, sollten gemeinsam mit ihrem Cousin Rigoberto Yáñez Guerrero, El Primo (»der Cousin«), die per Schiff aus Kolumbien ankommenden Kokainlieferungen koordinieren. Abgesehen davon, dass sie sich auch noch das heute für den Nachschub der mexikanischen Kartelle wichtige Peru erschlossen, bauten sie eine beeindruckende Logistik auf, die präzise wie ein Uhrwerk funktionierte: Das Kartell verfügte über eigene Schiffe und Jachten, häufig wurden auch Schiffe aller Art samt Mannschaft und Kapitän gechartert. Oft waren die Schiffseigner dem Kartell Gebühren schuldig geblieben, die sie gemäß den allgemeinen Regeln für ihre eigenen kleineren Drogentransporte zu bezahlen hatten.

Das Tijuana-Kartell handelte im großen Stil mit Kokain aus Kolumbien, außerdem verschob es Marihuana, Ecstasy und andere synthetische Drogen aus Europa. Entweder sorgten die Kolumbianer – meist auf dem Seeweg – für Nachschub, oder sie lieferten das Kokain in Kooperation mit den Mexikanern direkt in die USA; auch einige Mitglieder der Revolutionären Streitkräfte Kolumbiens, der FARC, verkauften ihnen Drogen; und die mit den paramilitärischen Gegnern der FARC, den AUC, verbündeten Rauschgifthändler taten dasselbe.

Die Brüder Arellano Félix brachten den Stoff mit allen erdenklichen Methoden bei Tijuana oder Mexicali über die Grenze in die USA: sei es mit Schiffen, Booten, Jachten, Privatflugzeugen, Helikoptern oder Linienflügen, privaten Kraftfahrzeugen oder Lastwagen, gern auch durch eigens angelegte Tunnel, die gut getarnt, beleuchtet und mit einem Schienensystem ausgestattet waren. Die Brüder heuerten ganze Firmen und Schiffsbesatzungen an; sie infiltrierten die Marine- und Handelsschifffahrt; von den Behörden erfuhren sie, welche Schiffe mutmaßlich Drogen beförderten, und machten dies zur Grundlage ihrer Schutzgeldforderungen. Ausnahmslos jedes Drogenschiff hatte seine Gebühren an das Kartell von Tijuana zu entrichten. Wie US-Regierungsquellen verlautbaren lassen, stammt bis heute ein Großteil der Einkünfte der Organisation aus dieser Quelle.

Die Fahrten, die ich in diesem Kapitel nachzeichnen werde, geben einen Eindruck von der organisatorischen Struktur, die es dem Kartell mehr als zwanzig Jahre lang ermöglicht hat, einen Löwenanteil des in den USA und in vielen anderen Gegenden der Welt konsumierten Kokains über die Gewässer und die Küsten des Pazifiks zu schleusen.

Neben Mayel, Gilillo und El Primo waren an diesen Transporten weiterhin beteiligt: Mayels erstgeborener Sohn Aldo Ismael Higuera Ávila alias Mayelito; Carlos González Félix alias Mijares (nach einem bekannten mexikanischen Popsänger); der Logistikspezialist Óscar Eduardo Gómez Angarita alias Jony el Colombiano (»Jony der Kolumbianer«) und der ausführende Logistiker Ricardo Rodríguez alias El Pato (»die Ente«), Letzterer außerdem ein Vertrauter Mayels; Sergio Rodríguez, genannt La Gorda de Manzanillo, seines Zeichens Ingenieur und Schiffskapitän, dem es oblag, für die Organisation die sichersten Routen auszukundschaften und Informationen darüber einzuholen, an welchen Koordinaten die mexikanische oder die US-amerikanische Marine präsent waren, und bei Notfällen Ersatzschiffe aufzutreiben; Guillermo Millán, ein in Mazatlán im mexikanischen Bundesstaat Sinaloa ansässiger Ingenieur, Kapitän und Schifffahrtsunternehmer; und nicht zuletzt Luis Octavio López alias El Mandilón (»der Weichling«), ebenfalls Kapitän.

Die Operation *Pámpano*

Die *Pámpano*, ein in Ensenada, Baja California, registriertes Schiff für den Fang von Haifischen, das auf dem Pazifik regelmäßig südamerikanisches Kokain durch internationale Gewässer nach Ensenada transportierte, wurde bei einer ihrer Fahrten gestoppt und anschließend festgehalten. Für die Freilassung von Schiff und Besatzung forderten die Beamten der mexikanischen Bundesstaatsanwaltschaft (PGR), genauer gesagt: der Sonderbehörde für Gesundheitsdelikte (FEADS), hohe Summen vom Kartell.

Unmittelbar nach dem Vorfall, im März des Jahres 2000, erhält El Primo in seinem Büro in der Calle Durango, Mexico City, einen Anruf von Jony el Colombiano. Hier im Viertel Roma der mexikanischen Hauptstadt betreibt El Primo unter dem Namen Gerardo Fernández die Import-Export-Tarnfirma Coesa mit 15 Angestellten. Jony el Colombiano setzt ihn in Kenntnis, dass das Schiff samt Besatzung von der Staatsanwaltschaft kassiert worden ist und die Beamten für seine Freigabe viel Geld verlangen: »Hör zu, Folgendes: Der Ingenieur Millán sagt, er regelt das mit dem Schiff, aber für sich selbst und die Seeleute sei El Mandilón allein verantwortlich. Wir schulden El Mandilón einiges für seine früheren Fahrten. Er kriegt noch Geld von uns. Du erinnerst dich doch? Na ja, er braucht es jetzt, um sein Problem zu lösen.« – »Das ist eine Menge Geld, lass mich erst nachfragen, ob Mayel das absegnet. Ruf mich in zehn Minuten wieder an«, antwortet ihm El Primo.

Mayel hat nichts dagegen; für ihn geht die Auszahlung des Geldes in Ordnung. El Mandilóns Anwalt oder seine Frau Miriam sollen es erhalten, allerdings unter einer Bedingung: Millán soll die Staatsanwaltschaft, sobald er seine Sache erledigt hat, wegen »illegalen« Festhaltens des Schiffs verklagen, schließlich seien nie Drogen an Bord gefunden worden. El Primo und Jony el Colombiano verabreden sich für ein Treffen.

Jony el Colombiano ist jung – um die dreißig, sieht aber jünger aus –, schlank, etwa eins sechzig, mit olivfarbenem Teint und straffer Haut. Er trägt einen sorgfältig gestutzten Schnurrbart und einen militärischen Kurzhaarschnitt – ein selbstsicherer Mann. Er ist nicht nur die rechte Hand Mayels, des starken Mannes des Tijuana-Kartells, sondern hält auch in Mexico City und einigen anderen wichtigen *plazas* wie den Bundesstaaten México, Jalisco, Michoacán und Morelos für das Kartell die Augen offen.

El Primo kommt zum vereinbarten Treffpunkt, wo ihn Jony el Colombiano bereits erwartet, übergibt ihm ein Kuvert mit der vereinbarten Summe und erinnert ihn noch einmal an die Vorgaben vom Boss. Jony el Colombiano trifft sich mit Miriam, der er das Geld aushändigt; gemeinsam mit ihrem Anwalt sucht sie die Beamten der Staatsanwaltschaft auf, um deren Forderungen zu erfüllen. Um sechs Uhr nachmittags können die Besatzungsmitglieder nach Hause gehen. Ein paar Tage später kümmert sich Millán darum, sein Schiff wiederzubekommen, und zahlt ebenfalls, was die Beamten verlangen, damit es offiziell heißen wird, man habe keinerlei Hinweise auf Drogenschmuggel gefunden. Doch La Gorda de Manzanillo prahlt später: »El Primo hätte das mit der *Pámpano* doch nur zu sagen brauchen, dann hätte mein Kontakt schon alles Nötige veranlasst, damit die Besatzung unschuldig dasteht. Ich hätte sie auch ohne die siebzigtausend Dollar freibekommen.« – »Und Millán hätte keine fünfzehn- oder dreißigtausend Dollar zu bezahlen brauchen, um das Schiff freizukriegen«, fügt El Mandilón hinzu.

Meist war es El Primo zu verdanken, wenn das Kartell seine Probleme mit den Schiffslieferungen rasch lösen konnte, etwa durch die Ausschüttung eines Teils der »Dividende« an Regierungsbeamte. So nahmen die Schmuggelfahrten auf die eine oder andere Weise immer einen guten Ausgang.

El Primo, der mit seinem Büro in modernen, weitläufigen Räumlichkeiten mit großen Fenstern und teurer Einrichtung logierte, hatte auch gute Verbindungen zu den Angestellten des Internationalen Flughafens von Mexico City. Neben seiner »Öffentlichkeitsarbeit« kümmerte er sich darum, allerlei Beamte zu schmieren, vor allem Leute der FEADS und jene Mitarbeiter der mexikanischen Bundespolizei (PFP), die für den Flughafen abgestellt waren.

Vor den anderen Mitgliedern des Kartells rühmte er sich auch gern seines großen Einflusses auf die Staatsanwaltschaft. Wenn sich Mayel mit seinen Leuten in einem Apartment an der mexikanischen Costa del Sol in Ensenada traf – in einer der Wohnungen, die er für seine Geschäfte angemietet hatte –, versetzte El Primo die versammelte Mannschaft mitunter in Staunen. So erzählte er einmal, dass er dem »Sekretär« in dieser Woche habe mitteilen lassen, »er möge die Wogen nach dem Tod der FEADS-Ermittler in Tijuana glätten«, woraufhin es im Bericht offenbar zunächst hieß, sie seien bei einem Verkehrsunfall ums Leben gekommen. Doch die Öffentlichkeit von Baja California machte sehr wohl das Kartell für den Tod der Ermittler verantwortlich. So wurde das Verbrechen zwei Jahre später mit dem Wechsel der Legislaturperiode auch juristisch geahndet.

»Und der Sekretär«, beteuerte El Primo, »ließ mir ausrichten, dass er die Situation gut verstehe und dass über die Tijuana-Sache schon noch Gras wachsen werde. Er kündigte auch an, Leute von der FEADS für die *plaza* von Ensenada abzustellen, da in Tijuana schon alles unter Kontrolle sei.«

Mayel vertraute den anderen an, wer dieser Kontakt bei der Staatsanwaltschaft war, der Sekretär des Staatsanwalts nämlich, seine »rechte Hand«.

Der Kauf von Schiffen

Fast einen Monat nachdem die *Pámpano* von der Marine festgehalten und wenige Wochen nachdem sie wieder freigegeben worden war, fasste das Kartell den Plan, eine Reederei zu gründen, bei der man auch Schiffe chartern könnte. Trotz des Reinfalls mit der *Pámpano* gefiel Mayel dieser Plan ausgezeichnet.

Auch wenn Mayel Millán grundsätzlich vertraute, hatte es ihm und den Partnern doch missfallen, dass er für den Kapitän und die Seeleute keine Verantwortung übernommen hatte. Bei zahlreichen Gesprächen der Kartellmitglieder drehte es sich in den folgenden Wochen um dieses Thema. Die Gespräche fanden entweder offiziell in El Primos Büro oder beim Mittagessen statt, das er im Restaurant Vips an der Ecke Durango und Salamanca, wenige Blocks von seinem Büro entfernt, einzunehmen pflegte.

Das Verhältnis zu El Mandilón hingegen wurde enger. Bei seiner Festnahme hatte er sich für Jahre oder gar den Rest seines Lebens hinter Gittern gesehen. Daher war er der Organisation umso dankbarer für seine Freilassung. Er machte deutlich, dass er für keine andere Organisation arbeiten und sich noch mehr einsetzen wollte. In den folgenden Wochen half er Jony el Colombiano beim Anheuern von Kapitänen und Seeleuten.

Des Weiteren kümmerte er sich um den Banktransfer der Anzahlungen für die Schiffskäufe und arbeitete neue Seerouten für das Kartell aus. Voller Vorfreude sah er sich schon am Steuerrad riesiger Schiffe stehen und träumte von seinem neuen roten Sportwagen, den ihm Jorge Guevara alias El Puto (»Schwuchtel«), der Bruder seines guten Freundes Manuelito (Emmanuel Guevara), auf Kredit besorgt hatte.

Mayel plante, El Mandilón in Zukunft wichtigere Aufgaben zu übertragen. Zunächst einmal beauftragte er ihn, mit einem Kapitän namens Manuel Verhandlungen über den Ankauf der *Tolteca* zu führen. El Mandilón und Manuel waren gemeinsam Besitzer einer Anlage zur Verarbeitung von Shrimps. Der Kaufvertrag sollte bei einem Notariatstermin in Ensenada abgeschlossen werden, den El Ingeniero (»der Ingenieur«) organisiert hatte.

Dieser El Ingeniero, mit bürgerlichem Namen Moisés Robles Vizcaíno, war äußerst gepflegt, wirkte wie ein Geschäftsmann, immer im Anzug, mit perfekt sitzender Frisur, die Brillengläser auf Hochglanz poliert, und sprach so wie ein Finanzmanager. Er war einer der Leute, die sich für Mayel um Strohmänner kümmerten. Außerdem erledigte er für alle Mobilien, Immobilien und Firmen, die Mayels Unterorganisation des Kartells erwarb, das Controlling, den Papierkram und die Beurkundungen.

Als der Plan mit der Reederei Gestalt annahm, wurde nach und nach der Kreis der Kapitäne und Seeleute erweitert, die auf den Schiffen im Pazifik Dienst tun sollten, um Marihuana von Michoacán und Sinaloa nach Ensenada zu bringen und das kolumbianische Kokain sicher durch internationale Gewässer zu steuern. Manche von ihnen brachten Boote ein – von Schiffen über Barkassen bis zu Motorbooten –, andere ihre Unternehmen, die mit Fisch handelten, was ideal war, weil für Drogentransporte auch heute noch am häufigsten Fischkutter eingesetzt werden. Sie brauchen keine große Besatzung und sind in der Versorgung anspruchsloser als ein großer Frachter oder ein Containerschiff. Ein solches Fischereischiff ist schon für zweihundertfünfzig- bis vierhunderttausend Dollar zu erwerben, und es kann pro Fahrt zwanzigtausend Kilo Kokain und mehr befördern. Eine einzige Fracht bringt somit einen Gewinn von rund eineinviertel Millionen Dollar, nach Abzug der Ausgaben für Mannschaftslöhne und Schmiergelder.

Im Rahmen der neuen Firma traten Mayel und Millán gemeinsam als Käufer der *La Paloma* auf. Dieses Schiff gehörte einem US-Amerikaner und lag gerade in einer Werft in Mazatlán. Es war in gutem Zustand, hatte eine gültige Fanglizenz und konnte zwanzig Tonnen befördern. Millán und Mayel planten, einen Anteil von fünfzig Prozent zu halten, offiziell aber sollte das Schiff der Reederei gehören, die seinen Betrieb und alles

Verwaltungstechnische verantworten sollte. Sie trafen sich in Manzanillo mit dem Bevollmächtigten des Verkäufers und vereinbarten Preis und Zahlungsmodalitäten. Zunächst sollte eine Anzahlung von 150 000 Dollar geleistet werden, um die Reparaturen und Instandhaltungsarbeiten in der Werft von Mazatlán vorzufinanzieren. Auf diesem Stand befanden sich die Verhandlungen, als die *Pámpano* auf ihrer dritten Fahrt für das Kartell in das Visier der US-Marine geriet.

Spätestens von 1995 an und bis ins Jahr 2001 war El Primo Hauptkoordinator des Kartells in Mexico City, Finanzbevollmächtigter der Organisation für die Hauptstadt und ganz Zentralmexiko und ihr Kontaktmann zu den Kolumbianern; wegen seiner Effizienz spielte er eine Schlüsselrolle beim Aufstieg des Tijuana-Kartells, das in den mexikanischen Städten Tijuana, Mexicali und Ensenada bald die Kontrolle über den Durchgang des kolumbianischem Kokains, des Marihuanas und anderer Drogen in die USA besaß. Das Kartell organisierte auch die Lieferungen synthetischer Drogen – Amphetamine und Ecstasy – aus Europa nach Mexiko, worum sich Männer wie Gustavo Quezada Rodríguez oder Ernesto Labra Pompa alias El Mastodonte (»das Mastodon«) kümmerten. Letzterer half oft auch beim Aufspüren von Ladungen, die auf Seetransporten »verlorengegangen waren«.

El Primo organisierte die großen Lieferungen – von mindestens fünf bis zehn Tonnen –, die per Flugzeug oder Schiff ankamen beziehungsweise verschickt wurden. Wenn die Kolumbianer das Kokain in internationalen Gewässern auf der Höhe von Oaxaca übergeben hatten, kümmerte sich El Primo darum, es durch die mexikanischen Häfen erst ins Land und dann weiter Richtung Norden zu schleusen. Ein Gutteil der Ware wurde mit Schnellbooten an die Küsten Michoacáns gebracht, wo sie von Salvador López alias El Chavo (»der Bursche«) in Empfang genommen und anschließend in die kleine Ortschaft Tepalcatepec in der Sierra des Bundesstaats Michoacán geschafft wurde. Hier gab es eine »legale« Privatpiste für Flugzeuge, die Carlos Francisco Cázares Beltrán alias El Quemado (»der Verbrannte«) gehörte und die zumindest seit 1997 genutzt wurde, zunächst ausschließlich für Kokain, später auch für Marihuana aus Michoacán, was El Quemado bei einem Treffen mit El Primo in der Nähe von Otay erfolgreich ausgehandelt hatte.

Als Strohmann und Geldwäscher genoss El Quemado besonderen Schutz. Er bezahlte Mitglieder der mexikanischen Streitkräfte dafür, dass sie die Flugzeuge, die von der Sierra Michoacáns nach San Vicente in Baja California flogen, nicht kontrollierten. Dort besaß das Kartell eine eigene Landepiste, und Efraín Pérez Pasuengo alias El Efra übernahm alles Weitere. Einmal am Boden, brachte man das kolumbianische Kokain nach La Bufadora, eine aufsehenerregende Höhle an der Küste, in der das Wasser, wenn es auf den Felsen trifft, in einen Felsspalt gepresst und, mit Luft gemischt, in einer bis zu dreißig Meter hohen Fontäne ausgestoßen wird, was sich so anhört, als würde die Höhle fauchen. Hier wurden die Frachten von Campingbus-Fahrern erwartet, aber auch von Leuten, die sie mit ihren Schnellbooten 35 Kilometer aufs offene Meer hinaus brachten.

Polizeikräfte der mexikanischen Bundesstaaten und der Bundespolizei ebenso wie mexikanische Militärs fraßen den Arellanos aus der Hand, anders gesagt: standen samt und sonders auf ihren Gehaltslisten. Die für Fernstraßen zuständige Bundespolizei (PFC) gab den Campingbussen, die Drogen in die Zwischenlager an der Abzweigung von La Bufadora nach Ensenada brachten, Begleitschutz – eine für die Organisation strategisch äußerst bedeutsame Zusammenarbeit. Als sich einmal der politische Druck erhöhte, »verstärkt Einsätze durchzuführen«, informierten die Polizisten Mayel einfach vorab, wo diese Einsätze stattfinden sollten, und das Kartell konnte seine Drogen andernorts entladen; wenn sich die Polizei auf die Gegend um El Sauzal konzentrierte, fuhren die Narcos zum Ausladen an die Strände von La Bufadora.

Da ihm die Polizei von Baja California zu Diensten stand, konnte es sich Mayel erlauben, einige seiner Schiffslieferungen persönlich zu überwachen. Mit Efraín Pérez Pasuengo, seinem Leibwächter, manchmal mit seinem Cousin El Primo, beobachtete er vom Strand aus die von Jony el Colombiano erdachten Manöver zur Entgegennahme der Ware. Zuweilen kam sogar der Boss Benjamín Arellano Félix selbst, um die gute Arbeit von Mayel zu bewundern.

Ein Teil der bei Ensenada gelöschten Drogen ging nach Mexicali und wurde dort von Mayels Bruder Gilillo in die USA gebracht, ein anderer Teil ging nach Tijuana, wo sich Mayel, der entlang der gesamten Transportstrecke von El Primos Lieferungen Informanten hatte, gemeinsam mit Jorge Aureliano Félix alias La Matusa persönlich um ihren Weiterversand kümmerte – ein Geschäft, bei dem sie buchstäblich Rückenwind hatten.

Die Schlüsselfiguren des Tijuana-Kartells

Sommer 1995: Mayel befindet sich in einem seiner Luxusdomizile, der von Palmen umstandenen Villa an der Fernstraße von Ensenada nach Tijuana, wo er ab und zu seine Waffen und alle Kommunikationsmittel beiseitelegt, um sich an einem überdimensionalen Swimmingpool in der Sonne zu braten. Heute empfängt er Omar Londoño alias El Viejo (»der Alte«), aus Kolumbien, der ihm einen Freund und künftigen Repräsentanten in Mexiko vorstellt.

Londoño gehört dem von Miguel und Gilberto Rodríguez Orejuela gegründeten Cali-Kartell an, aus dem nach einer Abspaltung das Norte-del-Valle-Kartell hervorgegangen ist. Er belieferte die Mexikaner zunächst als Mitglied des Cali-Kartells und später als Mitglied des Norte-del-Valle-Kartells mit Kokain, wobei er mit den beiden verfeindeten Kartellen aus Tijuana und aus Juárez gleichermaßen zusammenarbeitete. Londoño stellt seinen Freund, den er zu Mayel ins Haus gebracht hat, als Experten für den Seeschmuggel von Drogen vor. Es ist Óscar Eduardo Gómez Angarita, Jony el Colombiano.

Da ihn El Viejo empfohlen hat, wird Jony el Colombiano rasch Mayels Vertrauter. Fortan bespricht er die Vereinbarungen mit den kolumbianischen Lieferanten direkt mit El Primo. Bei der Planung stützt man sich auf La Gorda de Manzanillo, der auch für die Spionageabwehr zuständig ist; für die Sicherheit sorgt Mijares, manchmal zusammen mit Mayelito. Die beiden überwachen die eingehenden Kokaintransporte aus Kolumbien sowie die Übergabe an mexikanische Schiffe; hierfür werden Schiffe für den Thunfisch- oder Haifischfang eingesetzt, die La Gorda de Manzanillo und El Pato rechtzeitig anmieten. Über alles wacht Mayel, der Ältere der beiden im Schmuggelgeschäft so erfolgreichen Brüder Higuera Guerrero.

Jony el Colombiano macht sich so gut, dass man ihn bald auch mit der Verwaltung der Gelder und Investitionen beauftragt, die das Kartell zusammen mit den Kartellen von Cali und Norte del Valle tätigt (die Banktransfers laufen über Panama oder die USA).

Die notwendigen Kenntnisse für den Seeschmuggel von Kokain hat sich Jony el Colombiano nicht erst in Mexiko erworben. Schon in seinem Geburtsland Kolumbien besaß er zusammen mit einem seiner Brüder ein Reparaturgeschäft für Schnellboote. Dieser Bruder, der sein Geld mit Kokaintransporten von Kolumbien nach Mexiko verdiente und in beiden Ländern gut vernetzt war, wurde allerdings 1994 ermordet. Manuel Felipe Salazar Espinosa alias Hoover ließ ihn lieber umbringen, als ein paar Schulden bei ihm zu bezahlen.

Auf jeden Fall hat Jony el Colombiano einen guten Einstand bei der mexikanischen Mafia. In den kommenden Jahren wird er für eine der mächtigsten Organisationen der Welt zu einer Schlüsselfigur im Kokaingeschäft werden. Er ist ein Verbindungsmann zwischen dem Kartell und den südamerikanischen Narcos.

Für Mayels Gruppe koordiniert er die Schiffe in ganz Baja California, von Ensenada bis La Paz, und schickt sie nach Kolumbien.

Doch nicht nur Jony el Colombiano erfüllt im Tijuana-Kartell wichtige Aufgaben für den Seeschmuggel von Kokain: Eine weitere Schlüsselfigur ist Carlos González Félix, der erwähnte Mijares. Er ist nicht nur Mayels oberster Leibwächter, sondern auch einer der führenden Logistiker des Kartells für den Drogenschmuggel auf See. Mijares rekrutiert Reeder und Seeleute, koordiniert Kapitäne – einige der Kapitäne, die für das Kartell arbeiten, sind ihm unterstellt, zum Beispiel La Gorda de Manzanillo –, besorgt die Anmietung und Überwachung von Schiffen sowie die Verwaltung einiger organisationseigener Schiffe. Als Eigentümer einiger Tarnfirmen, wie etwa des Fischereiunternehmens Pesquera Lucero, dient er dem Kartell auch als Strohmann.

Im Mai 1998 wird Mijares zusammen mit Mayelito festgenommen und in ein Bundesgefängnis in Almoloya de Juárez (La Palma) verbracht, doch beide kommen durch Schmiergeldzahlungen schnell wieder frei. Mayel weist ihn daraufhin an, sich besser im Hintergrund zu halten und unbedingt den Anschein zu vermeiden, er hätte noch irgendetwas mit dem Kartell zu tun. Schließlich steht Mayels eigene Sicherheit auf dem Spiel, denn man darf davon ausgehen, dass Mijares überwacht wird und seine Spur die Polizei direkt zu ihm führen könnte.

Und seine Furcht ist nicht unbegründet, wenig später wird auch Mayel selbst festgenommen – ein schwerer Schlag gegen das Kartell. Doch seinen ihm bedingungslos ergebenen Freund Mijares trifft keine Schuld. Er hat sich wie befohlen aus allem rausgehalten – bis zu jenem Morgen des 14. Oktobers 2003, an dem er in der Siedlung Los Pinos in Mexicali, wo er seit einigen Jahren untergeschlüpft ist, eine Runde mit dem Fahrrad dreht, nicht ahnend, dass er gleich ermordet wird.

La Gorda de Manzanillo

Eine ebenso wichtige Figur des Tijuana-Kartells ist der Ingenieur Sergio Rodríguez, La Gorda de Manzanillo. Als enger Freund von Mijares gehört er ihm mindestens seit 1996 an. Rodríguez preist sich als Kontaktmann zum Marineministerium und zu den Admirälen in mehreren Häfen von strategischer Bedeutung an. Er offeriert dem Kartell seine Dienste und behauptet, dass er Informationen über die geplanten Einsätze der Marine besorgen und den Schutz der Kokainschiffe aushandeln könne; auch, dass er seine Verbindungen einbringen und exklusiv für die Organisation nutzen werde. Er versichert, das mit den Lieferungen »regeln« zu können, und gibt eine hundertprozentige Garantie. Die hat allerdings ihren Preis: Er fordert 250 000 Dollar pro Fahrt, um die Seeleute bezahlen zu können, seine Spesen zu decken und selbst etwas zu verdienen.

Zur Absicherung der Frachten lässt ihm Mayel für jeden Transport akkurat die besprochene Summe zukommen. Mindestens zwei Jahre lang läuft alles nach Plan: La Gorda de Manzanillo findet die Positionen der US-amerikanischen und mexikanischen Marinefregatten heraus und gibt sie den Kapitänen der Drogenschiffe durch. Der Kokaintransport von Kolumbien nach Mexiko wird auf der Grundlage dieser Informationen koordiniert, und die Schiffstransporte klappen reibungslos. Doch im Februar 1998 bringt die mexikanische Marine ein Schiff auf, das Marihuana von Mazatlán nach Ensenada transportiert – es ist eine Fracht, die gar nicht Mayel gehört; dennoch ruft er La Gorda de Manzanillo an, als das Schiff festgehalten wird. Er möge etwas tun, um Schiff und Mannschaft freizubekommen. Dass ihm dies nicht gelingt, ist natürlich ein Grund zur Reklamation. Man darf Mayel nicht unterschätzen. Wenn er dafür bezahlt, dass eine Sache reibungslos funktioniert, dann will er keine Überraschungen. Also befiehlt er La Gorda de Manzanillo, zu seinen Kontaktleuten bei der Marine zu gehen und sie an die

Absprachen zu erinnern; schließlich bekommt er 250 000 Dollar pro Ladung »gegen die Garantie, dass *alle* Ladungen sicher ankommen«. Andernfalls, so sagte Mayel zornig, solle er zugeben, dass er keine hundertprozentige Garantie mehr geben könne.

La Gorda de Manzanillo weiß, wie gnadenlos Mayel ist, und weil er nicht als Fischfutter enden möchte, fährt er umgehend nach Mexico City und versichert El Primo, dass ihm seine Marinekontakte bestätigt hätten, es könne alles so weiterlaufen wie bisher. El Primo ruft Mayel an und berichtet ihm telefonisch von La Gorda de Manzanillos Besuch.

Im Lauf des Jahres 1999 vertieft das Kartell insbesondere durch Vermittlung des Kommandanten der Bundeskriminalpolizei (PJF) in Tijuana, César Jiménez, seine Beziehungen zur Sonderbehörde für Gesundheitsdelikte. Im November trifft sich der Polizeikommandant in einem Billardcafé mit Mayel. Als Zeichen seiner Loyalität übergibt er ihm eine Liste mit Schiffen. »Die hat uns die DEA zur Überprüfung geschickt; diese Schiffe sollen Drogen geladen haben«, sagt der Polizeikommandant. Mayel weist El Pato an, die aufgeführten Schiffe gemeinsam mit Jony el Colombiano zu überprüfen. »Jedes einzelne. Findet heraus, wer damit arbeitet. Wenn sie in die Nähe von Ensenada kommen, werden wir Gebühren erheben«, befiehlt der Boss.

Wie angeordnet, muss für jedes Schiff auf der Liste, das in Ensenada registriert ist, Schutzgeld bezahlt werden. Die Liste, die die amerikanische Drogenaufsicht der mexikanischen Generalstaatsanwaltschaft (PGR) weitergeleitet hat, damit Schiffe überprüft und gegebenenfalls abgefangen würden, dient dem Tijuana-Kartell nun dazu, Schutzgelder einzutreiben und sein Revier zu markieren.

Es war nicht das erste Mal, dass Mayel Schiffe, die in »seinem« Revier kreuzten, zur Kasse gebeten hat. Er war in dieser Hinsicht der größte Geldeintreiber des Kartells. Und er hatte eine unfehlbare Methode, um sicherzustellen, dass alle bezahlten: Dazu bedurfte es nur einer Todesdrohung. Unter den Zollpflichtigen befand sich etwa der Ingenieur Zataraín, der sowohl für das Kartell als auch auf eigene Rechnung kolumbianisches Kokain verschiffte. Ihm gehörte die *Calipso*, benannt nach dem berühmten Schiff des französischen Meeresforschers Jacques Cousteau. Zataraín hatte bei Mayel am Ende so hohe Schulden angehäuft, dass er beschloss, ihm das Schiff als Bezahlung zu überlassen. Fortan brachte er für das Kartell Drogen nach Michoacán. Ein paar Jahre später wurde Zataraín, ein Freund El Patos, in Culiacán in Sinaloa ermordet.

Der beflissene Polizeikommandant Jiménez möchte Mayel unbedingt von seiner Nützlichkeit überzeugen. Er bringt ihn mit Genio zusammen, der angeblich nicht mehr braucht als seinen PC, um perfekte Ausweispapiere, Führerscheine und Wahlzettel zu fälschen. Mayel lässt sich überzeugen und stellt Genio die nötige technische Ausrüstung zur Verfügung. Er richtet ihm ein ganzes Rechenzentrum ein, damit Genio falsche Führerscheine und Ausweispapiere für Mayels Leute anfertigen kann.

Mayel zeigt sich erkenntlich und schenkt dem Polizeikommandanten einen grünen Chevrolet Suburban, mit dem dieser seinen freigiebigen Boss in der Freizeit zu Treffen von Tijuana bis Rosarito begleitet. In seiner Gesellschaft fühlt sich Mayel sicher genug, um unter den Augen der Bundespolizei öffentliche Orte wie den Flughafen von Tijuana zu betreten; die Beamten zucken nicht einmal mit der Wimper. César Jiménez stellt auch sicher, dass die Mitglieder des Kartells und ihre Kontaktleute aus dem Ausland, zumal aus Kolumbien, problemlos einreisen können. So werden sie weder von der mexikanischen Einwanderungsbehörde (INM) noch von der Staatsanwaltschaft behelligt.

Mehr als einmal räumen Jiménez' Hintermänner Hindernisse aus dem Weg und sorgen dafür, dass Kokainlieferungen wohlbehalten ankommen. Dies geschieht zum Beispiel bei einer Tour, die der Kolumbianer Sélimo Andrade organisiert hat: Da er mehr als acht Tage auf das kolumbianische Schiff mit der heißen Ware warten muss, geht ihm mitten auf der Fahrt der

Treibstoff aus, und er weiß nicht, wie er es bis Ensenada schaffen soll.

Dieser Sélimo Andrade, der für das Norte-del-Valle-Kartell Drogen ausliefert, arbeitet von Mexiko und Bolivien aus, wo er das in den Drogenlaboren im Amazonasgebiet hergestellte Kokain mit Schnellbooten und Kleinflugzeugen abtransportiert. Er ist der mexikanische Kontaktmann Chupetas, der wiederum für die Narcos in Mexiko eine Art Held ist, weil er es als Erster in der Geschichte des Drogenschmuggels gewagt hat, eine ganze Tonne reinsten Kokains auf einmal in die USA zu fliegen. Sélimos Tage aber sind gezählt. Denn kurz nach der Jahrtausendwende wird er verhaftet. Seine Söhne werden später in seine Fußstapfen treten und für das Sinaloa-Kartell Drogen verschieben.

Zum damaligen Zeitpunkt aber besaß für das Tijuana-Kartell alles, was man für Sélimo oder Chupeta tun konnte, höchste Priorität. Als es einmal Schwierigkeiten mit einer von Sélimos Ladungen gab, sprach Mayel persönlich mit Mijares in Morelia und telefonierte mit seinem Cousin Rigoberto, um zu besprechen, wie es weitergehen sollte: Man würde das Kokain an einer Stelle zwischen Lázaro Cárdenas und Manzanillo an Land holen und dann hinauf zum Flughafen von Morelia bringen; von dort aus wollte man es genau wie die täglichen Marihuana-Lieferungen mit normalen Linienflügen befördern, und zwar auf der Route Morelia–Tijuana, für deren Kontrolle die Bundespolizei zuständig war. Auf ebendiese Weise verschickt das Kartell schließlich die Päckchen mit dem besagten Kokain: und zwar insgesamt 1600 Kilo.

Anfang März 2001 hatte sich El Primo mit seinem Partner Luis Héctor Puente Cota nach Morelia begeben. Mijares brauchte ihre Hilfe bei der Entgegennahme einer Kokainlieferung. Danach brachten sie noch persönlich Marihuana nach Mexico City, das Puente Cota an Bocina (»Megaphon«) für den Straßenverkauf im Viertel Tepito übergeben sollte. In Begleitung von El Temo und El Jabalí (»das Wildschwein«) fuhren die beiden

Geschäftspartner noch einmal nach Morelia und holten weitere zwanzig Kilo Marihuana ab. Diese Lieferung wurde ihnen von El Rojo (»der Rote«) ausgehändigt mit der Anweisung, sie ebenfalls nach Mexico City zu bringen, wo El Temo fünf, Bocina drei und El Tocayo acht Kilogramm für den Verkauf bekommen sollten. Die übrigen vier Kilo gab El Primo seinem Partner zur Aufbewahrung, nicht ahnend, dass dies seine letzte Lieferung sein würde, denn nur wenige Tage später wurde El Primo verhaftet. Gewieft, wie er war, erhielt er jedoch Zeugenschutz und wurde bevorzugt behandelt.

El Tigrillo am Steuer

Im Mai 2000 brachte eine schwere Erschütterung die Hierarchie des mächtigen Tijuana-Kartell ins Wanken und ließ ihre organisatorischen Strukturen für den Schmuggel zu Wasser und zu Land zerplatzen wie Seifenblasen: Die Armee verhaftete Mayel, Jony el Colombiano und weitere Mitglieder.

Der Starschmuggler des Kartells und sein Chefstratege waren gerade dabei, sich in Mayels Luxusresidenz etwas außerhalb von Ensenada in Begleitung zweier Damen zu entspannen, die ihre kolumbianischen Freunde ihnen vorbeigeschickt hatten. Ihre Festnahme löste auch einen Dominoeffekt aus, und Francisco Arellano Félix alias El Tigrillo, der jüngste, im Dezember 1969 geborene Bruder der Arellano Félix, berief eine dringende Versammlung in Tijuana ein, um die *plazas* neu aufzuteilen.

Vor Mayels Verhaftung war El Tigrillo für die Koordination der Privatflugzeuge verantwortlich gewesen, die Kokain aus Kolumbien nach Tijuana flogen. Er hatte seinen Stützpunkt in dem Restaurant Rumiko eingerichtet, einem exklusiven Lokal mit Blick auf den Boulevard Díaz Ordaz, unmittelbar gegenüber der Stadthalle von Tijuana. Seit der Festnahme Mayels, des ehemals starken Mannes des Tijuana-Kartells, hatte Tigrillo nun freie Hand und holte Leute, die schon mit Efraín Pérez Pasuengo und Carlos Francisco Cázares Beltrán zusammengearbeitet hatten.

Zu den engsten Mitarbeitern El Tigrillos zählte Gilberto Camacho Valle alias El Chayán. Dieser war zu Zeiten des Staatsanwalts Juan Francisco Franco Ríos ein Polizeibeamter gewesen und hatte auch schon zu den Vertrauten Mayels gehört. Ramiro Zúñiga Zedillo alias El Águila (»der Adler«), der ein Geschäft für Polizeiausrüstung besaß, hatte ihn ursprünglich zum Kartell gebracht. El Chayán war ein Vertrauensmann von Fabián Martínez González, der seinen Beinamen El Tiburón (»der Hai«), wie schon erwähnt, seiner Grausamkeit und Kaltblütigkeit verdankte. Er war einer dieser Rauschgifthändler der neuen Generation, die von den Brüdern Arellano Félix als Anführer einer ihrer Unterorganisation angeworben wurde.

So wie El Tigrillo leitete El Chayán seine Leute vom Restaurant Rumiko aus. Er hielt sich auch gern im Cinque auf, einer Bar auf der Plaza Fiesta in Tijuana, und an Sonntagen traf man ihn im Restaurant Señor Frogs in Pueblo Amigo, wo er sich Stierkämpfe anschaute.

Nicht einmal zwei Jahre nach Mayels Verhaftung wurde im März 2002 Benjamín Arellano Félix, El Min, der oberste Boss des Kartells, von einer Spezialeinheit des mexikanischen Militärs festgenommen. El Min verbüßte seine Haftstrafe im mexikanischen Hochsicherheitsgefängnis Altiplano in Almoloya de Juárez, bis Präsident Felipe Calderón im Jahr 2007 einem Auslieferungsgesuch der USA entsprach. Diese Entscheidung verkaufte Calderón als einen ersten Erfolg im Kampf gegen die Drogen. Und so wurde El Min 2011, nachdem alle Versuche seiner Anwälte gescheitert waren, die Auslieferung zu verhindern, in die USA überstellt.

El Tigrillo hatte immer Anweisungen von Benjamín erhalten, doch nach der Ermordung seines Bruders Ramón am 10. Februar 2002 auf dem Karneval von Mazatlán und Benjamíns Festnahme übernahm er selbst die Führung des Kartells. El Tigrillo musste sich auch mit internen Problemen wie dem Verrat Gilillos herumschlagen. Gilillo hatte 2003 begonnen, für Ismael Zambada García alias El Mayo, einen Drogenboss des Sinaloa-Kartells und eingefleischten Feind des Tijuana-Kartells, zu arbeiten. Der Kampf um die Herrschaft über den Pazifik verschärfte sich weiter.

Bis er im August 2006 selbst verhaftet wurde, hatte El Tigrillo von Mayel die Koordination eines Teils der Seerouten des Kartells übernommen. Doch in diesem herrlichen Sommer sollte sich der Himmel für ihn verfinstern. Wie jedes Jahr, seit er die *Doc Holliday* 2003 in San Diego, Kalifornien, gekauft hatte, kreuzte er friedlich an Bord seiner Luxusjacht. Damit war allerdings Schluss, als ihn die US-amerikanische Küstenwache in mexikanischen Küstengewässern verhaftete, und das obwohl die *Doc Holliday*, benannt nach jenem amerikanischen Chirurgen des Wilden Westens, der seinen Beruf an den Nagel gehängt hatte, um ein Glücksspieler und ein unerbittlicher und unfehlbarer Revolverheld zu werden, ganz legal in den Vereinigten Staaten registriert war und unter US-amerikanischer Flagge fuhr.

Zankapfel Pazifik

Auch wenn einige der »alten« Bosse mittlerweile hinter Gittern sitzen und andere ermordet wurden, ist der Einfluss des Tijuana-Kartells im Pazifik immer noch spürbar. Die Geschicke der Organisation werden jetzt, mit der Hilfe von Strohmännern, von den Erben des Arellano-Clans gelenkt. Und obwohl die mexikanischen Regierungen, von Vicente Fox bis Enrique Peña Nieto, von Zeit zu Zeit die »erfolgreiche Zerschlagung« des berüchtigten Tijuana-Kartells verkündet haben, ist die Organisation nach wie vor quicklebendig. Sie verteidigt ihre angestammten Herrschaftsansprüche gegenüber anderen Mafiaorganisationen immer noch ziemlich erfolgreich. Doch die Sippe der Arellano Félix zahlt dafür bis heute einen hohen Blutzoll: Im Oktober 2013 wurde Francisco Rafael Arellano Félix ermordet, als er gerade mit seiner Familie ein Kinderfest im Hotel Marbella in Cabo San Lucas verließ. Das Verbrechen war anscheinend gründlich geplant worden, denn der Mörder trat als Clown verkleidet auf.

Auch wenn die Herrschaft über den Pazifik heute umkämpft ist und die Gewässer vor Sinaloa, Colima und in anderen Regionen des Südens eigentlich zum Hoheitsbereich des Sinaloa-Kartells gehören, geht doch in Seemannskreisen das Gerücht, dass Schmuggler heute noch Schutzgelder an das Tijuana-Kartell bezahlen, um ihre Drogen unbehelligt entlang jener Routen durch Ensenada schleusen zu können, die schon seit Jahrzehnten von der Organisation kontrolliert werden. Um die weiter südlich gelegenen Gewässer, einschließlich des Hafens von Acapulco, streiten sich das aus der Beltrán-Leyva-Organisation hervorgegangene Kartell des Südpazifiks und das Unabhängige Kartell von Acapulco (CIDA), das sich von Ersterem abgespalten hat und 2010 erstmals aktenkundig geworden ist.

Ein Gutteil der Kontakte des Tijuana-Kartells wurde vom Sinaloa-Kartell und von anderen Organisationen übernommen. Sie alle ziehen den Drogenhandel ganz ähnlich auf wie das Kartell von Tijuana. Tagtäglich bewegen sie mit Schiffen und Schnellbooten tonnenweise Kokain, das vom südamerikanischen Pazifik aus erst an die Küsten und Häfen Mittelamerikas und Mexikos und dann weiter nach Norden gebracht wird.

Die jahrzehntelang vom Tijuana-Kartell kontrollierte Pazifikroute ist für den weltweiten Drogenhandel von ganz entscheidender strategischer Bedeutung, denn auf diesem Weg werden nicht nur Drogen nach Nordamerika verschickt, sondern auch die für die Kokainverarbeitung und die Produktion synthetischer Drogen nötigen Chemikalien bezogen. Alle Drogenausgangsstoffe und Rohstoffe werden aus Asien importiert, und auch für dieses Geschäft sind die mexikanischen Pazifikhäfen essentiell. Einer dieser Häfen befindet sich in Ensenada, an einem Kreuzungspunkt wichtiger Handelsrouten, die ihn mit verschiedenen Städten an der Pazifikküste verbinden: mit den mexikanischen Städten La Paz, Manzanillo, Mazatlán, Acapulco und Lázaro Cárdenas; mit San Diego und dem riesigen Frachthafen Long Beach in den USA; sowie mit Puerto Quetzal in Guatemala, einem bei der mexikanischen Mafia beliebten Drogen- und Waffenumschlagplatz. Andere Häfen von strategischer Bedeutung an der mittelamerikanischen Pazifikküste sind alle Häfen von Panama, dem vielleicht wichtigsten Anlaufpunkt für die Schifffahrt des Kontinents und ein Paradies für Schmuggler und Rauschgifthändler; das chilenische Valparaíso im Südpazifik; und Honolulu auf Hawaii.

Wenn man auf der Asien/Pazifik-Route nach Westen fährt, dann kommt man auf der anderen Seite des Globus in Yokohama und Hongkong an, in zweien der wichtigsten Häfen des asiatischen Kontinents. Das in Asien erzeugte Ephedrin wird von dort nach Mexiko geschleust, und zwar via Manzanillo (und von dort aus weiter in den Norden, über den Golf von Mexiko, bis nach Tampico), Lázaro Cárdenas oder Acapulco.

Die Asien/Pazifik-Route ist für die Mafiaorganisationen heutzutage nicht nur im Zusammenhang mit dem Schmuggel von Kokain, Drogenausgangsstoffen oder Waffen des Eigenbedarfs von Bedeutung: Einerseits verschifft die mexikanische Mafia hier auch andere illegale Produkte wie gefälschte Markenware, andererseits bringt sie auf diesem Weg ganz legale Waren auf den Weltmarkt, um ihr Schwarzgeld zu waschen. Das gilt zum Beispiel für Gold, Stahl und Eisenerz, die kriminelle Organisationen wie La Familia Michoacana, das Kartell des Templerordens und die Zetas etwa von Lázaro Cárdenas und Manzanillo aus nach Fernost transportieren lassen. Neuerdings setzt das organisierte Verbrechen auch auf Schiffe, die in Asien registriert sind, um Kokain von Südamerika nach Mexiko zu bringen, weil dadurch die Herkunft der Ladung verschleiert wird.

Die immensen Schmiergelder, die zu diesem Zweck fließen, garantieren in der Regel, dass die betreffenden Ladungen sicher ankommen. Doch dieses Glück war einem Schiff im November 2007 nicht beschieden: Auf der *Esmeralda*, die unter der Flagge Hongkongs fuhr, wurden nach ihrer Einfahrt in den Hafen von Manzanillo 23 Tonnen Kokain entdeckt. Sie waren in sechs Containern mit Kunststoff-Bodenbelag versteckt, die man in Kolumbien auf das Schiff verfrachtet hatte.

In Asien registrierte Containerschiffe können ziemlich ungehindert Drogen, Tabak oder Flüchtlinge transportieren. Manche dieser Schiffe sind monatelang auf hoher See mit dem Drogen- oder Menschenschmuggel beschäftigt, ohne jemals von einer Behörde kontrolliert zu werden. So kreuzte etwa die *Sun Sea* über drei Monate die Meere, passierte mit 490 illegalen Flüchtlingen aus Sri Lanka an Bord zahlreiche Grenzen und Zollschranken und narrte die Behörden so lange, bis die kanadische Marine sie im August 2010 stoppte.

Und auf den riesigen fernöstlichen Containerhäfen können Drogenlieferungen gut in der Masse untergehen. Nur selten kommt es zu Beschlagnahmen. Im Juli 2012 wurde eine Drogenladung mit 649 Kilogramm Kokainhydrochlorid entdeckt, die nach Hongkong geschickt worden war. Seit damals wurden in diesem asiatischen Megahafen wiederholt ähnliche Ladungen sichergestellt, und das obwohl Rauschgiftschmugglern hier lebenslängliche Haft droht.

Die UNODC hat den Anstieg der Schmuggelaktivitäten der mexikanischen Kartelle in Asien dokumentiert. Für die Kartelle ist Asien gleichermaßen ein potenzieller Markt für Betäubungsmittel und ein günstiger Ort für die Geldwäsche. Laut UNODC sind die Häfen Hongkongs, Japans und Südkoreas die wichtigsten Anlaufpunkte für die Drogenfrachten; außerdem gibt es hier auch immer mehr Labore, in denen vor allem Mexikaner Drogen herstellen. Kurz: Weder im südlichen noch im nördlichen Pazifik wird man Häfen finden, die nicht von der Mafia infiltriert sind.

Selbst Häfen, die auf ihre strengen Sicherheitsvorkehrungen stolz sind, werden für den Drogentransport missbraucht.

Was den weltgrößten Markt für Betäubungsmittel aller Art, die USA, betrifft, so gelangt ein Großteil der Drogen auf direktem Wege in die Häfen des Landes. Trotz strenger Kontrollen werden sie auch oft als Zwischenstationen für Frachten nach Europa und in andere Weltgegenden genutzt. So ist in dem *Global Container Analysis Report*, den das UNODC und die WZO im Jahr 2007 veröffentlichten, von dreitausend Kilogramm aus den USA die Rede, die im Hafen von Antwerpen, Belgien, beschlagnahmt wurden. Dieser Quelle zufolge wurde der Container vermutlich in Kingston, Jamaika, verschifft, und wegen der strengen Kontrollen in US-amerikanischen Häfen könnte er den Umweg über Jamaika genommen haben.

Selbst in den Häfen eines Landes mit so geringer Korruption wie Kanada wird Rauschgift aus Südamerika verladen, und zwar gleichermaßen, um die lokalen Konsumenten zu versorgen, wie zur Weiterverschiffung bis ans andere Ende der Welt, etwa nach Australien. Im Jahr 2007 zogen Beamte des kanadischen Zolls (CBSA) Kokainlieferungen aus dem Verkehr, die nach Australien, Großbritannien, Irland und in die Vereinigten Arabischen Emirate verschifft werden sollten. Im selben Jahr fand man im Hafen von Montreal in einem Container mit gefrorenem Mangomus 193 Kilogramm unverschnittenes Kokain. Eine ähnliche Ladung sollte auch durch US-Häfen geschleust werden, allerdings waren es hier sogar 363 Kilogramm, Destination: Niederlande. In den Häfen beider Länder wird tonnenweise Kokain, Heroin, Cannabiskraut, -öl und -harz verschoben.

Wie wir sehen konnten, scheint kein Hafen der Welt gegen den organisierten Rauschgifthandel immun zu sein, und diejenigen, von denen sich die anderen Akteure des globalen Drogenhandels einen Passierschein geben lassen müssen, sind die mexikanischen Kartelle.

5
Die Mittelamerika-Routen

Gatún – ein schöner Name für ein Schiff. Denselben Namen trägt der größte künstliche See der Welt, der als Wasserspeicher für den Betrieb der drei Zwillingsschleusen des Panamakanals dient, der Gatúnsee. Und auch die größte und letzte Schleuse auf dem Weg in den Atlantik wird so genannt.

Der Zufall wollte es, dass der Frachter *Gatún* am Sonntag, den 17. März 2007, in ebendiesen Gewässern Panamas seine letzte Fahrt antrat. Hoch am Mast wehte vorschriftsgemäß und in leuchtenden Farben die panamaische Flagge: zwei Sterne auf rot-blauem Grund. An Deck befand sich in zwei Containern eine Ladung von 19,4 Tonnen Kokain – sechshundert Millionen Dollar in Form weißen Pulvers bester Qualität.

Das Rauschgift hatte folgenden Weg genommen: Man hatte es am Vortag in einem kolumbianischen Hafen verpackt, dann im Pazifik auf Schnellboote verfrachtet und schließlich am frühen Morgen des genannten Tages, bereits in internationalen Gewässern, auf die *Gatún* umgeladen. Zu diesem Zweck war nicht eigens ein Versteck konstruiert, sondern die Drogen direkt in den Containern an Deck untergebracht geworden. Und dort wurden sie auch entdeckt, als die US-Navy das Schiff kontrollierte.

Wie viele frühere Lieferungen auf der *Gatún* wohl schon reibungslos verlaufen sind? Der stolze Name, den das Schiff in den letzten zwei Jahren führte, war nicht sein ursprünglicher Name: Als es 1970 in Hamburg vom Stapel gelassen wurde, hieß es noch *Birte Andrea*; 1977 firmierte es nur noch als *Andrea*; 1992 war es nach dem arabischen Astronomen, Astrologen und Mathematiker in *Al Battani* umbenannt worden. Dieser Name stand noch auf dem Bug zu lesen, als es 2005 im Hafen von

Veracruz, Mexiko, samt seiner Besatzung aufgegeben wurde. Einige Zeit später ersteigerte es ein Kapitän der Handelsschifffahrt aus Mazatlán im mexikanischen Bundesstaat Sinaloa, und nachdem es in Panama ausgeflaggt worden war, stach es Mitte März von Mazatlán aus in Richtung Südpazifik in See. Am 15. März 2007 durchquerte es den Panamakanal und fuhr auf dem Atlantik bis in die Gegend von Demerara-Mahaica, um schließlich in Georgetown an der Mündung des Flusses Demerara in Guyana anzulegen. Am folgenden Tag kehrte es in panamaische Gewässer zurück und fuhr in Colón in den Hafen Cristóbal ein, wo es anlegte und mehrere Stunden blieb, um Harnstoffbehälter und andere in der Freihandelszone gekaufte Waren zu laden. Dass die *Gatún* in diesen Gewässern kreuzte, war nichts Außergewöhnliches. Sie verkehrte regelmäßig zwischen mexikanischen und panamaischen Häfen, etwa zwischen Cristóbal in Panama und Manzanillo im Mexiko, doch sie lief auch Georgetown in Guyana oder Maracaibo in Venezuela an. Ihre Route sah diesmal vor, dass sie nach dem Verladen wieder in Richtung Pazifik steuern sollte, um im mexikanischen Hafen Topolobampo sowohl die legalen als auch andere, nicht verzeichnete Waren zu löschen. Stattdessen allerdings schlug sie an jenem Morgen des 17. März eine andere Richtung ein, so als wäre sie nach Südamerika unterwegs.

Am Rande der internationalen Gewässer, nahe der Küste im Grenzgebiet der panamaischen Provinzen Coclé und Veraguas, traf die *Gatún* auf mehrere kolumbianische Schiffe. Von ihnen wurde sie mit Kokain des Sinaloa-Kartells »betankt«. Neben der Besatzung des Frachters waren an dem Manöver auch noch einige mexikanische Reeder beteiligt, die sich schon vor Monaten in einem Luxushotel in Panama einquartiert hatten, um den reibungslosen Rauschgiftschmuggel auf dem legal operierenden Frachtschiff vorzubereiten.

Die Befehlshaber des Schiffs – der Kapitän und der Zweite Offizier – sowie die Maschinisten stammten aus Panama; ein Teil der Besatzung, Leute aus Mazatlán in Mexiko, war direkt im

Hafen angeheuert worden. Für diesen kleinen »Ausflug« sollte jeder von ihnen dreihunderttausend Peso erhalten, weit mehr, als sie sonst in einem Jahr verdienten. Sich von den Kartellen anwerben zu lassen bedeutet für die Seeleute, ständig auf Messers Schneide zu leben, doch sie müssen, wie sie selbst sagen, »bei stürmischer See ruhig Blut bewahren«.

Sobald es »aufgetankt« wäre, würde das Schiff nach Mexiko zurückkehren. Zuversichtlich setzte die *Gatún* ihre Fahrt auf dem Pazifik fort, diesmal wieder in Richtung Norden. Die Männer der Besatzung glaubten sich schon im Besitz ihrer Schmuggelprämie. Von Weitem sahen sie die Möwen über den Palmen der Insel Coiba kreisen, die von 1919 bis 2004 eine Strafkolonie war und wegen ihrer Schönheit heute eine der Hauptattraktionen der panamaischen Gewässer ist. Nur 25 Seemeilen nachdem sie ihre Fracht an Bord genommen hatten, waren die Seeleute in Hochstimmung und merkten nicht, dass ihre Fahrt unter keinem günstigen Stern stand. Denn bald schon wurden zwei mächtige Schiffe der US-amerikanischen Küstenwache auf die *Gatún* aufmerksam und versperrten ihr den Weg. Wenige Augenblicke später war sie ins Netz gegangen.

Die Agenten der DEA hatten mit der *Gatún* den fettesten Fang in der Geschichte des Drogenhandels gemacht. Er übertraf die 13,6 Tonnen Kokain, die im September 2004 auf dem Fischereischiff *Lina María* in der Nähe der Galapagosinseln beschlagnahmt worden waren, und die 13 Tonnen, die man im selben Monat in der Nähe von Manzanillo auf einem anderen mexikanischen Fischereischiff, der *San José,* entdeckt hatte; geradezu dürftig nehmen sich dagegen die 11,9 Tonnen aus, die im Kühlraum der *Svesda Maru,* eines in Belize registrierten kambodschanischen Schiffs, verborgen gewesen waren, das man in der Nähe von Acapulco aufgebracht hatte, oder die 11 Tonnen, die die DEA in den neunziger Jahren auf der kolumbianischen *Nataly I* gefunden hatte, die vom Südpazifik in Richtung Norden unterwegs gewesen war.

Die Beschlagnahme auf der *Nataly I* war für die DEA zum damaligen Zeitpunkt der spektakulärste Fang überhaupt gewesen. Aber während die lateinamerikanischen Regierungen von Fortschritten im Kampf gegen die Drogenkriminalität sprachen, feierte die Mafia ihrerseits Triumphe. Sie verschiffte weit größere Drogenmengen zumeist unbehelligt über die Weltmeere und tut dies bis heute. Der Fall der *Gatún* zeigt, in welcher Größenordnung das Sinaloa-Kartell heute Drogen bewegt.

Wie wir wissen, unterscheiden sich die Gewinne in diesem Geschäft je nach Bestimmungsort deutlich: In Kolumbien oder Mexiko kostet ein Kilogramm Kokain zehn- bis dreißigmal weniger als in Europa oder Australien. Hätte sich die *Gatún* auf dem Atlantik, vor Marbella, in der Meerenge von Gibraltar, in der Nähe der Azoren, vor der tasmanischen Küste, im Persischen Golf oder in niederländischen Gewässern befunden, so wäre ihre Ladung fünf bis fünfzig Mal so viel wert gewesen. Die acht Tonnen Kokain im Besitz kolumbianischer Rauschgifthändler, die im Oktober 2012, zwischen Bananen und Maniok, von Ecuador nach Antwerpen verschifft wurden, hatten beispielsweise einen Wert von fünfhundert Millionen Euro. Wie alle Kokainladungen, die regelmäßig in den belgischen Hafen eingeschleust werden, wurden sie in Containern mit doppeltem Boden transportiert. Dass diese Ladung entdeckt und beschlagnahmt wurde, war ein harter Schlag für ihre Besitzer, schließlich waren nicht nur die Transportkosten, sondern auch die Schmiergelder für die Zollbeamten in Guayaquil und Antwerpen schon bezahlt worden. Ein vertraulicher Hinweis hatte in letzter Minute dazu geführt, dass die Behörden den Container öffnen ließen. Damit hatte man den niederländischen Dealern das Geschäft vermasselt. Profitieren konnten von dieser Beschlagnahme immerhin die Affen und Makaken im Zoo von Rotterdam, wo die Bananen der fraglichen Lieferung schließlich landeten.

Panama als Drehscheibe

Panama ist mit seinen 75 517 Quadratkilometern die wichtigste Drehscheibe des Drogenhandels auf See. Der Umstand, dass die gesamte Seeverkehrs- und Hafenwirtschaft in diesem Land kaum reguliert ist, hat maßgeblich dazu beigetragen. Panama ist nicht nur ein Paradies für Schiffseigner, die billig ausflaggen wollen, sondern auch für Schmuggler und Drogenhändler.

Vom höchsten Gebäude Panamas aus kann man gut sehen, wie sich die Schleusen des Panamakanals, dieser achtzig Kilometer langen Verbindungsstraße zwischen Pazifik und Atlantik, öffnen und schließen. Vom Atlantik kommend, fahren die Schiffe zunächst in die Bucht von Limón ein; haben sie die Mole des Hafens Cristóbal passiert, fahren sie auf Meereshöhe bis zu den Schleusen des Gatúnsees, dann auf Höhe des Miraflores-Sees durch die Pedro-Miguel-Schleusen und anschließend durch die Miraflores-Schleusen weiter in Richtung Pazifik, um schließlich im Hafen von Balboa anzukommen.

Hier im Hafen gewinnt man einen Eindruck von der großen Businesswelt: Reeder, Schifffahrtsunternehmer, Geschäftsleute, Zollbeamte, Banker, Händler, aber auch Drogenhändler, Schmuggler und andere Gauner tummeln sich hier. Männer mit Turban und dichten Schnurrbärten sind zumeist indische Reeder; tragen sie den Thawb oder die Kandora, handelt es sich um arabische Kaufleute; die verwestlichten Saudi-Araber dagegen bevorzugen feinste Maßanzüge. Allesamt lassen sie sich gern im elegantesten und kosmopolitischsten Restaurant am Panamakanal frische Meeresfrüchte schmecken, während sie ihre Schiffstransporte organisieren, über die Modalitäten der Zollabwicklung verhandeln oder ihre legalen und illegalen Geschäfte abschließen. Die Stadt Colón ist der Nabel der gesamten mittelamerikanischen Seeverkehrs- und Hafenwirtschaft.

Panama verfügt über ein umfangreiches und gut organisiertes Hafensystem mit 26 Häfen – spezialisiert auf Früchte, Zucker,

Fisch, Erdöl, etc. –, das auch von den Drogenhändlern genutzt wird. 19 dieser Häfen werden von der Panamaischen Seeschifffahrtsbehörde (AMP) verwaltet, die sowohl für den internationalen Transport als auch für die Küstenschifffahrt zuständig ist; die übrigen befinden sich in Privatbesitz, werden aber an beiden Küsten des Landes von den Hafenbehörden der AMP kontrolliert. Mehr als sechs Millionen TEU (Twenty-foot Equivalent Unit, zu Deutsch: Zwanzig-Fuß-ISO-Container, ein Standardcontainer von zwanzig Fuß Länge)-Waren werden jährlich durch den Panamakanal befördert.

Drei der zehn weltgrößten Containerterminal-Betreiber sind hier vertreten: Manzanillo International Terminal (MIT), Colón Container Terminal (CCT) und Panamá Ports Company (PPC), eine Tochtergesellschaft der Hutchinson Ports Holding (HPH). Die beiden wichtigsten Zentren der panamaischen Hafenwirtschaft, die damit auch zu den wichtigsten Häfen ganz Lateinamerikas zählen, sind der Hafenkomplex von Colón auf der Karibikseite des Panamakanals und Balboa auf der Pazifikseite. Sowohl der Hafen Cristóbal in Colón als auch der Hafen Balboa in Panama City werden von der Atlantikseite aus durch die PPC verwaltet.

Das private Terminal MIT wird von Stevedoring Services of America (SSA) betrieben. Die taiwanesische Gruppe Evergreen hat auf der Atlantikseite des Kanals einen modernen Containerhafen gebaut, den Colón Container Terminal (Coco Solo Norte). Petroterminales de Panamá (PTP), eine halbstaatliche Firma, verwaltet und betreibt die Häfen Charco Azul im Golf von Chiriquí und Chiriquí Grande in Bocas del Toro. Der Puerto General de Carga ist ein Terminal in der Lagune von Chiriquí Grande. Der an der Westseite der Bucht von Charco Azul und der Ostseite der Halbinsel Burica gelegene Terminal Pacífico besteht aus zwei Kais zum Beladen mit Rohöl und Rohölprodukten.

Auf der Pazifikseite befindet sich der Containerterminal von PSA International, der von der Hafenbehörde von Singapur am früheren US-Marinestützpunkt Rodman gebaut wurde; dieser hatte vormals zum Be- und Entladen von Treibstoff gedient. Denselben Zweck erfüllt heute der Terminal Decal Panamá, der sich aufgrund seiner günstigen geografischen Lage auf der Insel Taboguilla besonders gut dafür eignet, die Schiffe, die den Kanal passieren, mit Treibstoff zu versorgen.

Auch die Drogenhändler nutzen die ausgezeichnete Infrastruktur des Landes, um auf allen legalen Handelsschiffen ebenso wie auf Piratenschiffen Rauschgift zu schmuggeln. Dazu ein paar konkrete Beispiele: In den achtziger Jahren war der 1955 in Cambados, Pontevedra, geborene Galicier José Ramón Prado Bugallo – besser bekannt unter seinem Spitznamen Sito Miñanco – einer der ersten Geschäftspartner der kolumbianischen Drogenbosse. Unter dem Schutz General Manuel Antonio Noriegas, der Panama von 1983 bis 1989 regierte, operierte Sito Miñanco von Panama aus mit Schiffen, Booten, Anlegeplätzen und Laderäumen, um Kokain auf dem Seeweg nach Galicien zu schmuggeln und das auf diesem Weg verdiente Schwarzgeld auch gleich zu waschen.

Noch nicht so lange ist es her, da brachte der ehemalige Polizeibeamte Mauricio García Reyes aus Costa Rica Kokain in einem eigens konstruierten Versteck auf der Sportjacht *Alimar* nach Mexiko. Dabei kreuzte die *Alimar* zunächst in der Nähe von Playas del Coco und durchquerte anschließend den Panamakanal. García Reyes hatte in einer direkt dem Obersten Gericht von Costa Rica unterstellten Ermittlungseinheit, der OIJ, gearbeitet, bis ihm die Beteiligung an der grausamen Ermordung des Bauern Ciro Monge Mena nachgewiesen wurde: Dessen enthauptete und verstümmelte Leiche hatte man im Juli 1977 in der Nähe von Pococí in der Provinz Limón gefunden.

Im November 2011 lag die Jacht des Ex-Beamten, auf der sich seine Landsleute Alberto Sibaja Pérez aus Puntarenas und Romario Martínez aus Guanacaste aufhielten, in den blauen Gewässern von Bocas del Toro unweit der Insel Bastimentos vor Anker, als bei einer Kontrolle 633 Kilo Kokain entdeckt wurden, die für ein mexikanisches Kartell bestimmt waren.

Im Januar 2000 passierte die 1981 in Jugoslawien gebaute *Nativa* den Kanal, kurz nachdem sie mit Drogen »betankt« worden war; normalerweise transportierte das Schiff Stahl und Metallteile zwischen Amerika und Europa. Auf seiner letzten Überfahrt brach es im Dezember 1999 von Montenegro aus in Richtung Südamerika auf und befand sich zum Jahrtausendwechsel auf dem Pazifik. Der vermeintliche Kapitän, Amílcar Ávila, war Peruaner, in Wahrheit jedoch führte ein Kolumbianer das Kommando; die Besatzung bestand aus 18 Mann: drei Peruanern, einem Deutschen, drei Kolumbianern und elf Ukrainern; alle waren in ihren Herkunftsländern vom Schiffsbetreiber rekrutiert und nach Jugoslawien geschickt worden.

Während die *Nativa*, nachdem sie Panama erreicht hatte, in einem exklusiven Jachthafen ankerte, verstaute man innerhalb von drei Stunden 380 Pakete mit Kokain in einem riesigen Mastkran. Dann setzte das Schiff seine Fahrt fort. Am 16. Januar, als es den Panamakanal in Richtung Pazifik passierte, wurde es von einem Satelliten der DEA observiert und schließlich abgefangen. Die *Nativa* wurde nach Arica im Norden Chiles überführt, wo man ihre teure Fracht entdeckte: neun Tonnen Kokain des höchsten Reinheitsgrades im Wert von fünfhundert Millionen Dollar. Da es sich um die achtgrößte Menge handelte, die jemals beschlagnahmt worden war, fiel das Strafausmaß entsprechend ungnädig aus: Der Kapitän des Schiffes und die beiden Matrosen Freddy Casalin (ein Kolumbianer) und Federico Przybilla (ebenfalls aus Kolumbien, aber mit deutschem Pass) wurden zu je zehn Jahren Haft verurteilt, die übrigen Besatzungsmitglieder zu jeweils sieben Jahren, die sie in der Strafanstalt Acha in Arica zu verbüßen hatten. Die *Nativa* ist als Symbol für die unrühmliche Rolle von Frachtschiffen im Kokainhandel in die Geschichte Panamas eingegangen.

Zu den aktivsten Kartellen gehört nach Angaben der Anti-Drogen-Behörde Panamas das Sinaloa-Kartell. Es rekrutiert Kapitäne und Mannschaften und beauftragt, mietet oder kauft voll ausgestattete Schiffe. Da Panama in Schiffszahlen gemessen das größte Billigflaggenland ist und die hiesigen Häfen praktisch Freizonen sind, haben sich die Zellen des Kartells auf Panama spezialisiert. 17 Prozent aller ausgeflaggten Schiffe der Welt fahren unter der Flagge Panamas. Damit steht das Land an erster Stelle, gefolgt von Liberia, Belize, Malta und Honduras; und auch Honduras ist ein Land, in dem die mexikanischen Mafiaorganisationen – vor allem das Sinaloa-Kartell und die Zetas – den Hafenbetrieb in hohem Maße kontrollieren.

Neben den genannten sind aber auch andere mexikanische Organisationen in Panama aktiv: das Juárez-Kartell, das Golf-Kartell und das Beltrán-Leyva-Kartell. Und ihre Bandenkriege haben ebenfalls auf Panama übergegriffen. Allein zwischen 2009 und 2012 wurden hier Dutzende Mexikaner ermordet, und unter den 2500 Ausländern, die in Panama einsitzen, befinden sich mehr als hundert Mexikaner, die in den Drogenhandel verwickelt waren.

Durch den Panamakanal wird die Ware nach Honduras und Guatemala verschifft, Länder, die den mexikanischen Kartellen als Rauschgift- und Waffenlager dienen. Auf dieser Wasserstraße werden enorme Drogenmengen befördert, wie das Beispiel der *Gatún* zeigt, die an das Sinaloa-Kartell in Topolobampo liefern sollte. Warum gerade dorthin? Weil die Drogenhändler hier ein Heimspiel haben: Ihre Leuten kontrollieren den Hafen, was eine Beförderung verbotener Waren ohne größere Komplikationen garantiert.

Mitglieder des Sinaloa-Kartells halten sich sowohl in der Hauptstadt von Panama als auch in anderen Hafenstädten des Landes auf. Sie logieren in den Luxushotels an der Avenida Balboa, lassen sich in den schwimmenden Restaurants mit Langusten und Whisky verwöhnen, während sie Personal rekrutieren und Geschäfte abschließen. Sie arbeiten mit etablierten oder extra zu diesem Zweck ins Leben gerufenen Unternehmen zusammen. Im Fall der *Gatún* etwa gründeten die Mexikaner Jorge Alonso Núñez, José Ernesto Mondragón und Jesús Camacho die Firma Marine Management and Chartering und ließen das Schiff auf sie registrieren.

Das US-Finanzministerium gibt an, die letzte Fahrt der *Gatún* sei von Heriberto Zazueta Godoy alias Capi Beto koordiniert worden. Dieser nach Einschätzung der amerikanischen Behörde erfahrene und »profilierte Koordinator« von Rauschgifttransporten auf See habe in den letzten Jahren »mit Erfolg beträchtliche Mengen von Kokain« im Auftrag des Sinaloa-Kartells befördert. Aus diesem Grund setzte die US-amerikanische Regierung im Mai 2014 mehrere Firmen Zazueta Godoys mit Sitz in Mazatlán und Guadalajara auf ihre berühmte schwarze Liste, darunter die Firmen Comercializadora y Frigoríficos de la Perla und Producción Pesquera Doña Mariela, die mit Meeresfrüchten beziehungsweise Fisch handeln, sowie das Restaurant Taipén, eine der in Mexiko sogenannten Aktiengesellschaften mit variablem Kapital.

Den Mafiaorganisationen bieten sich in Panama Möglichkeiten, die weit über den Einsatz spezieller Schiffe für den Kokaintransport unter panamaischer Flagge hinausgehen: Als fester Bestandteil des offiziellen Hafenbetriebs wickeln sie den gesamten Rauschgifthandel auf See von Panama aus ab. Zum einen ist es ihnen nach Angaben der amerikanischen Polizeibehörde Ameripol gelungen, »ihre Leute in den normalen Hafenbetrieb einzuschleusen, wodurch sie kleine Mengen von Kokainhydrochlorid in den Containern unterbringen können«, zum anderen ist Panama ein Finanzplatz, der Geldwäsche begünstigt. So kamen die Behörden der USA zum Beispiel einem Unternehmen auf die Spur, mit dessen Hilfe das Sinaloa-Kartell Geldsummen in Höhe von mehreren Millionen gewaschen hat. Die in Panama gegründete Evolution Market Group (EMG) war eine Tochter des Konsortiums DWB Holding Company, geleitet von dem Brasilianer Daniel Fernandes Rojo Filho und dem Portugiesen Pedro Benevides. Das Konsortium erschlich sich außerdem Geld privater Anleger, denen es hohe Renditen versprach, wenn sie ihr Geld kurzfristig nach einer Art Schneeballsystem anlegten oder es in erneuerbare Energien investierten.

Im Jahr 2008 erhoben die DEA und die Bundessteuerbehörde der Vereinigten Staaten (IRS) in Arizona Anklage gegen die DWB Holding Company und ihre Tochterfirmen, die nicht nur in Panama, sondern auch in den USA, Belgien, Spanien, Österreich und Frankreich tätig waren und dort Tausende von Personen mit diesem System betrogen hatten, das trotz seiner Komplexität keineswegs neu war: Die italienische Mafia hatte es in verschiedenen europäischen und amerikanischen Ländern schon vielfach zum selben Zweck angewandt.

Das Ende der *Gatún* wollen wir nicht unerwähnt lassen: Nachdem die Abteilung für Vermögenswerte des Ministeriums für Wirtschaft und Finanzen Panamas sie beschlagnahmt hatte, lag sie jahrelang vor Anker, sank dann aber im Juli 2011 nahe der Insel Melones. Dabei lief ein Teil der 150 000 Gallonen Diesel aus, mit denen das Sinaloa-Kartell den Frachter für die Fahrt befüllt hatte, und hinterließ einen riesigen Ölteppich.

Das karibische Drogendreieck

Wenn einer Verbrecherorganisation der Schiffsverkehr auf einer bestimmten Strecke zu dicht wird oder sie von der geplanten Kontrolle eines ihrer Schiffe Wind bekommt, so weicht sie auf ein anderes Schmugglerparadies aus: Dann wechselt sie etwa von Panama kurzerhand nach Costa Rica und nimmt die Atlantikroute. Costa Rica grenzt im Norden an Nicaragua und im Südosten an Panama, die beide über die Bucht von Limón miteinander verbunden sind. Im Verhältnis zu seinen Nachbarstaaten ist die Häufigkeit von Gewaltverbrechen hier wesentlich geringer; da es allerdings auch weniger Kontrollen gibt, blüht der Schmuggel auf relativ unauffällige Art und Weise.

Man sagt, Costa Rica sei eine der stabilsten Demokratien Lateinamerikas. Diesen Ruf hat sich das Land 1948 erworben, als es sein Heer abschaffte. Doch es gibt auch Schattenseiten, die nicht unbedingt in aller Munde sind; so ist Costa Rica zum Beispiel ein Paradies für Zuhälter. Man nennt das Land auch das »Taiwan Amerikas«, weil hier insbesondere der berüchtigte Kindersex-Tourismus blüht. Zu seinen Hauptkunden gehören neben Schweizern und Österreichern vor allem betagte US-Amerikaner, die sich die Reisekosten nach Taiwan sparen wollen. Costa Rica ist darüber hinaus zu einem wichtigen Umschlagplatz des weltweiten Drogenhandels geworden, durch seine geografische Lage sowie seinen Zugang zum Atlantischen Ozean, zur Karibik im Osten und zum Pazifik im Westen.

Sein Staatsgebiet umfasst eine Meeresfläche von 589 000 Quadratkilometern (bei einer Landfläche von nur 51 100 Quadratkilometern). Seine weitläufigen, per Schiff erreichbaren Gebiete – darunter auch abgeschiedene Zonen wie die 480 Kilometer südwestlich der Osa-Halbinsel an der Pazifikküste gelegene Isla del Coco – werden im Grunde nur bei wissenschaftlichen Expeditionen genauer unter die Lupe genommen. Deshalb ließen sich hier in den neunziger Jahren Zellen der kolumbianischen Kartelle nieder, beispielsweise die Brüder González Rivas, um die mexikanischen Kartelle über alternative Transportrouten mit Rauschgift zu versorgen oder um die Ware, die sie von den FARC und anderen Drogenhändlern bezogen, selbst auf direktem Wege nach Nordamerika zu liefern. Von den Atlantikhäfen Moín und Limón transportierte der Kolumbianer Húber González Rivas, der mit einer Costa Ricanerin verheiratet war, das Rauschgift, das er von seinen Brüdern aus Kolumbien und Panama erhalten hatte, teils in eigenen, teils in angemieteten Schiffen in die USA, nach Mexiko und Europa.

Nachdem der FARC-Guerillero Héctor Martínez Quinto im Dezember 2006 in Puntarenas festgenommen worden war, übernahm Húber die Leitung einer kleinen Flotte von Fischerbooten, deren Besitzer er vorwiegend in der Gegend von Puntarenas und Quepos an der Pazifikküste angeworben hatte. Sie hatten den Auftrag, seine eigenen Schiffe, die in Richtung Mexiko und Nicaragua unterwegs waren, mit Treibstoff zu versorgen.

Ein Teil des Rauschgifts, das er von FARC-Einheiten wie der Frente 57 erhielt, tauschte er in Honduras oder Nicaragua gegen Waffen. Diese Waffen schickte er nach Kolumbien an die FARC, die sie wiederum – von Buenaventura oder den Küsten des an der Grenze zu Panama gelegenen kolumbianischen Bundesstaates Chocó aus – illegal in die USA verschifften.

Von seinem Wohnsitz in Alajuela aus befehligte Húber gemeinsam mit seinem Bruder Dagoberto, der zwischen den kolumbianischen Häfen und Panama unterwegs war, eine Gruppe von Auftragskillern. Mit Partnern vor Ort gründete er 2006 in Costa Rica drei Treuhandfirmen: Inversiones Costeña Internacional, Global Digital Payment Services (GDPS) und Production a One Hundred Ten. Fernando, der Älteste der Brüder, ließ in Buenaventura Schiffe registrieren und überwachte die Rauschgiftlieferungen aus Pilisa und Bajo Baudó im Chocó.

Ihr Netzwerk für Drogenhandel und Geldwäsche umfasste neben Lagerräumen und Schiffen 37 Immobilien in Costa Rica, weitere fünfzig im kolumbianischen Cali sowie Gebäude und Firmen in anderen Teilen Kolumbiens, etwa in Buenaventura oder in der Kaffeeanbauregion von Cundinamarca, Antioquia und der Atlantikküste.

Die Probleme der Brüder González Rivas begannen in den Jahren 2006 und 2007, als ihnen die Polizei bei verschiedenen Einsätzen am Pazifik fast vierzig Tonnen Kokain abnahm. Im Februar 2008 tauchten im Cauca-Fluss, der sich auf der Atlantikseite der Wasserscheide zwischen Atlantik und Pazifik befindet, die Leichen von Húber und Dagoberto auf. Vier Tage lang hatten sie im Wasser gelegen. Ihre Ermordung deutete man als Vergeltungsschlag für den Verlust einer Ladung von vier Tonnen Kokain. Doch sehr bald kamen andere Droggenschmuggler, um sie in Puerto Limón zu ersetzen.

Zum Hafenkomplex von Limón gehören die beiden nur sechs Kilometer voneinander entfernten Häfen Limón und Moín, die für Costa Rica als Verbindungen in die USA, nach Afrika und Europa äußerst wichtig sind; doch sie stehen auch in dem Ruf, Hochburgen der Prostitution sowie des Drogen- und Waffenhandels zu sein. Die Dealer bewegen sich dort unbehelligt auf offener Straße. Bewaffnetes Wachpersonal vor den Nachtlokalen ist ein untrügliches Zeichen dafür, dass man dort mit Überfällen zu rechnen hat. Andererseits ist der »freie Markt« für Sex und Drogen in den Häfen ein großer Touristenmagnet. Vor allem die US-Amerikaner und die Kanadier lassen sich von diesem Angebot verlocken und kommen eigens aus der Hauptstadt San José angereist. Manche Bordelle sind Tag und Nacht geöffnet, an jeder Ecke warten Drogendealer auf Kunden.

Geografisch gesehen ist Puerto Limón, auch »New Orleans des Atlantiks« genannt, zwar nur 158 Kilometer von San José entfernt, doch im Hinblick auf das gesellschaftliche Klima liegen Welten zwischen beiden Städten: Während man sich in Costa Ricas Hauptstadt entspannt und sicher fühlt, ist man in Limón von Junkies, Sextourismus und Schmuggel umzingelt.

Im Nordosten liegen die karibischen Strände Limóns, aus Puntarenas im Westen kommt die frische Meeresbrise, im Südosten befindet sich Panama. Rund um den Hafen aber ist das Wasser nicht so leuchtend blau, wie man es von der Karibik erwartet, sondern eher – typisch für steinige Meeresböden – bräunlich trüb. Limón war einer der ersten Orte, an denen Kolumbus amerikanisches Land betrat; eine Büste des Seefahrers in der Nähe des Kais erinnert daran. Geht man ein paar Gassen weiter, kann man sowohl die Schiffe beobachten, die vom Atlantik kommen, als auch die, die auf dem Weg zum Pazifik sind. Auf der Pazifikseite, in Richtung Guanacaste, wo die Winde von Ost nach West wehen und das Meer weniger stürmisch ist, gibt es eine stille Bucht mit beinahe spiegelglattem Wasser: die sogenannte Goldküste von Costa Rica. In derselben Gegend liegt auch Playa Potrero, eine Bucht, in der man immer häufiger herrenlose Schiffe im Meer treiben sieht. Wenn Drogenhändler vermuten, dass man ihnen auf den Fersen ist oder die Polizei sie bereits identifiziert hat, dann laden sie ihre Fracht um und lassen das »heiße« Schiff zurück.

Limón ist eine multikulturelle Provinz: Indigene, Afrokariben, Chinesen und Menschen mit europäischen Wurzeln – Nachfahren jener Deutschen, Italiener, Belgier und Schweizer, die im 19. Jahrhundert auf der Suche nach dem Paradies mit Dampfschiffen nach Amerika gekommen sind – leben hier; ein Großteil der Bevölkerung sind Nachfahren ehemaliger afrikanischer Sklaven, die von Kap Verde, aus dem Karibischen Becken (Belize und Cartagena), aus Curaçao, Jamaika, Aruba, Cieneguita, Livingston und New Orleans hierhergebracht wurden, um auf den Bananen- und Kaffeeplantagen, beim Eisenbahnbau und überall dort zu arbeiten, wo man billige Arbeitskräfte brauchte, die bereit waren, neun Monate lang zu schuften, in der Hoffnung, irgendwann ihren Lohn zu erhalten.

Noch zu Beginn des 20. Jahrhunderts stellten die Dampfschiffe der United Fruit Company hier die wichtigste Verbindung zur Welt dar. Sie fuhren einmal wöchentlich von Limón, dessen Hafen 1871 gebaut wurde, direkt nach Manchester in Großbritannien. Damals war die auch »Sumpffieber« genannte Malaria – die Einheimischen verwendeten Quinin als Heilmittel – die größte Geißel dieser tropischen Regionen; heute sind es alle mit dem Handel, Schmuggel und Konsum von Rauschgift verbundenen Übel.

Lateinamerika ist eine fruchtbare Region für den Anbau und die Herstellung von Rauschgift, seine Gewässer eignen sich hervorragend für den Transport des Stoffs. Die Tausende von Inseln, Halbinseln und Riffen erleichtern die Beförderung des Kokains, und sollte ein Schiff zu »heiß« werden, lässt es sich bestens hier zwischenlagern. Diesem Zweck dienen nicht nur die Islas de la Bahía – Roatán, Útila, Guanaja – und deren vorgelagerte Riffe und kleine Inseln vor der Küste von Honduras, sondern auch die weitläufigen Küsten Nicaraguas, die fruchtbaren tropischen Zonen Guatemalas mit ihrem Zugang zu Pazifik und Atlantik und die Häfen auf den Koralleninseln von Belize.

Das südlich von Mexiko und südöstlich von Guatemala gelegene Belize ist eine alte britische Kolonie, die von den Garifuna, von Kreolen, Mestizen und einigen wenigen Nachfahren der Maya bewohnt wird. Heute ist es ein unabhängiges Land, war aber seit jeher ein Paradies für Schmuggler, die ihr Geschäft von Belmopán aus – zugleich Hauptstadt, Finanzzentrum und wichtigster Hafen des Landes – betrieben.

Da das Rauschgift, wenn man denn die kleinen Inseln vor Honduras und Nicaragua als Stützpunkte nutzt, gar nicht mehr auf mexikanisches Territorium gelangen muss, sondern über den Golf von Mexiko direkt in die USA gebracht werden kann, bezeichnet man die Gegend seit Kurzem auch als »karibisches Drogendreieck«.

Händler aller Nationalitäten und Schiffe aller Art sind am Drogenschmuggel beteiligt. 2012 verwendete ein Schmugglernetzwerk Sportjachten, die aus Kolumbien kamen, um das Rauschgift in der Drake Bay nördlich der Halbinsel Osa zu sammeln. Danach schickte man es durch den Panamakanal, um es an der Atlantikküste Costa Ricas für den Weitertransport nach Mexiko umzuladen.

Von Curaçao, das bis 2010 als Teil der »Niederländischen Antillen« ein Überseegebiet der Niederlande war, werden Drogen nach Mexiko und Belgien verschifft; von Jamaika nach Großbritannien; von Guadeloupe und Martinique in französische Häfen. Als der mexikanische Drogenboss Rafael Caro Quintero im

November 2013 Mexiko verließ, nachdem mexikanische Gerichte seine vorzeitige Haftentlassung beschlossen und die DEA seine Wiederverhaftung angeordnet hatte, soll sein Flugzeug, Gerüchten zufolge, ebenfalls über Curaçao gesichtet worden sein.

Und in den unendlichen Weiten dieser Gewässer findet sich noch ein weiteres Paradies für Drogenschmuggler: die Bahamas. Der kolumbianische Drogenboss Carlos Lehder, dessen System des Transports und der Verteilung von Rauschgift die anderen Kolumbianer sowie die mexikanischen Kartelle später kopierten, wählte sie als Stützpunkt für seinen Handel mit Kokain.

Auch den venezolanischen Häfen kommt im Drogenschmuggel eine immer größere Bedeutung zu, vor allem im Zusammenhang mit Lieferungen nach Europa. Die malerische, zu Venezuela gehörende Insel Margarita und ihre Nachbarinseln, ebenso die Bucht von Paramaribo in Suriname sind Zonen, von wo aus Kokain nach Spanien, Frankreich und Portugal gebracht wird. Auf den Schiffen *Poseidón I*, *Doña Rosa* und *Caridance* wurde das Rauschgift nachweislich nach Spanien transportiert.

Im August 2011 schickte man die unter niederländischer Flagge fahrende Jacht *Louise* von einem venezolanischen Hafen aus nach Großbritannien. Sie kam mit 1,2 Tonnen neunzigprozentigem Kokain, dessen Wert auf dreihundert Millionen Pfund Sterling geschätzt wurde, in Southampton an; Auftraggeber war eine sechsköpfige niederländische Familie, die mit Kokain und Ecstasy handelte.

In diesen lateinamerikanischen Häfen lässt sich die Mafia einiges einfallen, um ihr Geschäft erfolgreich zum Abschluss zu bringen: Im Juni 2012 wurden in Maracaibo mehr als zwanzig Tonnen Kokain entdeckt, die in Zementsäcken und blauen Wasserrohren verborgen nach Mexiko geliefert werden sollten. Das Rauschgift mit einem geschätzten Wert von einer Milliarde Dollar befand sich in Containern der Firma Agentes Aduanales y Naviera Somarca, die mit Import/Export, Logistik, dem Be- und

Entladen von Waren sowie dem Schifffahrtsmanagement offiziell ihr Geld verdient. Die von Arturo Acosta Ariza geleitete kriminelle Organisation versteckte die Kokainbehälter in Mangrovenwäldern und an Naturparkstränden und beförderte sie anschließend mit Schnellbooten zum kolumbianischen Atlantikhafen Puerto Colombia und zu anderen Häfen in Nicaragua und Honduras. Von dort aus wurde es in die USA gebracht. Acosta hatte ein ausgeklügeltes System entwickelt, in dem ihm die Nationalparks Isla Salamanca (zwischen Barranquilla und Magdalena gelegen) und Tayrona als strategische Zwischenstationen dienten.

Auch Manta, die legendäre Hafenstadt Ecuadors, in der die von Pedro de Alvarado angeführte spanische Expedition 1534 landete, ist heute einer der beliebtesten Stützpunkte für die hierzulande tätigen Drogenhändler. Wegen ihrer strategisch günstigen Lage am Pazifik wird die Stadt auch als »Tor zum Pazifik« gerühmt. Von hier aus begab sich im Oktober 2012 die *Gema Felicidad*, ein in Ecuador registriertes Fischereischiff, mit 285 Kilo Kokain und 17 Mann Besatzung auf die Reise entlang der Küste von Esmeraldas. Ihr Eigentümer war Pedro Vera Mero.

Einen Monat zuvor hatte der US-Amerikaner Robert Bruce Adams gemeinsam mit Carlos López und Juan Tirso Bisonó aus der Dominikanischen Republik in der *Chubasco*, einem in den USA registrierten Schiff mit der Nummer UKY48425K86, 120 Kilogramm Kokain befördert. Sie wurden als Mitglieder eines internationalen Netzwerks identifiziert, das Drogen über die Dominikanische Republik schmuggelt.

All die genannten lateinamerikanischen Staaten sind Naturparadiese, ihre Bevölkerungen sind arm und ihre Regierungen korrupt; sie haben es zugelassen, dass die Drogenkartelle sich auf ihrem Staatsgebiet breitmachen und mächtig werden konnten.

6
Brasilien – Das neue Paradies des Kokains

Der Flug von Mexico City nach São Paulo dauert zehn Stunden. Von dort nimmt man einen Anschlussflug und ist weitere dreieinhalb Stunden unterwegs, ehe man Belém erreicht, Hauptstadt des brasilianischen Bundesstaats Pará und Herz des Amazonasregenwalds. Belém liegt im Norden Brasiliens und gilt als wichtigstes Tor zum Amazonasbecken. Nur 140 Kilometer flussabwärts liegt der offene Atlantik, der die Stadt mit dem Rest Brasiliens und der Welt verbindet. Ein anderer Flussarm führt zum Amazonas, dem größten Fluss der Erde, der von Nahem besehen einen ebenso gefährlichen wie berauschenden Eindruck hinterlässt.

Wie die Stadt ist auch ihr alter Markt Ver-o-Peso (»Schau auf das Gewicht«) – angeblich der älteste Markt Südamerikas – ein buntes Durcheinander von Gebäuden jeder erdenklichen Größe und Farbe, was unabhängig von der Jahreszeit eine gewisse Karnevalsatmosphäre schafft. Der Markt wurde von den Portugiesen 1688 an einer Seite des Hafens von Pará eingerichtet, ursprünglich um die ankommenden Waren zu besteuern. Die Haupteingänge orientieren sich an den Landungsbrücken, die man sich ähnlich belebt vorstellen muss wie den Busbahnhof von Mexico City.

In dem Gedränge fallen besonders die malerischen Stände mit frischen Blumen auf, mit rohem, gebratenem oder frittiertem Fisch, mit exotischen Früchten, Wurzelgemüse, mit Speisen und Getränken – von denen einige, wie Tapioca und Yucca, im ganzen Amazonasgebiet, andere jedoch nur hier zu bekommen sind, so wie Tacacá und der gelbe, in recycelten Plastikflaschen verkaufte Tucupí. Beides enthält zahllose frische und duftende Kräuter, von denen manche seltsame Eigenschaften haben, so wie das auch als Pará-Kresse bekannte Jambú. Kaut man die Jambú-Blätter, so hinterlassen sie an Zahnfleisch und Lippen ein leichtes Taubheitsgefühl – ähnlich wie Opiate oder Kokain. Im Amazonasgebiet wird Jambú häufig zum Kochen von Suppen und Fischgerichten verwendet.

An einer Seite des Ver-o-Peso befindet sich der Landungssteg der Fähren. Von hier aus steuern die Fährboote den mächtigen Amazonas an. Er entspringt an den Hängen eines verschneiten Berges, des Nevado Mismi, in der südperuanischen Region Arequipa und fließt 6437 Kilometer lang von den Anden durch den Amazonasregenwald bis zu seiner Mündung am Atlantik. Der Amazonas ist heute zu einer wichtigen Route für den Drogentransport geworden.

In Belém selbst findet man moderne Wolkenkratzer gleich neben elenden Hütten, die auf Pfählen im übelriechenden und schlammigen Wasser stehen. Es finden sich Bauwerke im Stil des europäischen Neoklassizismus: das Teatro da Paz, das von José Tiburcio Pereira Magalhães als Kopie der berühmten Mailänder Scala entworfen wurde, sowie der Palácio Antônio Lemos und der Palácio Lauro Sodré. Alle drei Gebäude wurden während des Kautschukbooms von 1879 bis etwa 1910 errichtet. Zu dieser Zeit war Pará gewissermaßen die Welthauptstadt jenes begehrten Rohstoffs, der wie Tränen aus den Bäumen quillt – die Stadt verdankt ihre Herrenhäuser im Kolonialstil sowie die später errichteten Wolkenkratzer dem Wohlstand, den der Kautschuk mit sich brachte. Was heute überall ins Auge fällt, ist die große soziale Ungleichheit. Und der expandierende Drogenhandel trägt seinen Teil dazu bei, dass sich auch dieses Problem weiter verschärft.

Im Stadtgebiet von Belém dienen zahlreiche Gebäude als Lager für Kokapaste. Hier finden sich auch Labore, in denen die Droge verarbeitet, raffiniert und verpackt wird. Den fertigen

Stoff bringen entweder kleinere Boote den Amazonas hinauf, oder große Frachter befördern ihn über den Atlantik. Auf dem Weg vom Regenwald bis zum Fluss wird die Droge mehrfach gestreckt und verschnitten und schließlich gewogen, eingetütet und zugeschweißt.

Brasilien ist nicht nur Produktionsland und Durchgangsstation, sondern auch eines der größten Konsumentenländer auf dem amerikanischen Kontinent. Nur in den Vereinigten Staaten ist die Nachfrage nach Kokain noch größer. Viele Jugendliche in den Dörfern des Amazonasregenwalds und in anderen Regionen Brasiliens sind kokainsüchtig. Wer sich kein Kokain leisten kann, nimmt eine aus Resten von Kokainsulfat, gebranntem Kalk und Benzin beziehungsweise Kerosin zusammengemixte Billigversion von Crack: Dieses sogenannte Oxi macht sogar noch abhängiger als Kokain. In Belém konsumieren etwa achtzig Prozent der drogenabhängigen Jugendlichen diesen tödlichen Mix.

Der Handel mit Koka im Amazonasregenwald ist keine moderne Entwicklung. In den ländlichen Gegenden rund um Belém sowie im gesamten Amazonasgebiet hat die Produktion von Kokainhydrochlorid Tradition. In diesem Landstrich, wo Ende des 19. und Anfang des 20. Jahrhunderts für die pharmazeutische Industrie produziert wurde, floriert heute die Verarbeitung der Kokablätter, weil er über den Amazonas mit dem größten Koka-Anbaugebiet der Welt, mit der Andenregion, verbunden ist.

Als mit dem Plan Colombia in Kolumbien ein »Krieg gegen die Drogen« entfesselt wurde, gewannen Brasilien und seine Hafenstädte – ähnlich wie auch Peru – für den Drogenschmuggel nach Mexiko, in die USA und nach Europa an Bedeutung. Bereits 2011 wies die UNO das Land als wichtigste Schleuse für Drogenlieferungen über den Atlantik aus. Belém und Manaos, die stark von der Mafia unterwandert sind, spielen wegen ihrer geografischen Lage eine Schlüsselrolle für die Narco-Routen. Dabei wird ein Teil der Drogen, die in Peru, Kolumbien, Bolivien und in jüngster Zeit auch in Brasilien selbst hergestellt werden, auf Zuflüssen des Amazonas in die Hafenstädte und Küstenregionen des Atlantiks transportiert. Die auf diesen Routen eingesetzten Schiffe dienen normalerweise ausschließlich dem Drogentransport. Soll die Fracht hingegen auf Containerschiffen befördert werden, dann wird sie zwischen Soja, Edelhölzern, Getreide, Chemikalien, Lebendvieh, Schuhen, Treibstoff oder anderen Waren und Rohstoffen versteckt, die Brasilien in die ganze Welt exportiert.

Und von den Hafenstädten aus gelangen dann auch die Lieferungen aus Brasilien auf die wichtigste Route des maritimen Kokainschmuggels. Genau wie Sendungen aus den Atlantikhäfen Kolumbiens, Ecuadors, Surinames, Venezuelas und selbst Argentiniens nehmen die illegalen Schiffsladungen aus Brasilien hier Kurs auf Portugal und Spanien – von wo aus auch Andorra, das britische Überseegebiet Gibraltar und der französische Teil des Segre-Tals versorgt werden –, auf Frankreich, Deutschland, Italien, Belgien, die Niederlande und Großbritannien. Auch das Schmuggelgut vom Zuckerhut wird zunächst auf große Frachter verladen und dann auf den Kapverdischen Inseln, den Azoren oder den Kanaren auf Schnellboote gebracht, die entweder in einen Hafen fahren oder die Ware an noch kleinere Boote übergeben.

Die Drogenindustrie im Amazonasbecken wächst, und die altbekannten sozialen Schwierigkeiten der indigenen Bevölkerung der Region tragen mit zu ihrem Aufschwung bei. Ganze Ortschaften haben auf ihre Zuckermühlen und Spitzhacken verzichtet, um in den Drogenlaboren zu arbeiten, ganz ähnlich, wie es auch im kolumbianischen Regenwald zu beobachten war.

Die Spanierin Mercedes de Budalles Diez kennt die Situation, die sich mit zunehmender Präsenz des Drogenhandels weiter verschlimmert. Die Nonne und Theologin ist eine Schülerin des streitbaren Dominikaners und Befreiungstheologen Frei Betto aus Belo Horizonte im Bundesstaat Minas Gerais und orientiert sich auch an Leonardo Boff. Seit dreißig Jahren lebt sie im Amazonasregenwald und hat mehr von ihm gesehen als die meisten anderen: Sie hat seine Flüsse befahren, seine Dörfer besucht und kennt viele seiner Bewohner persönlich. Sie kam 1978 als Missionarin ins Herz dieses Garten Eden, um den ein höllischer Kampf entbrannt ist, dessen Dämonen nicht schwer zu benennen sind: die *fazendeiros* (»Großgrundbesitzer«), die Monopolisten, die Landherren und heute auch die Rauschgiftbarone. Mercedes hat oft genug Schlimmes gesehen: So wurde sie Zeugin der an der indigenen Bevölkerung verübten Massaker. Die *fazendeiros* hatten sich wegen ihrer Hautfarbe angemaßt, den Wald am Reißbrett unter sich aufzuteilen – ähnlich wie es im Kongo geschehen war. Sie ließen sowohl die indigene Bevölkerung der Gegend als auch die hiesigen *poseiros** samt ihren Frauen und Kindern für sich arbeiten, und zwar unter sklavenähnlichen Bedingungen.

Um die neue Ordnung durchzusetzen, rissen die Leute der Großgrundbesitzer die Hängematten der Bauern herunter, machten Häuser dem Erdboden gleich und erschossen Indios, die sich widersetzten. Sie »säuberten« das Land und zäunten es ein, um Vieh zu halten. So entstanden die großen Fazendas, und die Entwaldung des Regenwalds begann. Es gab Großgrundbesitzer, die ehemalige *poseiros* als Arbeiter anheuerten und ihnen erlaubten, ihre Hängematte wieder in den Wald zu hängen und hier zu schlafen, aber fortan galt das Gesetz des Patrons: Sklavenarbeit für einen verschwindend geringen Lohn, und die Lebensmittel mussten vor Ort beim Grundherrn eingekauft werden. Wer sich diesem Gesetz entziehen wollte, bekam postwendend die Quittung. Der Patron heuerte einen Auftragskiller an, um den Flüchtigen zu liquidieren. Als Beweis dafür, dass er den Auftrag ordnungsgemäß ausgeführt hatte, musste

---

* Als *poseiros* bezeichnete man in Brasilien jene Bauern, die sich auf einem Stück Land niederließen, das nicht als Privatbesitz deklariert war und das sie, nachdem sie es ein Jahr lang bewirtschaftet hatten, legal erwerben konnten.

der gedungene Mörder dem Patron ein abgeschnittenes Ohr des Opfers präsentieren, das anschließend am Tor der Fazenda ausgestellt wurde, um die übrigen Arbeiter einzuschüchtern. Manch ein Flüchtiger hatte Glück, weil der angeheuerte Killer ein Angehöriger oder ein Freund war. So erzählt Mercedes:

> Ich kenne zwei *poseiros* ohne Ohr. Ihnen fehlt ein Ohr, weil die Auftragskiller als Beweis, dass sie die Person getötet haben, dem Helfer des Patrons ein Ohr bringen müssen. Der eine Mann war mit dem Killer befreundet und erregte dessen Mitgefühl. So schnitt dieser ihm nur das Ohr ab und ließ ihn laufen. Einer ist mir in Pará ins Haus gekommen. Er war aus Mato Grosso. Auf ihn war geschossen worden, man hatte ihm das Ohr abgeschnitten, aber er überlebte. Irgendwie hatte er es geschafft, bis zur Straße zu kriechen. Hier fand ihn jemand und brachte ihn ins Krankenhaus nach Porto Alegre, wo wir damals lebten.

In diesem Teil des Bundesstaats Pará wurde auch die Ordensfrau Dorothy Stang, eine Missionarin der Congrégation de Notre Dame, erschossen. Es war ein Racheakt, weil sie die Rechte der indigenen Bevölkerung im Amazonasregenwald verteidigt hatte. Dieser Fall wurde im Jahr 2005 weltweit zum Symbol für die unzähligen Verbrechen, die an Missionaren begangen werden. Anwälten, die sich für die Menschenrechte einsetzen, ergeht es ähnlich. So wurde der Anwalt eines Indios, der erfolgreich eine *fazendeiro*-Familie verklagt hatte, am Tag der Urteilsverkündung erschossen. Er war gerade dabei, das Urteil zusammen mit seinem Mandanten in einem Restaurant zu feiern, als er von 23 Kugeln durchsiebt wurde. Heute begibt sich jeder in Lebensgefahr, der nicht möchte, dass auf seinem Land Koka angepflanzt, verarbeitet oder geschmuggelt wird. Mercedes spricht von Hunderten Leben, die dieser Konflikt in den vergangenen Jahrzehnten gefordert hat. Und das Morden nimmt kein Ende.

Poseiros und Indios, die Anspruch auf ihr Land erheben, werden ebenso getötet wie alle, die ihnen Gehör verschaffen wollen.

Eine der am schwersten betroffenen Kommunen ist Benjamin Constant. Sie erstreckt sich über eine Fläche von 8793 Quadratkilometern und grenzt sowohl an Kolumbien als auch an Peru. Der Gemeindebezirk liegt am Zusammenfluss von Yavarí und Amazonas, was ihn zu einem natürlichen Knotenpunkt für die aus Peru und Brasilien kommenden Kokaintransporte gemacht hat, und zwar sowohl für die Transporte in Richtung Pazifik als auch für die zum Atlantik. Wegen der großen Drogenmengen, die hier durchgeschleust werden, halten die mafiösen Organisationen die örtliche Bevölkerung in Geiselhaft, selbst die Bewohner der kleinen Dörfer an den Flussufern. Eine Gruppe, die häufig angegriffen wird, weil ihre Mitglieder erbitterte Gegner der Mafia sind, ist das indigene Volk der Ticuna. Ihnen ist die Verteidigung ihres Lebensraums teuer zu stehen gekommen. Irina, Lehrerin an der in einer großen, wellblechgedeckten Hütte aus Bambus und Zuckerrohr untergebrachten Schule, versucht, Kinder zu unterrichten, die weniger am Lernen als daran interessiert sind, ihre hungrigen Mägen zu stopfen. Sie erzählt:

Sie haben viele von uns brutal umgebracht, weil wir um unser Land kämpften. Wir hier am Amazonas möchten einzig und allein, dass man unser Eigentumsrecht an diesem Land respektiert, denn außer dem Land haben wir nichts. Als Brasilien entdeckt wurde, waren wir schon da. Als die ersten Fremden hierherkamen, haben wir bereits hier gelebt. Erst sind die Fremden in Brasilien eingefallen und nun die Rauschgifthändler. Die Rauschgifthändler achten weder unser Land noch unseren Wald; es gibt große Umweltzerstörung und viele Krankheiten. Die Weißen holzen den Wald ab, sie plündern unser Land, und jetzt vergiften sie auch noch unsere Leute mit ihren Drogen.

Die indigenen Gemeinschaften entrüsten sich auch deshalb über den Rauschgifthandel in der Region, weil er mit der illegalen Abholzung großer Waldflächen einhergeht. »Was ist dir der Amazonasregenwald?« – »Mein Leben, mein Land.« Aber genau dieses Land ist heute von Koka- und Mohnbauern besetzt, von großen Pflanzungen und Laboren, in denen das weiße Pulver herstellt wird, für das so viele morden oder sterben.

Antonio da Mota Graça alias Curica, der mächtigste Drogenboss des Amazonasgebiets, der als Unterhändler der kolumbianischen Kartelle begann, stammt aus Benjamin Constant. Wegen Männern wie Curica sind diese Landstriche in Verruf geraten. Denn die Drogenhändlerringe »überreden« die Einheimischen mit mehr oder weniger zwanglosen Argumenten zur Zusammenarbeit. Da die Mafiaorganisationen ihren Stoff irgendwie befördern müssen, ist auch hier der Schifffahrtssektor besonders betroffen. Irinas Ehemann Orlando Beto, der als Erster Offizier auf einem Schiff die Strecke zwischen Manaos, Benjamin Constant und Tabatinga befährt, weiß zu berichten, dass viele Schiffe, die regelmäßig auf dieser Route verkehren, mehr als nur Passagiere befördern.

Das Kokain nimmt die Fähre

Da in weiten Teilen des Amazonasgebiets der Fluss der einzige Verkehrsweg ist, reisen Waren und Passagiere normalerweise mit dem Fährboot. Es bringt sie – auch grenzüberschreitend zwischen Brasilien, Peru und Kolumbien – von einem Dorf zum anderen, wobei die Fahrt von wenigen Stunden bis zu ein paar Wochen dauern kann. Die Menschen am Flussufer fahren täglich mit Fähren oder Motorbooten.

Je mehr Schiffe einen Fluss oder eine Fahrrinne frequentieren, desto leichter ist es für Drogenschmuggler, ihre Ladungen unterzubringen. Und da am Amazonas alles mit der Fähre transportiert wird, verschickt man auch das Kokain auf diesem Weg. Meist sind es keine riesigen Mengen, doch sie werden überall versteckt, sogar unter den Bänken der Fahrgäste. Obwohl jeder Bescheid weiß, wird nur höchst selten etwas beschlagnahmt, denn wegen des hohen Schiffsaufkommens ist es unmöglich, alle Schiffe zu kontrollieren.

Wenn mit einer Ladung etwas schiefgeht, sind meistens nicht die Ordnungshüter schuld. So wurde etwa am 26. Mai 2010 die Drogenfracht der *Camila* – eines Fährschiffs mit neun Besatzungsmitgliedern und einem Kapitän, das in der Grenzregion zwischen dem peruanischen Iquitos und Indiana verkehrt – nur entdeckt, weil sie Schiffbruch erlitt. Schon beim Ablegen war ihr Schicksal im Grunde besiegelt, denn obwohl sie lediglich für 150 Personen zugelassen war, beförderte sie vierhundert Passagiere, dazu mehrere Stück Vieh, tonnenweise Holz, vierzig Gallonen Treibstoff und zwanzig Kilogramm Kokainbase, versteckt in Orangensäcken. Nach 45 Minuten Fahrt havarierte die *Camila* im Bezirk Indiana. 23 Menschen kamen dabei zu Tode.

Dabei ist es nicht ungewöhnlich, dass zu voll beladene Fährboote unbehelligt Schmuggel treiben. Rund um den Heimathafen der *Camila*, in der Gegend von Iquitos, werden siebentausend Kilometer schiffbare Wasserwege, die sich in labyrinthartigen Mangrovenwäldern verzweigen, von gerade mal zwanzig Motorbooten kontrolliert. Und wenn in der Amazonasregion ab und zu ein koordinierter Einsatz durchgeführt wird, dann dient er eher dazu, bestimmte Sicherstellungsquoten zu erfüllen. Ende 2012 wurden im Zuge der »Operation Ágata« im brasilianischen Teil des Amazonas 3,7 Tonnen Kokain aus dem Verkehr gezogen – angesichts der Tatsache, dass zwischen Manaos und Iquitos sowie zwischen Leticia und Benjamin Constant tagtäglich auf ungefähr zweihundert Schiffen Kokain befördert wird, eine eher unbedeutende Menge.

Auf dem Amazonas werden so viele Drogen befördert – die Schiffe bieten ihre Transportdienste schließlich ganz verschiedenen kriminellen Organisationen an –, dass die Päckchen markiert werden müssen, um Verwechslungen auszuschließen. Das erinnert ein wenig an den kolumbianischen Drogenboss Caballo, der es allerdings eher aus Gründen der Markenbildung tat, oder an dessen Landsmann Henry Loaiza Ceballos, der »seine« Päckchen mit einem Skorpion verzierte, bevor er sie an die mexikanischen Abnehmer auslieferte, was ihm den entsprechenden Beinamen Alacrán (»der Skorpion«) eintrug.

Henry Loaiza Ceballos war überhaupt der erste Drogenhändler, der seine Ware markierte. Er fand zahlreiche Nachahmer: Wenceslao Caicedo Mosquera, der Pablo Escobar von Buenaventura, wählte zu diesem Zweck den Anfangsbuchstaben seines Namens, ein schmuckes »W«; Carlos Mario Jiménez alias Macaco, der ehemalige Kommandant des Bloque Central Bolívar der AUC, bevorzugte Batman-Abziehbilder; Juan Diego Espinoza den Schattenriss eines Tigers; Los Comba den eines Häschens; die Zetas das Ferrari-Logo; das Golf-Kartell den springenden Hirschen von John Deere und die Familia Michoacana die Logos von BMW und Volvo. Kokainpäckchen werden mit Initialen, Abziehbildern, Reliefstempeln und neuerdings auch mit Strichcodes markiert, bevor sie auf den Schiffen durch das größte Regenwaldgebiet der Erde geschickt werden.

Vom Kautschuk- zum Kokainboom

Gefährlicher als die Polizei sind für Drogenschmuggler die allgegenwärtigen *tumbadores*, die auf Plünderung von Rauschgifttransporten spezialisierten Piraten. Bis an die Zähne bewaffnet, lauern sie im Gehölz, an Flussufern oder in schlammigen Seitenarmen, die sie mit ihren Schnellbooten befahren können, und überfallen ihre Konkurrenten ebenso wie Ausflugsdampfer oder legale Frachter. Mit der Fähre von Belém nach Manaos, in die Hauptstadt des Bundesstaats Amazonas, zu reisen, ist nicht sonderlich bequem. Die Reise dauert lange, und es gibt an Bord nur wenige Kajüten für Leute, die es sich leisten können. Alle übrigen Passagiere schlafen in Hängematten. Je weiter das Schiff ins Delta vordringt, desto breiter wird der Fluss, desto mehr weichen die Ufer zurück, bis sie irgendwann kaum noch zu sehen sind. Der Amazonas ist nicht nur der längste, sondern auch der breiteste, wasserreichste und tiefste Fluss der Erde. Den Gedanken, dass eine einzige Welle das Boot zum Kentern bringen könnte, schieben die Reisenden beiseite; sie essen Wassermelonen, Orangen und frittierte Kochbananen und warten bei sengender Sonne geduldig auf ihre Ankunft; manchmal ziehen sich die Wolken aber auch zu, was keine geringe Gefahr für das Schiff bedeutet; bei der kleinsten Unachtsamkeit werden die Reisenden von Bremsen und anderen Insekten zerstochen. Dann endlich Manaos, die wichtigste Stadt am Amazonasufer. Keine andere wird von so vielen Transatlantikfrachtern angelaufen. Früher exportierten sie den begehrten Kautschuk in die ganze Welt, heutzutage haben sie Edelhölzer, Erdöl, Rohstoffe, Chemikalien und Kokain geladen.

Wie auch in Belém hat der Kautschukboom in Manaos eine Reihe prachtvoller Bauten hinterlassen: das Amazonastheater, den botanischen Garten und die pompösen, im Pariser Stil erbauten Residenzen der ehemaligen Kautschukbarone. Den Preis für ihren Unterhalt zahlte die indigene Bevölkerung mit ihrem Leben: Sie wurde zur Sklavenarbeit gezwungen, bis an die physischen Grenzen ausgebeutet oder zu Tode gepeitscht. Und der von ihr erwirtschaftete Reichtum zog auch zwielichtige Gewerbe an: Spielhöllen, Kneipen und Bordelle öffneten ihre Pforten.

In den exklusiven Wohngegenden der Stadt Manaos, einer Art Beverly Hills des Urwalds, leben erfolgreiche Unternehmer Seite an Seite mit Drogenbossen. Hier steht ein Luxusanwesen neben dem nächsten, alle mit großen Schwimmbädern und Tennisplätzen ausgestattet. In unmittelbarer Nähe finden sich mondäne Einkaufszentren, die den Vergleich mit den teuersten

Shoppingmeilen der Welt nicht scheuen müssen: Modeboutiquen, Juweliere, Technikläden, Wein- und Autohändler.

Von hier aus betreute Leonardo Mendonça, ein bedeutender Rauschgifthändler der Gegend, seine Transportroute über Belém. Dasselbe tat der Kolumbianer Jesús Humberto Ricardo Rojas, stolzer Besitzer von Immobilien in Barranquilla, Bogotá, Villavicencio und Cúcuta. Er verschiffte Kokain sowohl von Manaos aus in die USA und nach Europa als auch von Belém und vom ecuadorianischen Guayaquil aus per Container nach Miami, Rotterdam und Brüssel.

Am westlichen Rand des brasilianischen Amazonasgebietes, im Dreiländereck von Brasilien, Peru und Kolumbien, festigte Curica, auch genannt der Zar von Tabatinga, seine Machtposition mithilfe einflussreicher Freunde aus der Regierung. Er gab sich als versierter, erfolgreicher und mächtiger Geschäftsmann; seine eigentliche Profession aber war der Drogenschmuggel per Schiff. 1997 wurde er erstmals festgenommen und sehr bald wieder auf freien Fuß gesetzt. Um die Kokaintransporte zu verschleiern, betrieb er diverse Tarnfirmen mit Sitz im Regenwald oder in Metropolen wie São Paulo.

2002 wurde Curica erneut verhaftet, als man eine Lieferung mit 793 Kilogramm Kokain entdeckte, die auf 19 Ölkanister verteilt war und sich auf dem Weg nach Portugal befand. Auch während seiner Haft gingen die Geschäfte seines Urwaldimperiums weiter, laut Polizeiberichten nun von der »Koksbaronin«, seiner Ehefrau Samia Haddock, geführt. Man brachte ihn darüber hinaus mit den Koka- und Mohnplantagen rund um Tabatinga und Benjamin Constant in Verbindung, deren Ernte entweder vor Ort verarbeitet oder zur Verarbeitung nach Leticia in Kolumbien geschickt wurde, um die Drogen anschließend den Amazonas hinunter nach Belém und von dort über den Atlantik zu verschiffen.

Chupetas brasilianisches Drogenimperium

Die brasilianische Amazonasregion und verschiedene Städte Brasiliens gehörten jahrelang zum erweiterten Einflussgebiet der kolumbianischen Narcos. Um dem Krieg der kolumbianischen Kartelle zu entgehen und um ihren Geschäften weiter ungestört nachgehen zu können, flohen einige Bosse entweder in diese Gegend oder in die Großstädte Brasiliens. Als das Norte-del-Valle-Kartell 2005 stark dezimiert wurde, ließ sich Juan Carlos Ramírez Abadía alias Chupeta mit seiner Ehefrau in der Reichensiedlung Aldeia da Serra etwas außerhalb von São Paulo nieder.

Chupeta investierte viel Geld in Brasilien: Er erwarb Hotels, Häuser, Rinderfarmen, Grundstücke und Wohnungen. Öffentlich trat er als Unternehmer auf. Mit seinem auf zwei Milliarden Dollar geschätzten Vermögen war er allerdings um einiges wohlhabender als die meisten anderen Unternehmer. Er besaß ein Geschäft für Jetskis, Autovermietungen, einen Parfümvertrieb und einen Essenslieferdienst und bewegte sich in den Kreisen der Wirtschaftselite Brasiliens. Kaum einer hätte vermutet, dass die DEA eine Belohnung von fünf Millionen Dollar für seine Ergreifung ausgesetzt hatte. Neben seinen brasilianischen Besitztümern gehörten ihm zahlreiche Immobilien in Kolumbien, eine Pharma-Holding und andere Unternehmen.

In seinem Haus in São Paulo bewahrte er eine Million Dollar in bar als Handgeld auf und in seinen Häusern in Cali 54 Millionen, ebenfalls in bar, die zusammen mit Goldbarren vakuumverpackt hinter Kacheln und einer Schicht Putz in Stahlkammern versteckt waren. Doch wie so vielen anderen wurde auch Chupeta seine Geldgier zum Verhängnis. Vielleicht hat er sein Schicksal auch absichtlich herausgefordert. Mit über vierzig war er schwerreich, aber nicht vernünftig genug, um aus dem Drogengeschäft auszusteigen. Er schmuggelte weiterhin Drogen durch die brasilianischen Bundesstaaten São Paulo, Río de

Janeiro, Minas Gerais, Paraná, Santa Catarina, Rio Grande do Sul und die brasilianischen Hafenstädte.

Andere Mafiabosse folgten Chupetas Beispiel und ließen sich in verschiedenen Teilen des Kontinents nieder, um sich vor der DEA zu verstecken und ihre Netzwerke für den Seeschmuggel von Kokain weiter auszubauen. So kamen etwa serbische Rauschgifthändler nach Argentinien, weil sie sich um die Kokainversorgung für ihre Heimat kümmern wollten. Im Oktober 2009 flog eine Lieferung durch Zufall auf: Die Jacht, die von Buenos Aires abgelegt hatte, musste schon nach wenigen Seemeilen wegen eines Sturms abdrehen und mitsamt ihrer 2186 Kilogramm schweren Kokainfracht nur zwanzig Kilometer vor Montevideos Küste Schutz suchen; hier wurde das Rauschgift entdeckt.

Argentinien, Peru und Ecuador

Auch in den Hafenstädten Argentiniens wird der Drogenschmuggel von Kolumbianern organisiert. Eine starke Position hat beispielsweise die Familie Álvarez Meyendorff, die ursprünglich aus Palmira in Valle del Cauca stammt und 2005 nach Argentinien emigrierte. Die Gebrüder Álvarez Meyendorff, Ignacio alias El Viejo (»der Alte«) oder auch Gran Hermano (»der große Bruder«) und Juan Fernando alias Mecha, ein großer, korpulenter Mann, waren auf der Flucht vor der US-amerikanischen Drogenfahndung in Argentinien untergetaucht. In Puerto Madero und anderen Stadtteilen von Buenos Aires kauften sie luxuriöse Anwesen, gründeten ein halbes Dutzend Unternehmen und organisierten den Kokainschmuggel in die USA und nach Europa mit Halbtauchern und U-Booten. Ihre Kommandozentrale richteten sie in Palermo, dem angesagten Viertel der argentinischen Hauptstadt, ein. Mecha arbeitete dabei mit seinem Landsmann Luis Agustín Caicedo Velandia alias Don Lucho zusammen, der einen gefälschten guatemaltekischen Pass auf den Namen Carlos José Martínez Castañeda benutzte.

Nach Berichten der DEA schmuggelte Don Lucho, der in einem der vornehmsten Viertel von Buenos Aires wohnte, Kokain (hauptsächlich über Mexiko) in die USA. Die amerikanischen Strafverfolgungsbehörden maßen seiner Organisation eine ähnliche Bedeutung bei wie dem Medellín-Kartell Pablo Escobars und dem Cali-Kartell der Gebrüder Rodríguez Orejuela.

Don Lucho überließ den Álvarez Meyendorffs die Schiffslogistik für die Lieferungen, die meist zur Hälfte ihm und zur Hälfte den Brüdern gehörten. Laut den US-Ermittlern sollen die beiden Brüder seit 2005 an der illegalen Einfuhr von 68 Tonnen Kokain in die USA beteiligt gewesen sein. Das Rauschgift sei mit Mini-U-Booten und Handelsschiffen aus Kolumbien über Mexiko und einige mittelamerikanische Staaten ins Land gebracht worden.

Der natürliche Flusslauf des Amazonas führt nach Peru, wo in 1500 Metern über dem Meeresspiegel Kokablätter für den heimischen Konsum wie für den Export angebaut werden. Als sich das Norte-del-Valle-Kartell auf dem Höhepunkt seiner Macht befand, weiteten die Kolumbianer ihren Aktionsradius auch auf dieses Land aus, während sie zugleich nach neuen Seerouten im pazifischen Raum suchten.

Die Produktion in Peru stieg sprunghaft an, als Tausende Hektar von Anbauflächen in Kolumbien durch den Plan Colombia vernichtet wurden. Die Rauschgifthändler wichen nun nach Brasilien oder Peru aus, wo sie die gesamte Produktions- und Distributionskette kontrollierten: vom Anbau über die Verarbeitung zu Kokainbase und zu fertigem Kokainhydrochlorid bis zur weltumspannenden Verschiffung und Vermarktung durch das organisierte Verbrechen.

Im Mantarobecken, einer Übergangsregion zwischen Anden und Amazonasregenwald, werden nach UNO-Statistiken beinahe zwanzig Prozent des weltweit verfügbaren Kokains hergestellt. Zentren der Produktion sind die nahe dem Amazonas und dem Pazifik gelegenen Flusstäler, denn hier befinden sich wichtige Ausfuhrhäfen: Etén im Verwaltungsbezirk Chiclayo, Salaverry in der Stadt Trujillo, Chimote im Bezirk Santa Ana, Pisco an der peruanischen Küste und El Callao. Letzteres ist ein Mekka des Drogenhandels, weil in El Callao nicht nur die meisten Ozeanfrachter anlegen, sondern auch der Straßenverkauf von Kokain boomt: Die deutlich kleinere Hafenstadt liegt hinsichtlich des Drogenumschlags gleich hinter der Hauptstadt Lima an zweiter Stelle.

Mittlerweile haben die Mexikaner den kolumbianischen Kartellen sowohl die Kontrolle über den peruanischen Kokainmarkt als auch über die dortige Verarbeitung von Opium zu Heroin abgenommen.

Ihre Einnahmen waschen die auch in Peru als Reeder oder Geschäftsleute getarnten Drogenbarone in den Finanzzentren Limas. Wen wundert es da, wenn in diesem Land, so wie im Mai 1996 geschehen, 170 Kilogramm Kokain im Flugzeug des Präsidenten auftauchen? Und auch die Europäer machen in Peru ihre Geschäfte. Sie schicken die Drogen mit spanischen, niederländischen, britischen, deutschen und südafrikanischen Mulis per Flugzeug in ihre Heimat, was jedoch weniger effektiv ist als der Schiffstransport.

In Ecuador hält das organisierte Verbrechen ganze Häfen unter seiner Kontrolle. Nach Erkenntnissen der UNODC und der WZO wird Kokain von ecuadorianischen Häfen aus auf direktem Weg nach Europa transportiert. Auch wenn in Ecuador kein Kokain hergestellt wird, dienen die Häfen des Landes vor allem den mexikanischen Kartellen als Umschlagplätze. So wurde die Präsenz des Sinaloa-Kartells von Ecuadors Vizeminister für Innere Sicherheit Javier Córdova im Oktober 2012 offiziell bestätigt. Die ersten Verbindungen hatte der für die Finanzen der Organisation zuständige Víctor Manuel Félix Félix, der Freund und Schwiegervater von Joaquín Guzmán Loera alias El Chapo, geknüpft.

Schiffe auf dem Orinoco

Als Folge des Plan Colombia kamen die kolumbianischen Rauschgifthändler über den Amazonas, den Rio Negro und den natürlichen Kanal des Casiquiare auch zum Orinoco, um sich Wege zum Atlantik offen zu halten. Sie ließen sich nieder und operierten von venezolanischen Gewässern und Häfen aus.

Dutzende großer Schiffe und Transatlantikfrachter laufen täglich den riesigen Raffinerie-, Petrochemie- und Industriekomplex José Antonio Anzoátegui in der Nähe der venezolanischen Hafenstädte Barcelona und Puerto la Cruz sowie die angrenzenden Raffinerien und Industriegebiete multinationaler Unternehmen wie Mitsubishi oder Hyundai an. In diesem Eldorado der südamerikanischen Wirtschaft – Knotenpunkt der globalen Handelsschifffahrt – ließ sich Nelson Orlando Buitrago Parada alias Caballo gefälschte Papiere auf den Namen José Antonio Pérez Rodríguez ausstellen, kaufte zahlreiche Unternehmen und baute eine Holding auf, die er zusammen mit seinem älteren Bruder Héctor Germán leitete. Dabei arbeiteten die beiden mit Angehörigen in Kolumbien wie auch in Brasilien und Bolivien zusammen.

Wegen ihrer strategisch günstigen Lage am Orinoco – in den auch die kolumbianischen Flüsse Meta und Apuré aus den Koka-Anbaugebieten sowie der venozolanische Caroní aus dem Regenwald münden – sind die Ölhäfen Venezuelas ins Visier der Mafiaorganisationen geraten. Mit Leichtigkeit lassen sich hier Drogen an Bord der Schiffe bringen, während sie vor Anker liegen oder an den Kais auf das Be- und Entladen warten.

Der Fall der *Astro Saturn* zeigt sehr gut, wie die Mafiaorganisationen in den Häfen Venezuelas operieren. Der in Südkorea von der Firma Daewoo Shipbuilding & Marine Engineering gebaute Tanker für die Küstenschifffahrt fasst über hunderttausend Tonnen Ladung. Er gehört einer griechischen Ölgesellschaft, die Kabotagefahrten durchführt. Der Heimathafen dieses erst im April 2003 vom Stapel gelaufenen griechischen Tankers ist Athen. Oft sieht man das gewaltige Schiff, das fossile Brennstoffe aus der mexikanischen Bucht von Campeche in die nordamerikanischen Ölhäfen von Houston, New Orleans und Delaware sowie aus südamerikanischen Häfen bis nach Estland und in die Niederlande befördert, im Golf von Mexiko, in den USA und in Venezuela. Eines Tages fiel der Mafia auf, dass es sich wunderbar zum Transport von Kokain eignet.

Zwischen Ende September und Anfang Oktober 2008 lief die *Astro Saturn* für eine Lieferung in die USA die hiesigen Lager des staatlichen Erdölkonzerns PDVSA an. Die Mannschaft setzte sich aus verschiedenen Nationalitäten zusammen: Der Kapitän und der Erste Offizier waren Griechen; von den Zweiten Offizieren stammte einer aus Griechenland und einer von den Philippinen; auch die Ingenieure und der Offiziersanwärter waren griechischer Herkunft; der Verantwortliche für die elektrischen Anlagen stammte aus Rumänien und die übrige Besatzung von den Philippinen.

Das Schiff war mit achteinhalb Knoten im Golf von Mexiko unterwegs. Es kreuzte die Karibik und lief den Raffinerie-, Petrochemie- und Industriekomplex José Antonio Anzoátegui an, wo es am Hafenterminal TAEIJ der PDVSA vor Anker ging. Der Industriekomplex liegt in einer Hochsicherheitszone. Ein Teil des Komplexes befindet sich an Land, der andere auf dem Wasser. Die Plattform des genannten Hafenterminals besitzt keine Landverbindung; sie lässt sich nur mit dem Boot erreichen. Jedes Schiff, das hier anlegen möchte, wird zunächst von der Hafenbehörde inspiziert. Eine Anti-Drogen-Einheit, die aus Tauchern, Unterwasser-Sicherheitsexperten und Hundeführern besteht, nimmt die Inspektion vor. Wenn keine Unregelmäßigkeiten festgestellt werden, erteilt die Hafenbehörde eine Anlegeerlaubnis.

Am Hafenterminal TAEIJ selbst wird die Sicherheit der Kais vom Unternehmenspersonal gewährleistet, das nach einem genauen Einsatzplan alle Öltanker kontrolliert, und zwar sowohl vor dem Entladen als auch vor dem Beladen, beim Anlegen wie beim Ablegen. Die Schiffe werden dabei auch immer – allerdings nur vor dem Ablegen – unter Wasser geprüft, und zwar zeitlich abgestimmt mit der Kontrolle an Deck. Die allgemeine Untersuchung führt ein Polizeikommandant mit Spürhund durch, während Taucher der PDVSA unter Wasser kontrollieren. Die beiden Kontrollen geschehen unabhängig voneinander, in der Regel eine beziehungsweise zwei Stunden vor dem Auslaufen des Schiffes. Die *Astro Saturn* sollte am Morgen des 2. Oktober 2008 den Kai verlassen, nachdem sie mit fossilen Brennstoffen betankt worden war.

Jenner Rodríguez, einer der Taucher, springt ins Wasser und beginnt, den Rumpf der *Astro Saturn* zu überprüfen. Auf einmal bemerkt er, dass an einer Luke anscheinend Bolzen entfernt wurden. Auf der anderen Seite sieht sich Luis Gómez, ein erfahrener Kontrolltaucher im Tieftemperaturtechnik-Komplex, den Propeller und das Steuerruder an. Als sein Blick zum Steuerruder hochwandert, entdeckt er plötzlich eine weiße Schuhspitze. Weiß! Seeleute tragen vorschriftsgemäß spezielle Arbeitsschuhe und würden an Bord niemals weiße Schuhe anziehen.

Luis Gómez gibt seinem Kollegen ein Zeichen, dass er etwas entdeckt hat. Er soll aus der Stahlkammer des Steuerruders herauskommen und auf die Plattform steigen. Auf dem Kai flüstert er ihm ins Ohr, was er gesehen hat. Die beiden gehen möglichst unauffällig an Bord und bitten einen Maschinisten, sie zu begleiten. Sie bedeuten ihm, leise zu sein. Im Maschinenraum geben sie ihm Handzeichen, fast so, als wären sie unter Wasser. Er soll eine bestimmte Luke öffnen. Der Maschinist schnappt sich einen Schlüssel und entfernt die Abdeckung: Da liegen vier Reisetaschen der Marke Platini, eine Spule mit gelbem Nylongarn, hundert Meter lang und acht Millimeter dick, Mineralwasserflaschen aus Plastik, zwei leere Sardinenbüchsen, Zitronenspalten und eine leere Plastiktüte.

Die Taschen sind ziemlich groß. Als sie die Reißverschlüsse öffnen, entdecken sie darin insgesamt hundert Kilogramm Rauschgift; wie sie später erfahren, handelt es sich um 98 Kilogramm Kokain mit einem Reinheitsgrad von 96 Prozent und zwei Kilogramm Heroin mit einem Reinheitsgrad von 88 Prozent. Der blinde Passagier, der den Stoff bewacht, hat sich durch weiße Schuhe verraten, die für die Taucher von unten zu sehen waren. Der Maschinist entfernt die Verkleidung um die Drehachse des Ruderschafts. Zum Vorschein kommen zwei um die 1,70 Meter große, stämmige Männer in kurzen blauen Hosen, wie sie auch die Besatzung trägt. Es handelt sich um die beiden Kolumbianer Jairo Hernando Riasco Grueso und Gilberto Riasco Valencia. Den Pass des einen hat das kolumbianische Konsulat in Houston, Texas, ausgestellt. Einer trägt weiße Schuhe, der andere schwarze. Beide haben sie ein Nokia-Telefon bei sich.

Das Steuerruder und der Maschinenraum befinden sich im unteren Teil des Schiffs, in den man nicht so einfach hineinkommt, erst recht nicht an einem Kai, der von Wasser umgeben ist. Unmöglich, dass die beiden blinden Passagiere von außen ins Schiff gelangten! Die einzige Erklärung ist, dass sie durch den Haupteingang hineinspaziert sind.

Als die *Astro Saturn* noch vor Anker lag und auf einen Anlegeplatz wartete, um mit fossilen Brennstoffen betankt zu werden, wurden im fernen Buenaventura die Drogen auf den Weg gebracht. Denn bevor man sie von dort regulär verschiffen konnte, wurde ein Polizeieinsatz durchgeführt, was bedeutete, dass Meer und Hafen nun von Leuten bewacht waren, die nicht alle auf der Gehaltsliste der Mafia standen. Man musste sich also nach einem anderen Hafen umsehen und wurde in Venezuela fündig. Die illegale Fracht wurde deshalb im Viertel La Ponderosa der venezolanischen Hafenstadt Barcelona an der Bucht von Pozuelos zwischengelagert und am 1. Oktober von dort in den nahegelegenen Industriekomplex José Antonio Anzoátegui gebracht. Eine Luke, die sich hinter dem Hilfsmotor befand, wurde aufgebrochen und anschließend wieder mit zwanzig Bolzen befestigt und mit Gummi abgedichtet. Doch in dem engen Raum hinter der Luke hätten sich die blinden Passagiere unmöglich bis zur Ankunft in den USA verstecken können: Ihnen wäre in wenigen Stunden die Luft ausgegangen, sie hätten wegen des Platz- und Sauerstoffmangels zunächst Höllenqualen gelitten und wären dann vermutlich von Panikattacken vollkommen außer Gefecht gesetzt worden. Also beschloss man, dass jemand während der Überfahrt in einem bestimmten Moment die Bolzen entfernen und die beiden Riascos herauslassen sollte, damit sie sich unter die Mannschaft mischen konnten. Aus diesem Grund trugen sie blaue Shorts. Mit ihren Nokia-Handys konnten sie die Verbindung nach außen halten und waren natürlich genau darüber informiert, an welchem Tag und um wie viel Uhr die *Astro Saturn* ablegen sollte. Ihr Plan wäre womöglich aufgegangen, hätte nicht einer von ihnen weiße Schuhe getragen.

Rauschgifthändler versuchen immer wieder, die maritimen Anlagen der petrochemischen Industrie, eines der lukrativsten Industriezweige der lateinamerikanischen Wirtschaft, zum Verladen von Drogen zu nutzen. An den Landungsbrücken des Industriekomplexes José Antonio Anzoátegui wurden nach der *Astro Saturn* noch weitere Ladungen entdeckt: so im März 2011 417 Kilogramm Kokain in elf wasserdichten Bündeln auf der *María L.*, im Juli desselben Jahres 24 Kokainpäckchen auf dem panamaischen Schiff *Nereo* und im März 2012 165 Kilogramm Kokain in fünf schwarzen Lederkoffern auf der *Kereela Spirit*. Das Schiff hatte, aus Texas kommend, den Industriekomplex am 20. Februar erreicht und sollte 550 Barrel Erdöl nach Pascagoula, Mississippi, befördern.

Am Atlantik

Belém do Pará ist zu einer Seite hin von der Festung Forte do Castelo, auch genannt Forte do Presepio, begrenzt, die die Portugiesen unter dem Kommando von Francisco Caldeira Castelo Branco 1616 an der Bucht von Guajará errichteten, nachdem sie die Tupinambá unterjocht und versklavt hatten. Francisco Caldeira, der mit seinen drei Schiffen – der *Santa Maria da Candelária*, der *Santa Maria das Graças* und der *Assunção* – die halbe Welt umrundet hatte, spielt für Brasilien eine ähnliche Rolle wie Hernán Cortés für Mexiko, Francisco Pizarro für Peru oder Sebastián de Benalcázar für Ecuador. Er gilt als »Entdecker und erster Eroberer des Amazonas«.

Auf den antiken Seekarten, die in der Festung ausgestellt sind, kann man die Routen erkennen, über die Portugiesen und andere europäische Entdecker die Meere überquerten, um die fruchtbaren Länder Südamerikas in Besitz zu nehmen. Von dieser Festung aus verteidigten sich die Portugiesen gegen Niederländer, Franzosen und Briten, die auf der Suche nach fernen Reichtümern ebenfalls Expeditionen über den Atlantik schickten, und von hier aus kontrollierten sie die Schifffahrt über den Amazonas. Beinahe vierhundert Jahre nach diesen Eroberungen wird die Gegend wieder einmal kolonisiert: diesmal von der Mafia.

Von Belém ist es nicht weit zum Atlantik: Und auf der anderen Seite des Atlantischen Ozeans liegt die Iberische Halbinsel, wohin ein Großteil des hier verschifften Kokains geht. In Seemannskreisen heißt es, in den iberischen Gewässern gäbe es Leute, die Rauschgifthändler jagten. Auch erzählt man sich, dass jenseits des Atlantiks jemand wüsste, wo die *Río Manzanares* geblieben sei; um das aber herauszufinden, muss man erst auf die andere Seite des Ozeans kommen.

7
Die Anfänge des transatlantischen Drogenhandels

Der Atlantik wird im Westen von Amerika, im Osten von Europa und Afrika begrenzt. Über ihn sind die tropischen Küsten Brasiliens mit den bitterkalten Gewässern Norwegens, die Eisschollen Feuerlands mit den milden Strömungen im Golf von Guinea, durch das Mittelmeer auch die Steilhänge der georgischen Küste und das Schwarze Meer miteinander verbunden – Millionen Quadratkilometer, auf denen dem Drogenschmuggel keine Grenzen gesetzt sind.

Die ersten Kontakte für den Kokainschmuggel per Schiff von Amerika nach Europa wurden in Spanien geknüpft. Die gemeinsame Sprache und eine kulturelle Nähe erleichterten den kolumbianischen Rauschgifthändlern die Kooperation mit den versierten Kaffee-, Alkohol- und Tabakschmugglern der galicischen Küste.

Den internationalen Behörden, die den Drogenschmuggel in Europa beobachten, ist eines klar: Wo Galicier sind, sind ihre Schiffe nicht weit. In diesem Sinne weihten die Drogenhändler, die mit Schiffseignern zusammenarbeiteten, beziehungsweise die schmuggelnden Schiffseigner, die ins Drogengeschäft einstiegen, in den achtziger Jahren die ersten Routen zur Verschiffung des südamerikanischen Kokains über den Atlantik ein.

Die Art und Weise, wie sich der interkontinentale Kokainhandel über die Weltmeere etablierte, wirkt wie eine Umkehr der denkwürdigen Pazifikentdeckung Vasco Núñez de Balboas. Nachdem der spanische Seefahrer über den Atlantik nach Amerika gekommen war und in einer abenteuerlichen Expedition die Landenge von Panama überquert hatte, erblickte er als erster Europäer im September 1513 den Pazifik. Auf der Suche nach dem paradiesischen Ort Darién, wo angeblich »goldene Flüsse ins Meer münden«, hatte Núñez de Balboa den Golf von Urabá an der heutigen Grenze zwischen Kolumbien und Panama durchschifft. Die goldenen Flüsse fand er nicht, dafür aber die blauen Gewässer der Perleninseln, die kostbare Schätze bargen: außergewöhnlich schöne Perlen jeder erdenklichen Größe und Form. Berühmtheit erlangte die nicht weniger als 58,5 Karat schwere Peregrina (»Pilger-Perle«), die später den Hals von Liz Taylor schmücken sollte. Der in Jerez de los Caballeros in der spanischen Extremadura geborene Abenteurer hatte sich angeblich auf dem Schiff des sevillanischen Kartografen und Entdeckers Martín Fernández de Enciso in einem Fass versteckt. Bald nachdem der blinde Passagier das amerikanische Festland erreichte, ernannte er sich selbst zum Gouverneur der Provinzen Panama und Coiba. Sein Machtbereich erstreckte sich auch auf Teile Kolumbiens, den Golf von Urabá und die südliche Karibik. Vasco Núñez de Balboas legendäre Expedition in den Golf von Urabá sollte die Handelsschifffahrt ganz entscheidend verändern.

Rund fünf Jahrhunderte später nahm genau von dieser Gegend der Kokainschmuggel nach Europa seinen Ausgang. In Häfen, Reedereien, Zollämtern, an den Kais und in den Versorgungsstationen heuerten die kolumbianischen Drogenhändler Schiffseigner und -betreiber, Kapitäne und geschickte Matrosen an, die bereit waren, sich den Gefahren des Atlantiks auszusetzen. Sie legten Routen für die ersten Überfahrten fest und suchten sich Personal für deren Planung und Koordination. Die Galicier erhielten für ihre Dienste einen prozentualen Anteil von der Fracht oder eine Provision für jedes Kilogramm Kokain, das sie auf die andere Seite des Atlantiks transportierten. Die Atlantiküberquerungen waren echte Expeditionen, die mit der Ernte der Kokablätter in den Dörfern und Siedlungen des südamerikanischen Urwalds begannen und mit der Auslieferung des verarbeiteten, gewogenen und verpackten Kokains in europäischen Häfen und Küstenregionen an ihr Ziel kamen.

Bei den ersten Überfahrten wurde das Kokain vor allem zwischen Bananen versteckt. Als sich in den achtziger Jahren nach und nach Allianzen zwischen kolumbianischen Drogenhändlern und spanischen Seeleuten – zumeist aus der Gegend um A Coruña – bildeten, rüsteten immer mehr galicische Schiffseigner ihre Schiffe für den Transport des weißen Pulvers um. Im Lauf der Zeit optimierten sie die Verstecke, rüsteten technologisch auf und modernisierten ihre Kommunikationssysteme.

Anfang der neunziger Jahre mussten die Drogenhändler erste Rückschläge hinnehmen, denn die spanischen Behörden versuchten, ihnen mit großen Polizeieinsätzen das Handwerk zu legen. Den Spaniern sind diese Einsätze vor allem deshalb in Erinnerung geblieben, weil der Untersuchungsrichter Baltasar Garzón damals einen regelrechten Kreuzzug gegen den Drogenhandel führte, der in den Medien große Aufmerksamkeit erregte. Doch während es so aussah, als hätte man die Händlerringe zerschlagen, splitterten sie sich lediglich auf und änderten ihre Taktiken. Heute verkaufen die Dealer in Spanien ihr Kokain sogar im Internet über die sozialen Netzwerke. So konnte die spanische Polizei im August 2014 einen Ring ausheben, der Kokain über allerlei Internetseiten anbot und ein Drogenlabor in Madrid betrieb, in dem der Stoff aus Südamerika für den Verkauf in Spanien gestreckt, verschnitten und verpackt wurde.

Bereits im Jahr 2005 identifizierten die spanischen Behörden rund siebzig Zellen von Drogenhändlern, die den Rauschgifthandel koordinierten oder mit Fischkuttern, Jachten, Fähren, Segelschiffen, Motorbooten, Barkassen und sogar mit ehemaligen Kriegsschiffen aus dem Zweiten Weltkrieg daran beteiligt waren. Eines dieser Schiffe war die *Cork*, ein deutsches Torpedoboot, das vier Jahrzehnte nach Kriegsende Drogen von Kolumbien in die nordwestspanische Hafenstadt Vigo beförderte.

Spanien galt Anfang des 21. Jahrhunderts als die große Kokainbörse Europas. Aus Sicht der kolumbianischen Kartelle spielten die Galicier für den europäischen Markt damals dieselbe Rolle wie die Mexikaner in den achtziger und neunziger Jahren für den Drogenschmuggel in die USA: Sie fungierten als ihre wichtigsten Zwischenhändler.

Die Bosse der galicischen Drogenmafia

Der aus Cambados in der Provinz Pontevedra stammende Galicier José Ramón Prado Bugallo alias Sito Miñanco war, wie schon erwähnt, einer der Ersten, die von der Familientradition des Tabakschmuggelns auf den Drogenhandel umstiegen. Als Sohn und Enkel von Seeleuten war Sito Miñanco an der tief ins Landesinnere eindringenden Meeresbucht Ría de Arousa aufgewachsen. In dieser Gegend mit ihren seichten, sandigen Ufern, die nicht nur reich an Miesmuscheln, sondern auch an mafiösen Familienclans ist und deshalb im Volksmund auch »Klein-Sizilien« genannt wird, kannte man seine Familie weithin als Los Miñancos.

Seine erste Haftstrafe saß Sito Miñanco für Tabakschmuggel ab, zunächst sechs Monate im Gefängnis von A Parda in Galizien, die restliche Zeit in dem mittlerweile geschlossenen Gefängnis Carabanchel in Madrid. Der Aufenthalt dort leitete seinen Aufstieg in die Oberliga des internationalen Drogenhandels ein. In dem düsteren, von Vicente Elguero und José María de la Vega entworfenen Bau, in dem lange politische Gefangene und Dissidenten des Franco-Regimes einsaßen, lernte Sito Miñanco einen Kolumbianer kennen. Der etwa dreißigjährige Mann mit den tiefliegenden Augen und der ungezwungenen, heiteren Art erkannte sein Potenzial und bot ihm an, in das Geschäft einzusteigen, das er mit seinen Brüdern und ein paar kolumbianischen Kumpels aufgezogen hatte.

Der Mann war kein Geringerer als Jorge Luis Ochoa, ein Mitglied der Führungsriege des von Pablo Escobar, Gonzalo Rodríguez Gacha und Carlos Lehder gegründeten Medellín-

Kartells. Jorge Luis und seine Brüder Fabio und Juan David arbeiteten damals für Don Pablo (Escobar) und dessen Partner Diego Fernando Murillo alias Don Berna. Jorge Luis Ochoa war im November 1984 festgenommen und zusammen mit Gilberto Rodríguez Orejuela und dem Honduraner Juan Matta Ballesteros in Carabanchel inhaftiert worden. Sie hatten sich Monate zuvor in Madrid niedergelassen – Luxusimmobilien, mehrere Mercedes Benz und viele Kampfstiere gekauft –, um ein Netzwerk für Drogentransporte von Kolumbien nach Spanien aufzubauen. Für die Geldwäsche waren Geschäftsleute aus Galicien und Asturien vorgesehen.

Erstaunlicherweise hatten die spanischen Behörden Jorge Luis Ochoa und seine Komplizen nicht wegen Drogenhandels, sondern wegen des Schmuggels von Kampfstieren angeklagt. Die kolumbianische Regierung beantragte daraufhin die Auslieferung ihrer Bürger, die sich in ihrer Heimat bald wieder ungestört ihren Geschäften widmen konnten. Ochoa Vásquez jedenfalls verabschiedete sich an der Türschwelle des Gefängnisses mit einem brüderlichen Handschlag und einer Umarmung von dem Galicier, womit eine interkontinentale Allianz besiegelt wurde, die Europa in den folgenden Jahren mit kolumbianischem Kokain versorgen sollte.

Als sich Sito Miñanco wieder auf freiem Fuß befand, kehrte er nach Galicien zurück, um die Pläne, die er mit Ochoa geschmiedet hatte, in die Tat umzusetzen. Er baute eine gigantische Infrastruktur für den Seeschmuggel von hochreinem Kokain über den Atlantik auf. Die Kolumbianer brachten die Droge in Hafenstädte an der Pazifikküste und schickten sie von dort auf direktem Weg nach Europa. Manchmal koordinierte Sito Miñanco von Panama aus – wo die kolumbianischen Drogenhändler, insbesondere das Kartell Pablo Escobars und seiner Partner, unter dem Schutz General Noriegas frei operieren konnten – persönlich den Transport bis zum Zielhafen. Bei einem dieser Aufenthalte lernte er Odalys Rivera kennen, die

Tochter einer bedeutenden panamaischen Familie mit engen Kontakten zu Noriega. Sie wurde seine zweite Ehefrau und führte die Geschäfte während seiner Gefängnisaufenthalte weiter.

Als einer der Ersten setzte der Galicier für die Koordination des interkontinentalen Drogenschmuggels auf ultramoderne Technologien. Er verließ sich nicht allein auf Seekarten und Funktelefone, um die Positionen der Schiffe zu kontrollieren, sondern hatte seine Villen in Panama und Madrid mit Anlagen für die Satellitenkommunikation und -telefonie ausgerüstet.

Einer seiner starken Männer war der ebenfalls aus Arousa stammende Daniel Carballo Conde alias Danielito, der so wie er früh vom Tabakschmuggel auf den lukrativeren Kokain- und Haschischschmuggel umgesattelt hatte. Dieser Danielito lebte in Miami, von wo aus er neue Routen erschloss und Kontakte in die Häfen von Gibraltar, Antwerpen, Piräus und Basel knüpfte. An all diesen Orten gründete er Firmen, die irgendetwas aus Amerika importierten, um die Drogen zwischen den jeweiligen Waren verstecken zu können.

Auf ähnliche Weise kooperierte der aus dem galicischen Cambados stammende Reeder Laureano Oubiña Piñeiro mit panamaischen Unternehmen und Betreibern von Handelsschiffen und Fischerbooten, wie etwa der *Liberty Moon* oder der *Veroniki*, um seine illegale Ware in unterschiedlichen Häfen an der europäischen Atlantikküste einzuschleusen. Laureano, der den Atlantik wie seine Westentasche kannte, hatte eine ungewöhnliche Kindheit: Mit kaum zehn Jahren arbeitete er im Gemischtwarenladen seines Vaters; mit 17 schmuggelte er mit einem Onkel Diesel; und kaum volljährig, gründete er sein eigenes Schifffahrts- und Transportunternehmen, das seine Gewinne im Wesentlichen durch den Schmuggel von Tabak und Alkohol erzielte. Die spanische Polizei hält den in Unternehmerkreisen bekannten Reeder für einen Geldwäscher der Drogenhändler.

Oubiña Piñeiro war geschäftlich und privat eng mit dem renommierten Rechtsanwalt Pablo Vioque Izquierdo verbunden.

Dieser stammte aus einer wohlhabenden Unternehmerfamilie im spanischen Cáceres und war in Galicien aufgewachsen. Er hatte an der Universität Murcia studiert und sich anschließend in Arousa niedergelassen, wo er an der Seite seines Schwagers Gustavo Puceiro als Sekretär der Handelskammer von Vila garcía arbeitete. Zum Berater und Vorstandsmitglied mehrerer Banken und Firmen mit Sitz in Galicien avanciert, begann er, Drogenhändler anwaltlich zu vertreten und sich auch gleich an deren Geschäften zu beteiligen. Als die spanische Polizei herausfand, dass er seine Position in der Handelskammer zur Tarnung illegaler Geschäfte missbrauchte, schaltete sich 1995 die Regionalregierung von Galicien ein.

Eine weitere Gruppe, die damals im Drogenhandel eine wichtige Rolle spielte, waren die Charlines rund um ihren Chef Manuel Charlín Gama. Begonnen hatte er seine Karriere als Haschischschmuggler. In Zusammenarbeit mit den Kolumbianern baute er von Arousa aus ein internationales Netzwerk für den maritimen Kokainschmuggel auf, und zwar als Familienunternehmen ganz im Stil der sizilianischen Mafia. Seine Frau Josefa Palomares und mindestens 13 weitere Familienmitglieder bildeten die Führungsriege des Clans, der in den achtziger und neunziger Jahren Hunderte Tonnen Kokain per Schiff nach Europa beförderte und sein Schwarzgeld etwa durch den Kauf getürkter Lose der in Spanien so beliebten Gewinnspiele und Lotterien weißwusch.

Im Zuge der »Operation Osa« (»Bärin«) deckte die spanische Polizei 1995 die Machenschaften der verschiedenen Firmen auf, mit denen die Familie angeblich in der Schifffahrt, im Bauwesen und in der Nahrungsmittelindustrie engagiert war. Obwohl einige Familienmitglieder festgenommen wurden, lief das Geschäft aber relativ ungehindert weiter. 2010 besaß der Clan mehr als vierzig Unternehmen, hinter deren Fassade er mit Drogen handelte. Die Geldwäsche fand in Spanien statt sowie über Banken in der Schweiz, in China, Panama und Chile. Auch in diesem Jahr wurden im Zuge der »Operation Repesca« (»Wiederholungsprüfung«) Clanmitglieder festgenommen und Familienbesitz beschlagnahmt. Doch die mit Kokain beladenen Schiffe der Charlines kreuzen bis heute auf den Meeren.

Seit den neunziger Jahren ist auch der mächtige Clan der Piturros im Geschäft. Dieser »Familienbetrieb« wurde von Manuel Vázquez Vázquez, einem anderen Schiffseigner aus Arousa, gegründet und geführt. (Das Kokain an Bord der *Río Manzanares*, von deren Fahrt ich im ersten Kapitel berichtet habe, gehörte übrigens den Piturros.) Obwohl Vázquez 2006 verhaftet und einige seiner Schiffe mitsamt ihrer Kokainladung beschlagnahmt wurden, halten seine Verwandten das Geschäft weiter am Laufen.

Eine weitere Schlüsselfigur des Kokainschmuggels von Südamerika nach Europa war der Mailänder Rinaldo Bisco, der 1992 im Hafen von Almuñécar, Granada, die (in Luxemburg eingetragene) Firma Deporting GmbH eröffnete. Die Firma baute und vertrieb Freizeitboote aus Kunststoff. Bisco besaß eine ganze Flotte von Booten, die er kunstvoll für den Drogenschmuggel adaptierte: Er ließ das Boot zunächst nur zur Hälfte bauen; erst nachdem die Drogen in einem geheimen Hohlraum verstaut waren, wurde es fertiggestellt. Die Drogen waren sicher im Schiffskörper eingeschlossen. Auf Menorca, Ibiza, Formentera oder in Gandía wurde das Boot einfach zerstört, um die Ware herauszuholen und auf anderen Booten nach Genua und Sizilien zu transportieren. An diesem Unternehmen waren auch spanische Drogenhändler sowie Mitglieder der kalabrischen 'Ndrangheta oder der neapolitanischen Camorra beteiligt. Es war eines der erfolgreichsten Rauschgiftschmugglernetzwerke für südamerikanisches Kokain unter Beteiligung der mächtigen italienischen Mafia.

Zum spanischen Clan Los Niños (»die Kinder«), an dessen Spitze Mustafa und Ismail aus Ceuta standen, gehörten eine Reihe erfahrener Drogenverkäufer, Leibwächter und Auftragsmörder. Los Niños arbeiteten mit Reedern, Transportunternehmern und Bootsbesitzern zusammen, von denen viele aus Galicien stammten. Manuel Abal Feijoo, einer dieser Partner, war ein waschechter Spross »Klein-Siziliens«. Der in Galicien und Kolumbien als »Patoco« bekannte Draufgänger liebte den Geschwindigkeitsrausch und seine Motorräder. Von klein auf hatte er miterlebt, wie Seeleute, die alles Mögliche schmuggelten, zu berühmten Reedern wurden, die teure Kleider trugen, in prachtvollen Villen wohnten und italienische Sportwagen fuhren. Er bewunderte Leute wie den stets eleganten Sito Miñanco, der 1986 den Fußballclub seines Heimatorts, Juventud Cambados, gekauft hatte, oder Manuel Charlín, der das schönste Anwesen von Arousa erwarb – den Pazo Vista Real, einen Palast von 1750 Quadratmetern Wohnfläche mit eigener Kirche, Gärten und Weinbergen, ein historisches Bauwerk, umgeben von üppigen Brombeerhecken, Kameliensträuchern und Azaleen – und es mit Muranoglasfenstern und Rokoko-Kaminen ausstatten ließ. Patoco imponierten das Auftreten und der Reichtum dieser Reeder aus Arousa, und er hatte vor, in ihre Fußstapfen zu treten. Zu Beginn führte er kleinere Aufträge aus, später übernahm er die Organisation der Kokainlieferungen aus den kolumbianischen Häfen nach Galicien.

Offiziell war Patoco Schweinezüchter. Er besaß einen der größten Zuchtbetriebe Spaniens, der allerdings der Zwischenlagerung von Kokain diente. Von seinem Betrieb aus ließ er schnelle Motorboote aufs offene Meer hinausfahren, um das Kokain von den Mutterschiffen zur »Schweinefarm« an die Küste zu bringen.

Lange Zeit war Patoco der richtige Mann, wenn jemand in der Gegend der Rías von Galicien Kokain ausladen wollte. Er importierte Kokain für alle großen galicischen Clanchefs und arbeitete in Südamerika unter anderem mit den kolumbianischen Paramilitärs Miguel Ángel und Víctor Manuel Mejía Múnera alias Los Mellizos (»die Zwillinge«), dem kolumbianischen

Capo Olmes Durán Ibargüen (»der Herr des Hafens«) und vielen mexikanischen Bossen des Sinaloa-Kartells zusammen. Vielleicht hätte er sein eigenes Schmuggler- und Vertriebsnetzwerk bis heute, wäre er nicht 2008 bei einem Motorradunfall ums Leben gekommen.

Die südamerikanischen Lieferanten und ihre spanischen Geschäftsfreunde

Schon seit geraumer Zeit hatten kolumbianische Rauschgift-schmuggler und mexikanische Kartelle ihre Leute in Spanien, die sie hier vertraten, Drogenlieferungen koordinierten und sich um die Geldwäsche kümmerten. Ein solcher Botschafter der südamerikanischen Kartelle war der Kolumbianer Alfonso León alias Antonio. Zusammen mit seinem Landsmann Carlos Ruiz alias El Negro (»der Schwarze«), einem Mexikaner und zwei Spaniern – Balbino und Ana – schleuste er alle Ladungen, die sich nicht durch spanische Häfen ins Land bringen ließen, über Portugal ein. Der kluge und vorsichtige Antonio wusste, dass ein unauffälliger Lebensstil die beste Absicherung war. Er nahm sich eine Wohnung in einem bescheidenen Viertel, von der aus er seine Operationen über eine Kommunikationsanlage mit 16 verschiedenen Telefonnummern koordinierte.

Bereits seit den neunziger Jahren waren die kolumbiani-schen Zwillingsbrüder Mejía Múnera alias Los Mellizos in den Seeschmuggel von Kokain involviert. Damals gehörten sie zur Besatzung eines Handelsschiffs, das zwischen den USA und Europa verkehrte. Mit 26 Jahren heuerten sie zunächst beim Norte-del-Valle-Kartell an, um Drogenladungen der Familie Montoya nach Mexiko, in die USA und nach Europa zu begleiten. Später wurden sie zu Experten sowohl für die Schifffahrt als auch im Drogengeschäft: Sie lernten, eine Tonne Stoff in einem Container zu verstecken – für den ohnehin sicheres Geleit garantiert war – und durch die Bestechung von Reedern, Kapitänen, Zoll- und Grenzschutzbeamten sichere Transportwege aufzubauen. Los Mellizos bildeten Allianzen mit Mafiaorganisationen aus vieler Herren Länder. In weniger als einem Jahrzehnt stiegen sie von kleinen Schmugglern zu bedeutenden Drogenhändlern auf, die ihre Ware von Bogotá und der Atlantikküste in die USA und nach Europa versandten. Sie schickten auch Lieferungen nach Mexiko, zu Amado Carrillo Fuentes, dem »Herrn des Himmels« an die Küste Cancúns, später auch an Joaquín Guzmán Loera alias El Chapo.

Als interne Streitigkeiten das Norte-del-Valle-Kartell aus- höhlten, hielten sich Los Mellizos geschickt im Hintergrund, um ihren Geschäften weiter ungestört nachgehen zu können. Dabei stützten sie sich auf Leute wie Wilson Villegas Jaramillo oder Germán Angulo Llinás, der in Barranquilla sowohl die Zusam- menarbeit mit Statthaltern an der Karibikküste koordinierte als auch die Schiffe, auf denen die Drogen transportiert wurden.

Es gab Zeiten, da wurde vermutet, dass Los Mellizos mehr Kokain beförderten als Pablo Escobar oder die Brüder Rodrí- guez Orejuela. Doch selbst wenn das nicht stimmt, waren sie bei ihrer Arbeit – in den Häfen Kolumbiens, Panamas, Spaniens, der Niederlande, Belgiens und der Insel Malta – so effizient, dass ihre Ware nur äußerst selten konfisziert wurde.

Zu den kolumbianischen Pionieren des Drogenschmuggels nach Spanien zählte neben den Zwillingen Mejía Múnera und den Brüdern Ochoa auch Carlos Ramón Zapata. Aus dem an der Universidad Pontificia Bolivariana in Medellín ausgebildeten Chirurgen wurde bald El Médico (»der Arzt«), ein Rauschgift- händler, Immobilienbetrüger und der Anführer einer Bande na- mens Los Cíclopes (»die Zyklopen«). Zapata hatte in Spanien eine Weile Kunstgeschichte studiert. Mit seiner Hilfe brachte das Norte-del-Valle-Kartell riesige Mengen von Kokain auf den europäischen und den US-amerikanischen Markt. Er brüstete sich gern mit der absoluten Verlässlichkeit seiner Transportrouten. Im Rahmen der berühmten länderübergreifenden »Operation Milenio«, bei der im Oktober 1999 über dreißig wichtige kolumbianische Drogenbosse festgenommen wurden, darunter auch Fabio Ochoa, tauchte zwar sein Name auf, doch Zapata konnte entkommen.

Der Einfluss der kolumbianischen Kartelle in Spanien war damals so groß, dass man eine Zeitlang munkelte, die kolumbianischen Diplomaten und Politiker in Madrid verträten in erster Linie die Interessen ihrer Drogenhändler.

Baltasar Garzón

In den neunziger Jahren wurde diese spanisch-kolumbianische Zusammenarbeit durch das resolute Eingreifen des Untersuchungsrichters Baltasar Garzón empfindlich gestört. Vom höchsten spanischen Strafgerichtshof, der Audiencia Nacional, aus lancierte der in dem kleinen Ort Torres in Andalusien geborene Garzón den ersten Großeinsatz gegen die Netzwerke des transatlantischen Drogenschmuggels, die »Operation Nécora« (»Krabbe«). Im Juni 1990 schwärmten rund 350 Polizisten aus, um Rauschgifthändler im ganzen Land zu verhaften, von denen sich viele als Reeder oder Schifffahrtsunternehmer ausgaben. Während des Einsatzes wollte der Richter nicht tatenlos in seinem Büro sitzen. Er stieg in einen Hubschrauber, um an vorderster Front mit dabei zu sein.

Damals erließ dieser ungewöhnliche Richter auch Haftbefehl gegen Sito Miñanco, der ein Jahr später gefasst und vom Strafgerichtshof wegen Drogenhandels, Steuerhinterziehung und Dokumentenfälschung zu zwanzig Jahren Gefängnis verurteilt wurde. Sito Miñanco verklagte den spanischen Staat allerdings im Gegenzug wegen vermeintlich illegaler Telefonüberwachung. Der Prozess endete tatsächlich mit einem Urteil zugunsten Miñancos vor dem Europäischen Gerichtshof für

Menschenrechte in Straßburg. 1998 wurde der Galicier freigelassen, im Rahmen der »Operation Grumete« (»Schiffsjunge«) ging er den Ermittlern 2001 allerdings erneut ins Netz: Sito Miñanco hatte alle Details für den Transport von fünf Tonnen Kokain unter Dach und Fach gebracht, allerdings war einer der Unterhändler ein verdeckter DEA-Ermittler gewesen.

Das Rauschgift, dessen Transport er organisiert hatte und das bei der »Operation Grumete« beschlagnahmt worden war, gehörte einer Gruppe kolumbianischer Paramilitärs. Zwei Monate nach Sito Miñancos Festnahme ließen diese Paramilitärs die Brüder Octavio und Federico Sánchez Noreña, von denen sie sich verraten fühlten, in Medellín auf grausame Weise ermorden. Die Bluttat wurde allgemein als eine »Warnung an alle Seeleute« verstanden, nicht mit den Ermittlern zusammenzuarbeiten.

1998 ordnete Baltasar Garzón die Verhaftung der Besatzungen wie auch der Eigentümer einiger am Drogenhandel beteiligter Schiffe an. Eines dieser Schiffe war die in Spanien registrierte *Layón*, die tonnenweise südamerikanisches Kokain nach Galicien transportierte. Nachdem sie im Juni Palma de Mallorca verlassen hatte, trat sie im Juli ihre letzte Fahrt an. Auf ihrem Rückweg nach Galicien wurde sie in der Nähe der Azoren mit einer Tonne Kokain abgefangen, das man in Netze gehüllt unter dem Schiff befestigt hatte.

An dem von einem Kolumbianer koordinierten Drogentransport waren neben den drei Besatzungsmitgliedern der *Layón* zehn weitere Personen beteiligt – sieben Männer und drei Frauen. Einer der Hintermänner, ein gewisser Manuel Fariña Dacuña aus Arousa, war schon zwei Jahre zuvor in einen großformatigen Schmuggelfall verwickelt gewesen: Damals hatte man auf dem Fischerboot *Mae Yemanja* 2580 Kilogramm Kokain beschlagnahmt. Baltasar Garzón ließ alle Bankkonten und Vermögenswerte der Beteiligten, unter denen sich einige bekannte Geschäftsleute aus Arousa befanden, einfrieren.

In den Jahren seines Anti-Drogen-Kampfes versank der schwere Eichenholzschreibtisch des Richters Garzón unter einem gewaltigen Berg von Akten, die sich alle mit diesen ersten von Spanien aus koordinierten Drogenimporten aus Amerika befassten. Garzón brachte Spanier, Italiener, Franzosen, Kolumbianer, Venezolaner, Afrikaner und Mexikaner vor Gericht, die sich am organisierten Drogenhandel beteiligten, egal ob sie Unternehmer, Beamte oder Bankiers waren. Einer der aufsehenerregendsten Fälle war die Verhaftung des bereits erwähnten Rechtsanwalts Pablo Vioque Izquierdo im Jahr 1995. Doch auch wenn ihm dieser Feldzug gegen die Drogenmafia große Popularität eintrug, wird es nur wenige Juristen geben, die gern in seiner Haut stecken würden. Denn wer wagt es schon, sich mit den mächtigen Mafiaorganisationen anzulegen? Und Baltasar Garzón hat ihre Grundfesten gehörig zum Beben gebracht.

Blutrache

Manuel Alcántara vom spanischen Rauschgiftdezernat berichtet, dass in Spanien auf ähnliche Weise um die Seerouten des Drogenhandels gekämpft werde wie in Mexiko um die Überlandrouten, die Auseinandersetzungen aber normalerweise ohne Blutvergießen vonstattengingen. Doch unter galicischen Mafia-Clans hat es in der Vergangenheit auch genügend Fälle von grausamer Selbstjustiz an Verrätern gegeben: Anfang der neunziger Jahre wurde Sito Miñancos Partner Daniel »Danielito« Carballo Conde aus dem Gefängnis entlassen. Da einige Bosse glaubten, er sei im Gefängnis zum Polizeispitzel geworden, ließen sie ihn nach Art der Mafia dafür bezahlen.

Zu diesem Zweck engagierten sie einen jungen Drogenhändler mit psychopathischen Zügen namens Antonio Chanata García; auch er hatte – wegen Entführung und versuchten Mordes – im Gefängnis gesessen. Am 3. Januar 1993 aß Antonio Chanata in einem Steakhaus in der Gegend von Arousa zu Abend. Er zahlte, stieg in seinen Wagen und fuhr ins Stadtzentrum zur beliebten Bar El Museo, in der die Ortsbewohner bei Cocktails, Sherry, Rotwein und Bier die warme Abendluft von Pontevedra genossen. Vor rund fünfzig Zeugen betrat Chanata das Lokal, trat auf den ahnungslosen Daniel Carballo Conde zu, hielt ihm seine Waffe vor das Gesicht und drückte ab. Obwohl Daniel Carballo Conde das Projektil ins Gehirn gedrungen war, dauerte es noch einige Stunden, bis er starb.

Nachdem er Danielito erschossen hatte, stieg Antonio Chanata wieder ins Auto, fuhr zwölf Kilometer bis nach Cambados und machte sich auf die Suche nach dessen Geschäftspartner Juan José Agra Carro. Der war gerade dabei, sein eigenes Restaurant, die Pizzeria Paumar, mit Frau und Tochter zu verlassen. Antonio Chanata lud noch einmal durch und schoss. Dann stieg er wieder ins Auto, schloss die Fahrertür und ließ den Motor an. Ein paar Meter weiter blieb er stehen und verpasste sich selbst einen Kopfschuss.

Korrupte Beamte

Gerade angesichts der heroischen Taten des Untersuchungsrichters Garzón muss man leider sagen, dass nicht alle Staatsbediensteten in Spanien eine so gute Figur machen. Im Lauf der Jahre wurde Spaniens Rolle als wichtigste europäische Anlaufstelle für den Seeschmuggel von Kokain auch durch die Korruption der spanischen Beamten begünstigt. Man weiß von zahlreichen Polizisten, Zollbeamten und Anti-Drogen-Spezialisten, die Drogenhändler bestahlen und sich anschließend selbst als Hehler betätigten.

Besonders innerhalb der spanischen Anti-Drogen-Polizei wurden viele peinliche Fälle dieser Art bekannt; so stahl zum Beispiel Lars Sepúlveda, ein Ermittler der spanischen Anti-

Drogen- und Anti-Mafia-Einheit UDYCO, zwischen 2006 und 2009 insgesamt 154 Kilogramm beschlagnahmtes Kokain und Heroin. Sepúlveda hatte sich eine Kopie des Schlüssels zur Asservatenkammer des Polizeipräsidiums von Sevilla angefertigt, den der Leiter der UDYCO in seiner Schreibtischlade aufbewahrte. Zusammen mit zwei Komplizen ließ er das Kokain aus der Asservatenkammer verschwinden und ersetzte es durch Kakao, Gips und Talkpuder.

Von einem Tag auf den anderen war der Drogenpolizist ein reicher Mann. Seine Frau María Teresa, eine Anwältin, half ihm bei der Geldwäsche. Das Paar erwarb Wohnungen, Strandvillen, Luxusautos und schnelle Motorräder; für 28 800 Euro in bar kaufte Sepúlveda sogar der Anti-Drogen-Polizei ein zwölf Meter langes Boot ab, das aus einer Beschlagnahme stammte.

Dies ist sicherlich ein bemerkenswerter, aber ein keineswegs einzigartiger Fall: Seit 2008 kommt es in den Asservatenkammern Sevillas, Málagas, Barcelonas und Valencias, in denen das von der spanischen Polizei beschlagnahmte Kokain aufbewahrt wird, immer wieder zu Diebstählen. Und die Diebe stammen aus den eigenen Reihen.

Auf dem Highway 10

Die Drogenkartelle ergreifen alle erdenklichen Maßnahmen, um zu verhindern, dass ihre kostbare Ware überhaupt in die Hände der Staatsmacht gerät. Wenn die Behörden verstärkte Anstrengungen unternehmen, um die Kokainlieferungen über den Atlantik abzufangen, suchen die Rauschgiftschmuggler einfach nach neuen Routen. Um Kontrollen auszuweichen, wurde seit etwa 2004 nicht mehr direkt nach Galicien verschifft, sondern auf dem Umweg über die Azoren oder die Kanarischen Inseln, auf dem bereits erwähnten Highway 10, der größtenteils durch weniger streng überwachte Gewässer führt. Zugleich waren die

Drogenschleuser gezwungen, nach neuen Tarnungen für ihre Ladungen zu suchen.

Dabei haben sich allerdings nicht alle Ideen der Schmuggler bewährt. Eine der weniger glücklichen Aktionen war die Versendung »frischer grüner Bananen« aus Kolumbien, die im November 2010 im galicischen Hafen Vigo eintrafen. Denn weder hatte die 2007 in Pontevedra registrierte Firma, an die die Lieferung gehen sollte, in den vergangenen drei Jahre irgendetwas importiert, noch war sie überhaupt ein Handelsunternehmen: Die Bananenkisten sollten vielmehr an eine private Schule geliefert werden. Man fand das Kokain diesmal nicht zwischen den Früchten, sondern in den Holzpaletten.

Ähnlich unplausibel war eine Ananaslieferung nach Valencia. Die drei Container mit den Südfrüchten waren der einzige Import, den die Empfängerfirma je getätigt hatte. Zwischen den dreitausend Ananaskisten befanden sich 215 Kilogramm hochreines Kokain. Als den Schmugglern zu Ohren kam, dass man ihre Ladung entdeckt hatte, ward nichts mehr von ihnen gesehen. Die Drogen wurden aus dem Verkehr gezogen, und im Hafen gab es tagelang kostenlos frische Ananas aus Südamerika.

Wenn die galicischen Rauschgiftschmuggler eine Drogenladung in Empfang nehmen wollen, die über den Highway 10 aus Amerika kommt, dann schicken sie ihre Fischkutter oft von den Kanaren aus in Richtung Mauretanien. In Kap Verde nehmen sie die Drogen in Empfang, um sie zur galicischen Küste zu bringen. Manchmal laufen die Fischkutter direkt in einen Hafen ein, manchmal werden die Drogen noch in internationalen Gewässern auf kleinere Fischkutter oder Speedboote verladen. Das Kokain, das dann in Galicien am Strand landet, wird über Land nach Madrid befördert und dort an Dealer verteilt; manche Drogenladungen nehmen aber auch in Galicien oder Gran Canaria noch einmal einen anderen Kurs: Sie gehen auf die Reise nach Italien, wo der Kokainkonsum nach Angaben von Europol direkt hinter Spanien den zweiten europäischen Spitzenplatz belegt.

Der globalisierte Drogenhandel

In einer globalisierten Welt ist auch das Drogengeschäft international: Ein Boot kann in Galicien gebaut und vom Stapel gelaufen sein, unter der Flagge der Antillen fahren, in Griechenland vermietet, nach Osteuropa überstellt und von dort aus nach Amerika geschickt werden, um Kokain zu laden, damit über den Pazifik und den Atlantik zu fahren und nach einem Zwischenstopp auf den Azoren in Antwerpen einzutreffen. Menschen aller Nationalitäten arbeiten in diesem Geschäft zusammen; weder Sprachbarrieren noch Zollschranken oder Hafenkontrollen scheinen dabei ein großes Hindernis darzustellen.

Ein Paradebeispiel der internationalen Drogenkooperation ist der Fall der *Catalejo*, einer großen Jacht, die im Oktober 2011 nach einer Atlantiküberquerung im Sporthafen von Zumaia in San Sebastián in der baskischen Provinz Guipúzcoa einlief. Die Jacht war in Großbritannien registriert und operierte zwischen Kolumbien, Venezuela und Europa. Im Juli 2011 hatte sie auf einer von Deutschen organisierten Überfahrt, die in Kolumbien begann und über einen Zwischenstopp auf der Insel Grenada führte, 695 Kilogramm Kokain im Wert von etwa 42 Millionen Euro befördert. Dank einer großangelegten Polizeiaktion der britischen und deutschen Polizeibehörden konnte die Jacht unter Mitwirkung des französischen und spanischen Geheimdiensts aus dem Verkehr gezogen werden. An der Schmuggelfahrt waren auch ein niederländischer und ein südafrikanischer Staatsbürger beteiligt.

Im Süden Spaniens gab es ein weiteres internationales Drogenschmugglernetzwerk. Eine seiner Drogenlieferungen wurde 2006 auf einer Jacht beschlagnahmt, die unter dem Namen *Grafenberg* in den Niederlanden registriert war. Im Februar hatte die *Grafenberg* die Insel Barbados angelaufen, wo ihr ein Mutterschiff eine Tonne Kokain übergeben hatte. Die Besatzung hatte die heiße Ware unter einem Rettungsboot am Heck des

Schiffes verstaut und war mit der »aufgetankten« Jacht wieder in See gestochen. Mitten im Atlantik wurde das Schiff auf den Namen *Nadia* umgetauft und mit einer deutschen Flagge ausstaffiert. Dennoch wurde die *Grafenberg* alias *Nadia*, die das Rauschgift auf der sogenannten Portugal-Route in die Niederlande bringen sollte, auf der Höhe von Kap Verde abgefangen. Zu dem Netzwerk, das diese Fahrt organisiert hatte, gehörten außer Spaniern auch zwei Deutsche mit Wohnsitz in Almería.

Auch serbische und kroatische Rauschgiftschmuggler agieren auf internationalem Parkett. So bezieht eine Gruppe um Anastazije Martinčić, die mit Argentiniern zusammenarbeitet, ihr Kokain direkt von den kolumbianischen Produzenten, um es über die Adria, das Schwarze Meer oder die Ägäis auf die Balkanhalbinsel zu bringen. Von dort wird der Stoff in andere Teile Europas verkauft. Die Schiffe des Dealerrings fahren unter serbischer Flagge und holen die Drogen in Brasilien, Argentinien und Uruguay ab. Im Rahmen der »Operation Balkankrieger« wurde im Jahr 2009 ihre Jacht *Maui* mit 2147 Kilogramm Kokain an Bord in Montevideo aufgebracht.

Spanien, das Tor nach Europa

Seit die Kolumbianer und ihre galicischen Partner die ersten Lieferungen vom Golf von Urabá nach Spanien verschifften, um ihr Kokain von hier aus nach ganz Europa zu schleusen, stellt Spanien für die Narcos ein entscheidendes Drehkreuz für den Drogenhandel dar: Im europäischen Vergleich ist Spanien bis heute das Land, in dem das meiste Kokain konsumiert wird. Es folgen Italien, Frankreich und andere Länder wie die Tschechische Republik, wo sogar Dauerlutscher und Kaugummis aus der Droge verkauft werden. So kam es, dass das Sinaloa-Kartell mit El Chapo Guzmán an der Spitze – während in Mexiko der Krieg gegen die Drogen unter der Regierung von Präsident Felipe

Calderón einen wahren Blutrausch entfesselte – einerseits in Mittel- und Südamerika expandierte und andererseits sein Geschäft in Europa mit Hauptquartier Spanien konsolidieren wollte.

Im August 2012 wurde Jesús Gutiérrez Guzmán, ein Mitglied des Sinaloa-Kartells und Cousin Guzmán Loeras, in Madrid festgenommen. Eine Woche zuvor hatte das Kartell versucht, 373 Kilogramm Kokain als blinde Fracht über die andalusische Hafenstadt Algeciras ins Land zu schleusen. Algeciras an der Schwelle vom Atlantik zum Mittelmeer ist bei Rauschgiftschmugglern ein beliebter Hafen.

Während die Kolumbianer als Pioniere des Kokainschmuggels nach Europa den Markt in den beiden letzten Jahrzehnten des vergangenen Jahrhunderts kontrollierten, sind die mexikanischen Kartelle seit der Jahrtausendwende dabei, ihnen auch hier den Rang abzulaufen. Auf jeden Fall haben Kolumbianer und Mexikaner ihre Netzwerke bis in die hintersten Winkel des Balkans ausgebaut, ihre Lieferungen gehen über das Schwarze Meer, über die Ukraine und Bulgarien, werden in Moldawien zwischengelagert und danach in allen Ländern des Balkans auf den Markt gebracht. Europol schätzt, dass vierzig Prozent des Kokainzuflusses nach Europa von kolumbianischen Kartellen und ihren Partnern stammt, weitere dreißig Prozent von anderen amerikanischen Mafiaverbänden. Der Kokainhandel hat sich auch auf Asien, Afrika und Ozeanien ausgeweitet, wofür sich die kolumbianischen und mexikanischen Kartelle zusammentaten.

Im Zuge dieser Expansion wurden einerseits die Tarnungen für das Schmuggelgut immer ausgefallener: 2012 gelangte ein von mexikanischen Kartellen gesandtes, in Malta registriertes Düsenflugzeug nach Gran Canaria, das 1588 Kilogramm Kokain in weißen Säcken mit einem roten Kreuz transportierte. Andererseits begannen die spanischen Clans, sich ähnlich bestialischer Methoden zu bedienen wie die kolumbianischen und mexikanischen Kartelle. 2007 wurden in Ciempozuelos bei Madrid die nur halb eingegrabenen Beine eines offenbar gefolterten Mannes entdeckt, dem man die Zähne gezogen und dessen Kopf und Körper man mit Säure überschüttet hatte.

Es bleibt festzuhalten: Trotz zahlreicher Polizeiaktionen in den vergangenen Jahrzehnten lässt sich die organisierte Kriminalität nicht einschüchtern. Ob auf traditionelle Weise oder mit neuen Methoden, das Kokain erreicht nach wie vor die europäischen und vorzugsweise die spanischen Küsten. Nur eine verschwindend geringe Menge kann von der spanischen Sondereinheit für den Kampf gegen das organisierte Verbrechen (GRECO) aus dem Verkehr gezogen werden. Für den globalen Drogenhandel wird Spanien immer wichtiger: 2011 wurde in dem Land, das schon seit geraumer Zeit als Verkehrsknotenpunkt und Warenlager fungiert, nun auch ein großes Kokainlabor entdeckt. Dahinter steht eine einfache Kalkulation: Den Stoff hier zu verarbeiten senkt die Kosten erheblich: Transport, Schmiergelder … Pro Kilogramm lassen sich rund 37 000 Euro verdienen.

8
La Grande Nation

Neben Italien und Portugal gehört Frankreich zu jenen Ländern, in denen der Kokainhandel und -konsum laut Europol am stärksten zunimmt. Ein großer Teil des Kokains kommt bereits verarbeitet aus Südamerika, doch auch in der Grande Nation gibt es illegale Labore zum Raffinieren der Droge. Schon früher als in anderen europäischen Staaten wurde in französischen Laboren beispielsweise Heroin hergestellt, das erste Kokainlabor fand man 2005.

Das Kokain erreicht Frankreich per Luftfracht, vor allem aber auf dem Seeweg, und zwar über den Südpazifik oder den Atlantik. Es kommt größtenteils aus den Häfen Venezuelas – die für Frankreich die wichtigste Versorgungsbrücke bilden – sowie aus Suriname und in geringerem Maß aus Ecuador, Kolumbien, Brasilien und Argentinien.

Der Hafen von Dunkerque

Die französische Hafenstadt Dunkerque in der Region Nord-Pas-de-Calais an der Grenze zu Belgien gehört mit Marseille zu den wichtigsten Ankunftshäfen für Kokain aus Venezuela. Im Juli 2011 traf hier ein Schiff ein, das unter liberianischer Flagge fuhr und für den Stahlkonzern ArcelorMittal Kohle aus Maracaibo geladen hatte. Mit an Bord reisten 259 Kilogramm Kokain im Wert von 25 Millionen Euro. Sie waren unter einer Schlafkoje in der Nähe des Heckmotors versteckt.

Wochen später sollte ein riesiges Frachtschiff einer Hamburger Reederei, die *Juergen Schulte*, 478 Kilogramm Kokain in denselben Hafen verfrachten. Die Plastikpäckchen mit Kokain waren nahe dem Steuerruder in einer Kiste am Heck des Schiffs außer Bord versteckt. Nachdem der Frachter in Belgien abgelegt hatte, überquerte er den Atlantik, erreichte am 7. September das venezolanische Delta Amacuro und ging in der zwischen Trinidad und Venezuela gelegenen Meerenge Boca de Serpiente vor Anker. Fünf Tage später fuhr er in die Fahrrinne des Orinoco ein. Bei Meile 178 ankerte der Frachter und blieb einen Monat vor Ort. Im Oktober lief er dann die Anlegestelle der Firma Ferrominera Orinoco im Hafen von Puerto Ordaz in Ciudad Guayana an, wo er mit 45 000 Tonnen Eisen beladen wurde, die nach Frankreich gehen sollten. Unbotmäßige Besatzungsmitglieder hatten die Ware offenbar hinter dem Rücken des polnischen Kapitäns an Bord gebracht, doch der erfahrene Seemann bemerkte, dass etwas nicht stimmte. Als er das Kokain entdeckte, meldete er den Fund der Polizei von Bolívar, woraufhin 17 Seeleute festgenommen wurden.

Ein anderer Frachter, die *Titán*, trat in Maracaibo, nahe der kolumbianischen Grenze, seine Reise nach Puerto Bolívar, Kolumbien, an, wo er drei Tage lang vor Anker lag und im Februar 2011 rund 3600 Kilogramm für Frankreich bestimmtes Kokain »tankte«. Und auch die *Tarang*, ein Schiff unter liberianischer Flagge, transportierte auf dieser Route 258 Kilogramm Kokain nach Dunkerque. An Bord gebracht wurde das Kokain von einem Drogenring, zu dem sich Franzosen aus dem nahe Dunkerque gelegenen Lille und Venezolaner aus Maracaibo zusammengeschlossen hatten. Seit mindestens 2006 war dieser Ring im Kokainhandel aktiv.

Ähnlich gingen die Besatzungsmitglieder eines Schiffes vor, das normalerweise Schwermaschinen transportierte. Sie brachten 6659 Kilogramm reines Kokain an Bord, während das Schiff an jener Anlegestelle der Ferrominera Orinoco im Hafen von Palúa lag, an der auch die *Juergen Schulte* ihre Drogenfracht aufgenommen hatte. In diesem Hafen am Ufer des Orinoco werden viele Rohstoffe, Mineralien und Maschinen verladen, die zwischen Venezuela und Europa gehandelt werden. Denn einerseits ist diese Region Standort der Eisen-, Stahl- und Aluminiumindustrie, des Goldbergbaus, der Wasserkraftenergie und der Holzverarbeitung, andererseits wird von Palúa aus auch das in Maturín geförderte Erdöl exportiert. Venezolaner bezeichnen die Anlegestellen von Palúa als » Fenster zur Welt«, und das sind sie in der Tat auch für die Mafia geworden – was sich mittlerweile zu einem Problem für die legale Seefahrt ausgewachsen hat: Während die Schiffe entlang des Orinocos vor Anker liegen, werden sie von Beibooten und anderen kleineren Wasserfahrzeugen mit Drogen vollgetankt. Die meist ahnungslosen Kapitäne setzen dann ihre Reise durch das verschlungene Delta Amacuro fort, wo die beiden größten Flüsse Venezuelas, der Orinoco und der Caroní, zusammenfließen und in den Atlantik münden. Von hier aus geht es weiter über den Ozean in Richtung Osten, bis in die entfernten französischen Hoheitsgewässer.

Umschlagplatz Antillen

Bei Drogentransporten nach Frankreich werden des Weiteren vor allem Schiffe genutzt, die ihren Heimathafen auf den Antillen haben, was ihnen die Einfahrt in den Hafen erleichtert. Von dort aus können die Drogen direkt nach Frankreich weitergeschickt werden, nachdem man sie auf andere Schiffe umgeladen hat, die zu diesem Zweck schon in der Nähe kleiner Inseln wie Marie-Galante, Les Saintes, La Désirade, St. Barths oder St. Martin bereitstehen.

Seit 1946 ist die Inselgruppe in der Karibik, zu der auch Martinique und Guadeloupe gehören, ein französisches Überseedepartement. Es gibt einen regen Schiffs-, Boots- und Jachtverkehr zwischen den Antillen und dem europäischen Mutterland, was sich auch die Mafiaorganisationen zunutze machen, um ihr

Kokain aus Südamerika nach Europa zu verschiffen. Dabei hat die strategische Bedeutung der Antillenhäfen internen Berichten der französischen Polizei zufolge seit 2002 noch weiter zugenommen. Umgekehrt kann man sagen, dass die französischen Häfen eine wesentliche Rolle spielen, wenn es darum geht, Kokain von den Antillen, aus Jamaika oder aus Südamerika nach Europa zu schleusen, was gleichermaßen für große Frachten wie für Schmuggelaktionen im kleinen Stil gilt.

Die Drogenhändler nutzen das rege Treiben der Schiffe auf Frankreichs zahlreichen Meereszugängen. Im Sommer fahren die Fähren ohne Unterlass. So gibt es etwa an drei Tagen der Woche eine direkte Fährverbindung zwischen dem französischen Atlantikhafen Saint-Nazaire und Gijón im nordspanischen Asturien; an drei anderen Wochentagen stehen Schiffe für 14-stündige Ausflugsfahrten bereit. Zwischen all diesen nach Lavendel und frischem Salbei duftenden Jachten, Segelschiffen, Fähren und Frachtern ist es für die schwarzen Schafe des Drogenschmuggels ein Leichtes, unbehelligt ans Ziel zu kommen.

Eines der ersten Schiffe, die auf dieser Route für den Drogentransport verwendet wurden, war die *Winner*, ein auf den Marshallinseln registrierter kambodschanischer Frachter. 2002 wurde er auf den Antillen mit zwei Tonnen Kokain beladen, die nach Frankreich gehen sollten. Mittlerweile benutzt die Mafia aber auch Schiffe wie *La Ventose*, die in Frankreich gemeldet sind und regelmäßig Martinique anlaufen.

Aufgetankte Segelboote

Sobald im April die ersten sonnigen Tage ins Land ziehen, belebt sich das Meer vor den französischen Küsten. Vor allem an der Côte d'Azur, von Monte Carlo bis Cannes, geben sich Jachten und Segelboote dann ein Stelldichein. Auf der Suche nach warmen Gewässern, goldenen Stränden und safrangelben Speisen zieht es sie Richtung Mittelmeer, wo sie den Frühling und Sommer über bleiben. Hier treffen sich die Segler aus der ganzen Welt, um ihre Regatten zu veranstalten.

Im strahlenden Sonnenlicht der Riviera beförderte die *Panchito*, ein gediegener Zweimaster französischer Bauart, der unter spanischer Flagge fuhr, Kokain für die bulgarische Mafia. Der Heimathafen der Jacht befand sich auf Gran Canaria. Von Frankreich oder Spanien aus fuhr er regelmäßig nach Venezuela, um dort Ware entgegenzunehmen und bisweilen auch andere Schiffe mit Drogenlieferungen zu versorgen. Offiziell gehörte das Schiff einem jungen Paar aus Bulgarien, das an der französischen und spanischen Küste in den feinen Kreisen der Luxusjachtbesitzer verkehrte.

2011 wurde südöstlich der Insel Guadeloupe ein Deutscher abgefangen, der auf seinem Segelboot fünfhundert Kilogramm reines Kokain geladen hatte; auch diese Lieferung war für Frankreich bestimmt gewesen. In der Nähe des Ärmelkanals wurden zwei Polen festgenommen, die zwischen der französischen Kanalküste und Großbritannien pendelten. Auf ihrer Jacht fand man 850 Kilogramm Kokain. Zwei andere wohlhabende Franzosen, Vater und Sohn, organisierten Transporte zwischen Frankreich, Portugal und Spanien mit venezolanischen Segelbooten. Auf ihren Schiffen, die in Spanien lagen, brachten sie Kokainladungen von bis zu 850 Kilogramm unter. Eines dieser Schiffe, ein französisches Segelboot, das 2009 in Richtung A Coruña unterwegs war, hatte zwanzig Kilogramm Kokainbase geladen.

Zwischen der galicischen Hafenstadt Vigo und der portugiesischen Küste entdeckte man Jachten mit französischem Kennzeichen, die Kokain aus Südamerika an Bord hatten. Diese Routen werden gern von französischen und galicischen Drogenhändlern benutzt, die von Portugal aus operieren; so auch ein spanisches Unternehmerpaar, das auf seinen beiden in England registrierten und in St. Lucia liegenden Schiffen, dem Segelboot

Traful und der Jacht *Mahui*, Koks vom Río de la Plata in Argentinien bis nach Spanien beförderte.

Dieser »Segelclub« der Drogenhändler operiert weltweit. In ihrer doppelten Außenhaut transportierte die *Spes Nostra*, eine in Großbritannien registrierte Jacht, Kokain. Mit ihrer aus Franzosen, Spaniern, einem Schweizer und einem Argentinier bestehenden Besatzung fuhr sie von Großbritannien und Spanien nach Belize, Venezuela und zur Insel Margarita. Sie ging dem internationalen Fahndungsteam in spanischen Gewässern ins Netz. In England war es die *Louise*, eine in den Niederlanden registrierte Jacht mit Dauerliegeplatz in Southampton, die Kokain beförderte; und in Santo Domingo wurde diese Aufgabe von der US-amerikanischen Jacht *Chubasco* erfüllt.

Eine lange Tradition

Anders als die meisten europäischen Länder, deren Drogenringe gerade erst auf den Geschmack kommen, sich auch an der Produktion von Drogen zu beteiligen, blickt Frankreich auf eine lange Tradition zurück. Schon seit Beginn des vergangenen Jahrhunderts wird hier Heroin hergestellt. Berühmtheit erlangten etwa im Jahr 1937 die Labore von Paul Bonnaventure Carbone in Marseille, dem damaligen Zentrum der Heroinverarbeitung. Die aus Kleinasien eingeführten Drogen wurden in Europa vertrieben und auf dem Land- oder Luftweg bis nach Amerika gebracht.

Jahre später war Frankreich Teil einer großen Maschinerie, die Heroin von Europa in die USA verschob, Dreh- und Angelpunkt einer Produktionskette, die in der Türkei ihren Ausgang nahm. Im Herzen des einstigen Osmanischen Reiches wurde Mohn angebaut; in der Türkei und im Libanon wurde das Opium dann zu Morphinbase raffiniert; diese brachte man anschließend nach Marseille, wo daraus konsumfertiges Heroin gemacht wurde. Einen Teil der Produktion lieferte man dann direkt nach Amerika, einen anderen zunächst nach Sizilien und von dort aus in die USA, wo er in Brooklyn in den Verkauf ging.

Die Köpfe des internationalen, auch als *French Connection* bekannten Netzwerks waren Paul Carbone, François Spirito und Antoine Guérini sowie Paul Mondolini, Auguste Ricord und Salvatore Greco. Erste Spuren hinterließen sie in Ägypten, wo sich Carbone und Spirito, zwei der bekanntesten Drogenhändler der damaligen Zeit, zusammentaten, um die Bordelle an der französischen Riviera und den Drogenhandel in Paris zu kontrollieren. Bei der Weiterverarbeitung des Opiums, das sie aus Indochina und der Türkei nach Frankreich schmuggelten, war ihnen der Bürgermeister von Marseille, Simon Sabiani, behilflich.

Ricord, der auch mit dem französischen Gestapo-Agenten Henri Lafont zusammengearbeitet hatte, war ein Geschäftspartner der beiden amerikanischen Mafiapaten Meyer Lansky und Lucky Luciano. Einige der ersten Drogenbeschlagnahmungen, die sie hinnehmen mussten, fanden auf französischen Schiffen statt: 1947 wurden auf der *Saint Tropez* 13 Kilogramm Heroin und im Januar 1949 auf der *El Batista* 23 Kilogramm sichergestellt.

Ungeachtet der hohen Risiken hat sich der Heroinhandel seit damals zu einem ausgesprochen rentablen Geschäft entwickelt. Denn während der Rohstoff für die Herstellung eines Kilogramms Heroin rund 350 Dollar kostete, war das Heroin im Straßenverkauf tausendmal so viel wert. Damals wie heute fallen die Mengen, die auf Schiffen beschlagnahmt werden, nicht wirklich ins Gewicht.

Mittlerweile aber läuft der Rauschgifthandel in die umgekehrte Richtung: Die Drogen werden aus Südamerika nach Frankreich gebracht. Viele aus den Häfen Venezuelas auslaufende Schiffe stehen mit mexikanischen Drogenkartellen in Verbindung. Neben den französischen Karibikinseln haben sich in jüngster Zeit auch die Häfen der Elfenbeinküste zu einer Drehscheibe des Kokainhandels entwickelt, da Frankreich mit dieser ehemaligen Kolonie ebenfalls ein umfangreicher Seehandel verbindet.

Und natürlich wird in Frankreich auch schmutziges Geld aus dem Drogenhandel gewaschen. Genau wie in den Nachbarstaaten Belgien, Spanien und den Niederlanden sowie in Panama war hier in den letzten Jahren etwa jenes Firmennetzwerk aktiv, mit dessen Hilfe das mexikanische Sinaloa-Kartell Geldwäsche nach dem sogenannten Madoff-System betrieb. Sie speisten das Kapital unzähliger Sparer in einen Finanzkreislauf ein, der gerade für die Legalisierung von Schwarzgeldern erdacht war.

Wie wir gesehen haben, lässt sich die Mafia keine Gelegenheit entgehen, Geld zu waschen oder Drogen zu verschicken. Nun lieben es die Pariser, ihre Balkone, ihre Tische oder die Lenkstangen ihrer Fahrräder mit Blumen zu schmücken, und für die auf Rosen spezialisierte Blumenindustrie Kolumbiens – die 97 Prozent ihrer Produktion exportiert – gehört Frankreich zu den besten Kunden. Bis zu dreißig Euro zahlen die Franzosen für ein Dutzend Rosen. Und immer am Valentinstag schnellt der Verkauf in die Höhe. So war es kein Zufall, dass am Vorabend des 14. Februar 2012 46 Kisten kolumbianischer Rosen mit hunderttausend Kokainportionen in die Stadt der Liebe geliefert wurden.

9
Deutschland – Umschlagplatz und Top-Konsumentenland

Im Norden Deutschlands, genauer: in Schleswig-Holstein, fahren Schiffe jeder Größe, aus Amerika, Afrika oder dem Orient kommend, durch die kalten, grauen Fluten der Elbe 115 Kilometer landeinwärts auf den Hamburger Hafen zu. Sie liefern Rohstoffe und Gebrauchsartikel und nehmen Autos, Spielsachen, Schuhe, Lebensmittel, Möbel, Kunstwerke, Stahl, Maschinen, Fahrzeuge und andere begehrte Produkte aus Deutschland mit.

Im Hafen der Freien und Hansestadt Hamburg herrscht rund um die Uhr Betrieb. Nach Rotterdam ist er der zweitwichtigste Hafen des alten Kontinents, mit einem Frachtvolumen von 130 Millionen Tonnen pro Jahr. Beim Containerumschlag liegt Hamburg hinter Singapur, Shanghai, Hongkong, Shenzhen, Guangzhou und Rotterdam weltweit an fünfzehnter Stelle. Schiffe aus aller Welt laufen 24 Stunden täglich die 320 Liegeplätze des Hafens an, um durchschnittlich je dreitausend Container oder entsprechende Mengen an Massengut zu löschen, von Zahnbürsten über Kleider, Sportschuhe, Lebensmittel und Fernsehgeräte bis hin zu Rohstoffen, während auf einer Fläche von 7250 Hektar die Frachten lagern, die von hier aus täglich verschifft werden. Im Hamburger Hafen legen jährlich rund zehntausend Schiffe an.

Dass sich Hamburg im Wettbewerb mit den größten Häfen der Welt behaupten kann, verdankt die Stadt nicht nur ihrer privilegierten geografischen Lage, sondern auch der beeindruckenden Infrastruktur ihrer Hafenzone mit ihrem hochkomplexen Transportwegesystem zu Wasser und zu Land und ihrer einzigartigen organisatorischen und technologischen Effizienz. Doch Effizienz schützt offenbar nicht vor Rauschgifthändlern.

Dietmar Schulze, der seit vierzig Jahren beim Hamburger Zollfahndungsamt arbeitet, hat miterlebt, wie sich der internationale Rauschgifthandel in der Zeit verändert hat. Heutzutage werde hier vor allem Kokain geschmuggelt:

> Wir dürfen als Ermittlungsbehörde nicht schätzen. Aber als ich anfing beim Zoll, das ist mittlerweile vierzig Jahre her, hat es sich noch bemerkbar gemacht, wenn im Hamburger Hafen eine große Sendung konfisziert wurde. Dann sind in der Dealerszene die Preise gestiegen, weil der Markt mit einem Mal leer war. Das macht sich heutzutage nicht mehr bemerkbar. Es ist mehr geworden, die Drogen sind andere geworden. Ursprünglich waren es Haschisch, Marihuana, und hier in Europa auch Heroin. Das hat sich verändert, heute ist es Kokain. Natürlich ist Marihuana immer noch die Droge, die am meisten geraucht wird, in den ganzen umliegenden Staaten blüht der Anbau, aber dann kommt meines Erachtens auch schon Kokain.

Der Kokainhandel in deutschen Gewässern und Häfen ist bestens organisiert. Mafiaorganisationen aus der ganzen Welt schließen sich dafür zusammen – die einen produzieren, die anderen transportieren, wieder andere verkaufen das Kokain. Hinter der Herstellung und dem Vertrieb der Droge steht ein durchstrukturiertes System. Das Rauschgift erreicht die Konsumenten nur deshalb so verlässlich, weil kriminelle Organisationen die Häfen infiltrieren. Trotz ihrer Diversität treten sie wie ein einziger multinationaler Konzern auf: Man kennt sich, spricht sich ab, warnt sich gegenseitig und überwacht auch die Ladungen des jeweils anderen.

Schmuggel auf der Vogelfluglinie

Laut UNO-Berichten ist Europa nach den USA weltweit der zweitgrößte Markt für Kokain. In Hamburg kommen die Lieferungen an, die für Nord- und Osteuropa bestimmt sind. Da die in Hamburg einlaufenden großen Frachter die Ostsee mit ihrer geringeren Tiefe nicht befahren können, müssen die Drogen hier auf kleinere Schiffe umgeladen werden. Für die Mafiaorganisationen, die in Skandinavien oder Osteuropa aktiv sind, fungiert der Hamburger Hafen als Drehscheibe.

In umgekehrter Richtung treffen in Hamburg und anderen deutschen Häfen die Drogen und Grundstoffe aus Russland, Belarus oder China ein, die wiederum für Labore in den Niederlanden oder Belgien bestimmt sind. Da nun China sowohl der größte Produzent chemischer Grundstoffe als auch Hamburgs wichtigster Geschäftspartner im Containertransport ist, nutzen auch die Mafiaorganisationen Container, um chemische Grundstoffe aus Asien anzuliefern.

Die beliebteste Route der hier operierenden Mafiaorganisationen ist als »Vogelfluglinie« bekannt, weil sie dem Weg der Zugvögel von Mitteleuropa nach Skandinavien folgt. Die Mafia schmuggelt südamerikanisches Rauschgift über die Niederlande oder Belgien nach Deutschland und dann weiter nach Norden oder direkt aus Südamerika nach Hamburg und von dort aus auf die Vogelfluglinie.

Nach Erkenntnissen der europäischen Polizeibehörde Europol und der Europäischen Beobachtungsstelle für Drogen und Drogensucht EBDD gehören die deutschen Häfen zu den wichtigsten Anlaufstellen für Rauschgift, das per Container nach Europa geschmuggelt wird. Der Weitertransport erfolgt auf dem Landweg oder auf kleineren Schiffen, mitunter auf Jachten, die, angelockt von den malerischen Stränden der Helgoländer Düne, im Sommer am Südostrand der Nordsee kreuzen; oder im sogenannten Ameisenverkehr: denn immer mehr Menschen reisen mit beträchtlichen Drogenmengen in ihrem Fahrzeug oder persönlichen Gepäck von Deutschland in Richtung Skandinavien.

Hamburg kann auf eine lange Tradition im Jachtbau zurückblicken. Einer der exklusivsten Jachtanbieter, Blohm + Voss, baut regelrechte schwimmende Paläste. Auf Wunsch arbeitet man dort, wie bei der vom Ölmagnaten Roman Abramowitsch 2008 in Auftrag gegebenen annähernd 165 Meter langen Luxusjacht *Eclipse*, auf der sich zwei Hubschrauberlandeplätze und ein Kleinst-U-Boot befinden, unter Geheimhaltung.

2010 machte die Jacht in der Nähe von Finkenwerder eine Probefahrt. Die Anrainer staunten nicht schlecht beim Anblick des imposanten Schiffs, das vor ihnen auf der Elbe schaukelte. Sie wollen sogar Abramowitsch persönlich beim Ausprobieren seines neuen Spielzeugs gesehen haben. Der Besitzer des FC Chelsea, der eine Leidenschaft für Fußball, Rennautos und Luxusjachten pflegt, hat sein Vermögen durch die Vermittlung von Immobilien und Konkursunternehmen, durch Öldeals und Geschäfte mit der Regierung Jelzin verdient. Auch Mohammed bin Rashid Al Maktoum, Millionär und Herrscher über Dubai, besitzt eine Jacht von Blohm + Voss, die allerdings mit einer Kiellänge von 162 Metern nur die drittlängste der Welt ist.

In Hamburg haben auch die Rauschgifthändler Geschmack an Jachten gefunden und nutzen sie, genau wie Kreuzfahrtschiffe, für den Transport ihrer Ware in den skandinavischen Gewässern. Erfahrene Kuriere benehmen sich an Bord wie normale Touristen, nur haben sie Drogen im Gepäck. Manche stellen sich allerdings weniger geschickt an: So verließ ein Paar aus Rumänien auf einer Zehntausend-Euro-Kreuzfahrt kein einziges Mal seine Kajüte und erregte damit Verdacht – zu Recht, es hatte Kokain dabei. Der Passagier eines anderen Luxuskreuzers beförderte 17 Kilo Kokain. Immer wenn das Schiff anlegte und die Urlauber von Bord gingen, blieb er in seiner Kajüte und ließ die Lampe, in der er das Kokain versteckt hatte, nicht aus den Augen.

Als Teil der Hanse, jenes historischen Kaufmanns- und Städtebunds, der jahrhundertelang den Seehandel in Nordeuropa dominierte, blickt der Hamburger Hafen auf eine lange Geschichte zurück. Schon 1189, bevor er zu seinem letzten Kreuzzug aufbrach, stellte Kaiser Friedrich Barbarossa den Hamburgern einen Freibrief aus und gewährte ihren Schiffen Zollfreiheit auf der Elbe. Dies führte zum Ausbau und zur Blüte der berühmten Speicherstadt, die heute ein Teil der HafenCity ist.

Ihre imposanten roten Backsteinbauten, die noch an den alten Hafen erinnern, dienen heute vorwiegend dem Verkauf orientalischer Web- und Knüpfwaren aus Seide, Wolle, Baumwolle, Kamelhaar, Kaschmir, Angora und Leinen. In den großen Schaufenstern und an den Eingängen werden iranische Teppiche aus Bandar Abbas am Persischen Golf, aus dem benachbarten Bandar Khomeini zwischen Persischem Golf und Kaspischem Meer oder aus Bandar Torkaman am Kaspischen Meer präsentiert. Sie haben Etiketten auf Farsi, das früher in Teilen Asiens Verkehrssprache war, und Englisch, der heutigen Lingua franca. Und auch mit diesen in den Städten aus *Tausendundeiner Nacht* gefertigten Teppichen werden Drogen transportiert.

Denn nicht einmal muslimische Regime, die den Konsum von Alkohol und Rauschmitteln mit Gefängnisstrafen ahnden, sind gegen Drogenhandel immun. So ist Iran, das nebenbei gesagt selbst Rauschgift produziert, nach Angaben der UNODC das wichtigste Transitland für den Schmuggel von Drogen aus Afghanistan – wo laut UN-Weltdrogenbericht 2013 neunzig Prozent des Opiums für die Heroinherstellung angebaut werden –, Pakistan und der Türkei. Die seit jeher wichtige See- und Landhandelsroute ist heute auch für die Mafia von zentraler Bedeutung.

Illegale Waffen, die oft in Mexiko oder Mittelamerika landen, um den grausamen Kartellen ihre Macht zu sichern, werden ebenfalls gern auf dem Seeweg verschoben. So sind einige iranische Reedereien tatsächlich wegen des regelmäßigen Transports illegaler Frachten aktenkundig: In Containern, die nach

Kardamom und Safran duften, verschiffen sie Waffen und Drogen nach Westen.

Dabei entwickeln die iranischen Schmuggler eine bemerkenswerte Phantasie: Jeder Faden eines edlen Teppichs kann winzige Drogenmengen enthalten, die zusammengenommen ein kleines Vermögen einbringen. Ein Gramm Heroin kostet in Deutschland schließlich um die 43 Euro. 2014 stellte man in Leipzig einige dieser Teppiche sicher, die auch in andere europäische Länder geliefert werden. Gleiches geschieht mit den Schiffen aus Istanbul. Sie bringen Rohopium, Haschisch und Heroin aus der Türkei in deutsche Häfen, oft versteckt in Ladungen mit türkischen Spezialitäten. Manchmal reist der Stoff – wie beschrieben – als »blinde« Beifracht, meist aber wissen alle davon. Auf dem Rückweg wird dann Kokain transportiert.

Zurück nach Hamburg. Hier kontrastieren Altbauten mit modernen Wolkenkratzern, luxuriöse Wohnhäuser mit den Türmen der Landungsbrücken von St. Pauli, jenem für sein Nachtleben so berühmten Viertel. Hier strömen die Seeleute nach langer Abstinenz auf die Reeperbahn, um sich Liebe zu kaufen und in der Großen Freiheit auf den verblichenen Hans Albers anzustoßen, neben Touristen, die die Nacht zum Tag machen, gefragten Dealern, nervösen Junkies und Besuchern, die endlich einmal die Spelunken sehen wollen, in denen die Beatles zu Weltstars wurden. Mitten in all dem Trubel, in der historischen Speicherstadt, befindet sich das Deutsche Zollmuseum. In seinen Vitrinen werden die kleinen und größeren Trophäen der Zollfahndung genau so präsentiert, wie sie bei den Drogenhändlern sichergestellt wurden.

Hier lagern zum Beispiel 69 Kilogramm Kokain und Heroin, so kunstvoll in afghanische Mandeln gefüllt, dass sie mit bloßem Auge nicht zu erkennen sind; oder Kokain, das ein als gut situierter deutscher Geschäftsmann getarnter Schmuggler in Golfbällen und Golfschlägern versteckt hatte – eigentlich keine schlechte Idee, nur war in dem besonders kalten Winter, als er den Ermittlern ins Netz ging, ganz Deutschland von einer dicken Schneeschicht bedeckt. Niemandem wäre es eingefallen, unter diesen Umständen Golf zu spielen, schon gar nicht mit schneeweißen Bällen! Der vermeintliche Geschäftsmann hatte keine Gelegenheit mehr, seinen Golfschwung weiter zu verbessern; seine Ausrüstung wurde zum Museumsexponat.

Das Museum befindet sich in einem geschichtsträchtigen Haus, dem ehemaligen Zollamt Kornhausbrücke. Edle Stücke, wie eine drei Meter hohe, majestätische chinesische Marmorstatue aus dem 11. Jahrhundert, werden hier Seite an Seite mit alltäglichen Gegenständen des Rauschgiftkonsums wie Taschenspiegeln, Messern, Tropfern oder kleinen Löffeln zum Schnupfen oder Inhalieren von Kokain aufbewahrt; neben Marihuana im Brot oder in Fliesen, Mosaiken und Keramiken aus Kokain oder Haschisch, Heroin-Bonbonnieren, Kekspackungen voller Crack oder einer mit Amphetaminen bestückten Ausgabe des *Rotkäppchens* in polnischer Übersetzung.

Im Museum finden sich aber nicht nur Drogen, sondern auch gefälschte Schuhe und Kleidung von »Niki«, Puma und Adidas sowie Parfüm von »Chanael«, falsche Louis-Vuitton-Taschen, Sonnenbrillen, Gürtel oder Spielsachen. Was der Hamburger Zoll am meisten konfisziert, sind gefälschte Produkte wie etwa Sportschuhe und Textilien, wobei die Marken Tommy Hilfiger, Armani, Adidas, Puma und Nike sehr häufig vertreten sind. Die vorwiegend in China produzierte Ware gelangt auf Frachtschiffen nach Hamburg. Oft ist sie für Mexiko bestimmt, wo der Handel mit Pirateriprodukten besonders floriert.

Das Zollmuseum offenbart, dass die strengen Zollkontrollen der Region schon im Mittelalter mit großem Einfallsreichtum umgangen wurden. Denn wollte ein Kaufmann seine Ware damals über den Rhein verschiffen, dann hätte er sie auf den 883 schiffbaren Kilometern vom Bodensee bis zur Rheinmündung in die früher *Oceanus Germanicus* genannte Nordsee eigentlich vierzigmal verzollen müssen. In einer Zeit, in der für

Salz ebenso viel bezahlt wurde wie heute für Kokain, ließ er sein Schiff deshalb lieber aus dem Wasser heben und ein Stück über Baumstämme ziehen, um den Zoll zu umgehen. In Kriegs- und Hungerzeiten versteckte man die Waren in den Kleidern der Reisenden statt auf Schiffen; es waren allerdings nicht Drogen, sondern Grundnahrungsmittel, die seinerzeit mit Gold aufgewogen wurden. Die »Schmuggler« von damals klemmten sich Hasen und Gänse unter ihre Achseln oder zwischen ihre Beine.

Nach dem Ersten Weltkrieg wurden vor allem in Grenzgebieten Waren geschmuggelt. Hauptursache des Schmuggels war die allgemeine Armut, die der von den Reparationszahlungen mitverursachten Hyperinflation geschuldet war. Die Inflation war so groß, dass Städte und Gemeinden sogenanntes Notgeld drucken ließen. Interessanterweise erzählen die Bilder auf manchen dieser Geldscheine – die fünfzig oder fünfundsiebzig Pfennig wert waren – die Geschichten berühmter Schmuggler.

Nach dem Zweiten Weltkrieg, genauer gesagt: nach der Währungsreform von 1948 wurden einige Jahre lang Waren von Ost nach West geschmuggelt. Da die Kaufkraft der nur in Westdeutschland und den westlichen Sektoren Berlins neu eingeführten Deutschen Mark bald um ein Vielfaches höher lag als die der Ostmark, versorgten sich Westberliner gern in der Ostzone günstig mit Gütern des täglichen Bedarfs. In den Kleidern der Pendler, die vom Osten in den Westen fuhren, fand man deshalb oft landwirtschaftliche Erzeugnisse wie Butter, Eier, Würste und Käse. Hosen, Schürzen, Jacken und andere Kleidungsstücke wurden so genäht, dass sich Produkte darin verstecken und unbemerkt nach Westberlin bringen ließen, auf nicht ganz unähnliche Art und Weise, wie es heute auch die Kokain- und Haschisch-Mulis machen. Illegal war dieser Grenzverkehr allerdings nur aus Sicht der Sowjetischen Besatzungszone und späteren DDR.

Die Kriegs- und Nachkriegsjahre in Deutschland waren also eine Hochzeit des Schmuggels. Der Schwarzhandel florierte. Es wurde in der Bevölkerung oder mit den Besatzungssoldaten getauscht. In Ostberlin bekam man von russischen Soldaten Lebensmittel und Bargeld für Wertgegenstände wie Uhren oder Schmuck. In späteren Zeiten hatten es die europäischen Zollbehörden vor allem mit Zigarettenschmuggel zu tun: Zigaretten wurden auf Schiffen in großen Tonnen versteckt, von der Besatzung am Körper oder sogar in Prothesen mitgeführt. So transportierte ein Matrose Lucky Strike in seinem Holzbein, das man nun ebenfalls im Schmuggelmuseum bewundern kann.

Heute sind es vor allem Drogen, die illegal nach Deutschland eingeführt werden. Kleine Mengen gelangen mit der zuverlässigen Deutschen Post beziehungsweise über den hier so beliebten Internetversandhandel ins Land. Die von Paketdiensten beförderten Pralinenschachteln können ebenso gut Kokain, Marihuana oder Haschischkapseln enthalten; ein Parfümflakon mag mit Heroin, eine vermeintlich harmlose Keksdose mit Kokain gefüllt sein. Nicht selten kommt es vor, dass Bruno, der beste deutsche Zollhund, in Bonbons noch mehr wittert als Zucker und Lebensmittelfarbe. »Bruno hat eine zwei Millionen Mal feinere Nase als ein Mensch«, erläutert Hundeführer Alexander Forschner, während der Labrador bei einer Kontrolle geschickt Pakete mit Schokolade, Kaffee oder Tee beschnuppert.

Bruno ist eine echte Plage für die Rauschgiftschmuggler. Im März 2012 fand er Kokain in Postsendungen aus der Schweiz. Andere Kokain- und Haschischsendungen, die er aufgespürt hat, kamen aus Spanien, Portugal, Frankreich und der Schweiz und waren in Spielzeug, Kaffeesäcken und sogar im Mannschaftsbus eines litauischen Profi-Fußballteams versteckt. Der Trainer des Fußballteams wusste Bescheid; im doppelten Boden seines Koffers wurde ebenfalls Rauschgift gefunden.

Aber leider bleibt festzuhalten: Obwohl die Drogenhunde, die vom deutschen Zoll eingesetzt werden, um Kokain, Opium, Heroin, Amphetamine und Haschisch in Containern, auf Passagierschiffen oder im Gepäck von Touristen aufzuspüren, sicherlich gute Dienste leisten, sind sie doch als Waffe im Kampf gegen die Mafia bei Weitem nicht effektiv genug. Denn die Kontrollen erfolgen nach dem Zufallsprinzip, und auf jede sichergestellte Ladung kommen zahllose andere, die ihr Ziel erreichen. Die Mafia ist auch den Spürhunden immer eine Nasenlänge voraus.

In den letzten Jahren hat sich Hamburg von einem Durchgangsort für Drogenlieferungen zu einem nicht unerheblichen Absatzmarkt entwickelt. Bereits 2010 wurde Deutschland in der Studie *Cocaine: A European Union perspective in the global context* von EBDD und Europol als Land aufgeführt, in dem der Kokainkonsum, genau wie in den EU-Ländern Italien, Dänemark, Spanien und Großbritannien, ansteigt. Doch nicht nur Kokain, auch andere Drogen werden in Deutschland zunehmend nachgefragt. So erfreut sich zum Beispiel Kath, das aus Ländern wie Jemen, Äthiopien oder Somalia nach Europa importiert wird, hier neuerdings großer Beliebtheit. Die Blätter des afrikanischen Kathstrauches werden gekaut. Ihre Inhaltsstoffe Cathin und Cathinon sind stark psychostimulierende Phenethylaminderivate, die chemisch gesehen dem Amphetamin ähneln. Da Kath nicht viel kostet, nimmt der Konsum in Deutschland zu – ebenso wie in Großbritannien, wo er allerdings legal ist. Dieses natürliche Amphetamin, das ähnlich wirkt wie Kokain, wird von den Rauschgifthändlern deshalb in immer größeren Mengen vertrieben.

In Rostock, wo ein Teil des in Holland angebauten Marihuanas per Schiff angeliefert wird, verfolgte ein findiger Geschäftsmann das ambitionierte Projekt großflächiger Marihuana-Pflanzungen. Dafür ließ er 1625 Setzlinge anliefern, die er zunächst in einem kleinen Ort in Mecklenburg deponierte, während er den Boden vorbereitete. Außerdem wird in Deutschland neuerdings reines Kokain verschnitten und raffiniert, um größere Mengen für den Verkauf zu erzeugen. Nachdem sich nicht nur Hamburg, sondern auch andere deutsche Häfen in den letzten Jahren immer mehr von Durchgangsstationen zu Zielorten des Drogenhandels entwickelt haben, sind in Deutschland die ersten Drogenlabore entstanden.

Eine Gruppe Krimineller hatte beispielsweise im badischen Karlsbad ein Crystal-Labor – Crystal ist Methamphetaminhydrochlorid in kristalliner Form; die durchsichtigen Kristalle sehen wie Eiswürfel aus und werden geraucht – an einem ungewöhnlichen Ort eingerichtet, nämlich an einer Eislaufbahn. Der VIP-Bereich der ehemaligen Eishalle – nördlich des Schwarzwalds, 13 Kilometer südöstlich von Karlsruhe und 15 Kilometer westlich von Pforzheim – wurde zur Drogenküche umfunktioniert. Die Betreiber des Labors produzierten im Schnitt zehn Kilo Crystal pro Tag. Die Droge war hauptsächlich für den deutschen Markt und die östlichen Nachbarländer wie die Tschechische Republik bestimmt.

Die lautlose Mafia

Deutsche Häfen sind aber nicht nur Zielorte für Kokainlieferungen geworden, sie haben sich darüber hinaus zu Stützpunkten der Rauschgifthändlerringe entwickelt. 2013 verfolgte das Landeskriminalamt ein Netzwerk aus der Dominikanischen Republik, das in Deutschland und Spanien mit Kokain Geschäfte machte. Eine Geldsendung nach Santo Domingo, mit der eine Ladung bezahlt werden sollte, hatte die Ermittler auf die Spur des Rings gebracht. Die Zusammenarbeit zwischen spanischer und deutscher Polizei war von der Enttarnung seiner Hintermänner in Madrid gekrönt, die den Einkauf des Rauschgifts in der Dominikanischen Republik und seinen Transport nach Europa organisiert hatten.

Der bekannte deutsche Journalist Johannes von Dohnanyi ist der Ansicht, die Mafia floriere in Deutschland gerade wegen einer gewissen Naivität der Deutschen gegenüber dem organisierten Verbrechen. Und tatsächlich schien man sich in Deutschland gegen die in Italien herrschenden Zustände immer immun zu fühlen. Als im August 2007 in einer Duisburger Pizzeria aber sechs Personen mit über siebzig Schüssen ermordet wurden, kam es bei manchem zu einem bösen Erwachen. Die Opfer des Massakers konnten später als Angehörige des Vottari-Romeo-Pelle-Clans identifiziert werden. Ihre Hinrichtung war die Rache des gegnerischen 'Ndrangheta-Clans Strangio-Nirta für den Mord an Maria Strangio, der Ehefrau des Clanchefs. Strangio selbst hatte sich Mitte der achtziger Jahre in Duisburg niedergelassen und macht mit seinem Clan mittlerweile auch in anderen Teilen Deutschlands Geschäfte.

In seinem Buch *Mafialand Deutschland* schreibt Jürgen Roth, dass Ableger der italienischen Mafia schon lange in Deutschland aktiv seien. Er nennt italienische Restaurants, die sich angeblich im Besitz der Cosa Nostra befinden, ostdeutsche Immobilien- und Baufirmen sowie Autohäuser, die kalabrischen 'Ndrangheta-Clans, sizilianischen Cosa Nostra-Mafiosi oder der neapolitanischen Camorra gehören sollen.

Als die Berliner Mauer fiel, fasste die italienische Mafia den Plan, das Überangebot an Immobilien und Grundstücken zu nutzen und die Erlöse aus Rauschgifthandel, Erpressung und Zwangsprostitution in Deutschland zu investieren. Sie kaufte an der Ostsee Wohnungen, Hotels und ganze Ferienanlagen. In einem Interview mit der Zeitung *Express* bestätigte Giorgio Basile, ehemaliger Chef der kalabrischen 'Ndrangheta, dass die Organisation in Deutschland gut vernetzt ist. Basile selbst ist in Deutschland aufgewachsen. Die Geheimdienste sprechen von einer starken Präsenz der italienischen Mafia in den neuen deutschen Bundesländern.

Den italienischen Mafiaorganisationen, die mit den südamerikanischen und mexikanischen Kartellen kooperieren, gehören viele der Rauschgiftladungen, die über deutsche Häfen angeliefert werden. Auch die mächtigen Clans der südosteuropäischen Mafia nutzen die deutschen Häfen, so wie jene Serben, die im April 2011 in einem als Holzmöbeltransport deklarierten Container eine Ladung von 320 Kilogramm Kokain im Wert von 16 Millionen Euro aus Bolivien erhielten. In dem Container befanden sich tatsächlich Möbel, nur war ihr Holz mit Rauschgift gefüllt. Die Möbel sollten eigentlich nach Montenegro geliefert werden, und der Container war von den Zollbeamten rein zufällig für eine Routineüberprüfung ausgewählt worden. Als Empfänger machten die Zollfahnder zwei Rauschgifthändler in Montenegro aus, einen Serben und einen Niederländer.

In Deutschland finden auch Auseinandersetzungen zwischen Mafiaorganisationen statt, die im maritimen Rauschgiftschmuggel tätig sind. Weniger sichtbar und blutig – auch wenn es gelegentlich Tote gibt – sind die Bandenkriege zwischen der Hamburger Mafia und den Mafiagruppen der benachbarten niederländischen Häfen. Sie können ausbrechen, wenn Drogen konfisziert werden, die »geschädigte« Partei aber davon ausgeht, dass hinter der Konfiszierung eine konkurrierende Mafiaorganisation steckt. »Ich würde sagen, Europa ist in dieser Beziehung noch etwas gemäßigter. Ich glaube, mit so harten Bandagen wie in Amerika wird hier noch nicht gekämpft«, sagt Dietmar Schulze.

Kunst, Obst und anderes aus Übersee

»Kokain ist Amerikas Tasse Kaffee.« Dieser Satz wurde 1993 bekannt, als der Film *Blood in, Blood out – Verschworen auf Leben und Tod* in die Kinos kam, in dem Taylor Hackford die Geschichte des von US-amerikanischen Gefängnissen aus kontrollierten Kokainhandels erzählt, der den Mafiaorganisationen bis heute Abermillionen Dollar eingebracht hat und die Bürger der Vereinigten Staaten schon zum Frühstück mit Kokain versorgt.

In Deutschland ist der Spruch buchstäblich wahr geworden, seit die Rauschgifthändler ihr Kokain zwischen den Kaffeebohnen aus Südamerika verstecken. Im Februar 2013 wurde eine solche Ladung auf dem Flughafen Köln/Bonn entdeckt. Der Kaffee war heiß und stark wie nie – man hatte in Bohnenform gepresstes und angemaltes Kokain unter echte Kaffeebohnen gemischt. Eine Tasse von diesem Kaffee hätte einen Elefanten zum Tanzen gebracht.

Dieser Methode bedienen sich vorzugsweise die Händler, die den Stoff auf den Gewässern des Rheins Richtung Basel in die nördliche Schweiz transportieren. Die Stadt Köln, an der man unterwegs vorbeikommt, beherbergt in ihrem gotischen Dom bekanntlich Reliquien der Heiligen drei Könige. Sie rangierte im UN-Weltdrogenbericht 2007 aber auch als eine der 23 Städte mit dem höchsten Kokainkonsum pro Einwohner. Auf der von New York angeführten Liste fanden sich weitere deutsche Städte, nämlich Mannheim, München, Düsseldorf, Ingolstadt, Nürnberg und Frankfurt. Dem Bericht zufolge ist Deutschland der viertgrößte Kokainmarkt Europas.

2013 gab es einen großen Skandal, weil in der Lasagne und anderen Fertigprodukten großer deutscher, dänischer und norwegischer Supermarktketten Pferdefleisch gefunden wurde. Doch in Fleisch- und Fertigprodukten kann man nicht nur Pferdefleisch finden: Eine Bande, die Drogen zwischen Hannover, Málaga, Norwegen und Großbritannien verschob, packte Kokain, Haschisch, Marihuana und Heroin in tiefgekühlte Geflügel- und Fischprodukte. Andere schmuggelten Rauschgift in dem in Deutschland so beliebten Dönerfleisch.

Ein anderes Netzwerk, an dem Deutsche, Italiener und Türken beteiligt waren, transportierte südamerikanisches Kokain zusammen mit Metalllieferungen. Da die Beteiligten in Hamburg ein Containerunternehmen betrieben und als ehrenwerte Geschäftsleute galten, hatten sie leichtes Spiel. In Deutschland und Frankreich genießt die Kunst einen hohen Stellenwert. Aus diesem Grund wird in beiden Ländern viel Geld auf dem Kunstmarkt investiert. Regelmäßig werden bei Auktionen im In- und

Ausland Kunstwerke ersteigert. Auch diesen Umstand nutzen Rauschgifthändler für ihre Zwecke. Im August 2012 schmuggelte ein Hamburger Paar 240 Gramm Kokain in einem Gemälde nach Deutschland – eine geringe Menge, die dennoch auf dem hiesigen Markt zwanzigtausend Euro wert ist. Das Paar wollte das Bild samt seinem Inhalt von der Karibikinsel St. Martin importieren und den Stoff anschließend selbst im Straßenverkauf an den Mann bringen.

Einige Schmuggelversuche sind einfach wegen ihrer besonderen Absurdität aufgeflogen: ein Bananentransport aus Grönland, der auch noch an einen Elektronikhändler geliefert werden sollte; Schmuggler, die vergaßen, wo ihre Drogen versteckt waren, sodass kistenweise Kokain in einer Aldi-Filiale auftauchte. In Lagerhallen in Berlin und Brandenburg fand man 140 Kilogramm Kokain im Wert von sechs Millionen Euro. Sie steckten in Bananenkisten aus Kolumbien, die über den Hamburger Hafen ins Land gekommen waren.

Wegen der großen Nachfrage eignet sich Obst immer gut als Versteck für Drogenlieferungen nach Europa. Obwohl man bei diesen Lieferungen durchaus mit Kontrollen rechnen muss, werden sie bei der Mafia immer beliebter. »Wir hatten in Hamburg in den letzten beiden Jahren viele Bananenfrachter, das scheint in Holland, Belgien genau das Gleiche zu sein. Es ist immer wieder vorgekommen, dass in den großen Bananenkartons, wenn sie im Supermarkt geöffnet wurden, Kokain drin war. Das Kokain ist auch oft in Reisetaschen gepackt und wird so versteckt, dass es schnell und praktisch irgendwo entnommen werden kann«, sagt Dietmar Schulze.

Der Drogenhandel läuft laut Schulze gut koordiniert ab: »Die organisierte Kriminalität ist ja mittlerweile weltweit tätig, und im Grunde muss man das sehen wie eine Schattenwirtschaft. Das sind zum Teil genauso Wirtschaftsbetriebe wie ganz normale Firmen, sie bedienen sich ja auch normaler Transportunternehmen, die überhaupt nichts dafür können. Sie sind zum

Teil auch nicht weltweit verbunden, sondern man kennt sich in diesen Kreisen, und wie sich im normalen Wirtschaftsleben eine Firma mit der anderen in Verbindung setzt, so setzen sich auch diese organisierten Banden miteinander in Verbindung: der eine produziert, der Nächste transportiert, der Dritte empfängt und verteilt die Ware. Die Transportunternehmen müssen dabei nicht kriminell sein, sie befördern einfach Ware von A nach B und werden von jedem benutzt. Wenn man ab und zu liest, dass ein Kapitän eingesperrt wurde, weil ein Container mit Rauschgift auf dem Schiff war ... der arme Kerl kann in der Regel nichts dafür, weiß gar nicht, was in dem Container drin ist.«

Natürlich operieren die Drogenkartelle auch mit Strohmännern und Scheinfirmen. So konnte beispielsweise aufgedeckt werden, dass von solchen Firmen auf der Ostseeinsel Fehmarn Drogentransporte zwischen den Häfen von Kiel, Hamburg und Lübeck abgewickelt wurden. Auch in Kiel, wo sich die bedeutendsten Werften der Republik und auch einer der wichtigsten Marinestützpunkte befinden, betrieb ein Mafianetzwerk eine Reihe scheinbar legaler Depots, in denen Drogen aus Südamerika gelagert wurden, um in andere deutsche Großstädte, nach Spanien, Portugal und Großbritannien weiterverkauft zu werden.

Manchmal verstecken sich die Schmuggler samt ihrer Ware auf einem Schiff. Im November 2011 etwa gingen zwei Rauschgifthändler mit Bananen und Kokain in Ecuador an Bord des liberianischen Frachtschiffs *Tasman Mermaid*. Die blinden Passagiere – ein vierzigjähriger Kolumbianer und ein vierunddreißigjähriger Ecuadorianer – sollten zweihundert Kilogramm reines Kokain mit einem geschätzten Wert von zwölf Millionen Euro überbringen, der sich im Straßenverkauf noch einmal verfünffacht hätte. Luis und Fredy, die Schmuggler, wurden entdeckt, weil sie die Kälte in ihrem Versteck nicht mehr ertragen hatten: Bekanntlich werden Bananen beim Transport stark gekühlt, um nicht nachzureifen.

Die *Tasman Mermaid* war schon im Hamburger Hafen einge-laufen, als beim Ausladen ein Schlafsack und mehrere persön-liche Gegenstände zwischen den Containern entdeckt wurden. Die Existenz blinder Passagiere rief die »schwarze Gang« des Hamburger Hauptzollamtes auf den Plan, die in der Nähe des betreffenden Frachtraums Seile, Bojen, ein GPS-Gerät, ein Mobil-telefon und acht Seesäcke mit den zweihundert Kilogramm Ko-kain sicherstellte. Die Schmuggler sollten das wasserfest ver-packte Kokain mithilfe der Seile und Bojen vor Europas Küsten ins Wasser werfen. Das GPS-Gerät diente ihnen zur Bestimmung ihrer jeweils aktuellen Position und der vereinbarten Über-gabestelle. Auch dies ist eine der vielen Möglichkeiten des Dro-genschmuggels, denn im Wasser schwimmt das Kokain, an die Bojen gebunden, und kann von Schnellbooten aufgesammelt werden.

Die Geißel der Mafia

In Seemannskreisen kennt man die Eliteeinheit der Zollfahn-dung als »schwarze Gang«, weil ihre Mitglieder schwarze Over-alls tragen und zuweilen schwarz wie Schornsteinfeger aus den Maschinenräumen kommen. Ihre Aufgabe ist es, Rauschgift und andere illegale Frachten aufzuspüren. Sie durchsuchen jeden Winkel eines Schiffes, Zentimeter für Zentimeter. Wenn die schwarze Gang ein Schiff kontrolliert, das Drogen befördert, ha-ben die Kriminellen schon verloren. Deshalb nennt man sie auch die »Geißel der Rauschgifthändler«.

Die Mitglieder der schwarzen Gang – 43 Männer und eine Frau – geben sich nicht so leicht geschlagen. Wenn sie Drogen auf einem Schiff vermuten, suchen sie außen und innen und von oben bis unten alles ab, bis sie fündig werden. Seit der Geschichte mit der *Layón* hat die deutsche Zollfahndung be-schlossen, dass auch die Außenhaut der Schiffe unter Wasser kontrolliert werden muss. Das ist der schwierigste Teil der Arbeit, den nur erfahrene Taucher erledigen können. Doch meist ist die Mafia den Behörden trotzdem noch eine Nasenlänge voraus: Sie hat ihre eigenen Profi-Taucher, die den Schiffen auf Booten folgen und bei der ersten Gelegenheit die Netze mit den Drogen einholen. Alles läuft überaus koordiniert ab.

Eine Überprüfung durch die schwarze Gang kann bis zu zwei Tage dauern. So lange darf ein Schiff festgehalten werden. Wenn sie fündig wird, schalten sich manchmal auch die Geheimdienste ein, um internationale Drogenhändlerringe zu zerschlagen; zu deren Ermittlungsmethoden zählen Telefonüberwachungen in mehreren Ländern, das Ausspionieren von Wohnungen und Hotelzimmern, die Überwachung des E-Mail-Verkehrs und die Beobachtung und Beschattung von Verdächtigen.

Gewisse Schiffe stuft die schwarze Gang von vornherein als verdächtig ein: in der Regel Schiffe mit Bananen aus Süd- und Mittelamerika und solche aus Rotterdam. Auf diesen Schiffen wird häufig Kokain geschmuggelt, doch können nicht alle überprüft werden. Einzelne Schiffe sind zudem polizeilich gesondert erfasst; das gilt etwa für die *Pacific Reefer*, die Hamburg von kolumbianischen Häfen aus direkt anläuft. Auf dem Frachter wurden in der Vergangenheit immer wieder Drogen sichergestellt.

Doch es ist nicht damit getan, ein Schiff zu erfassen. Im Fall der *Pacific Reefer* etwa bestand das größte Problem der deutschen Fahnder darin, herauszufinden, welche Zöllner im kolumbianischen Hafen Turbo geheime Absprachen mit den Rauschgifthändlern getroffen hatten. Als man diese Verflechtungen untersuchte, gab es einige Beamte in Turbo, die kooperierten: Einige Tage später trieben sie mit einer Kugel im Kopf im Meer. Seither hofft die deutsche Zollfahndung vergeblich auf die Mithilfe ihrer kolumbianischen Kollegen. Denn an der kolumbianischen Pazifikküste bekommen Fahnder, die nicht im Sold der Rauschgifthändler stehen, schnell Zementschuhe verpasst.

Die von Volker Biermann ins Leben gerufene schwarze Gang arbeitet bei ihren Ermittlungen mit der Kontaktgruppe der Zollverwaltungen von Nordhäfen der EU (RALFH) zusammen. In allen Häfen dieser Vereinigung – Rotterdam, Antwerpen, Le Havre, Felixstowe und Hamburg – gibt es schwarze Gangs, die sich über den Rauschgifthandel in europäischen Gewässern austauschen. Sie kooperiert auch mit Häfen in Skandinavien, mit den Häfen von Bilbao und Leixões und dem großen polnischen Werfthafen Stettin an der Odermündung.

Informanten werden angeblich nicht bezahlt, wie es sonst bei der Polizei üblich ist. Der Wahrheitsgehalt dieser Aussage ist aber nicht leicht zu überprüfen, denn RALFH arbeitet zum Leidwesen der Rauschgifthändler äußerst diskret. Dennoch liefern allein die kolumbianischen Kartelle – immer häufiger als Geschäftspartner der mexikanischen Narcos – schätzungsweise tausend Tonnen Kokain pro Jahr in die ganze Welt. Fast die Hälfte davon geht nach Europa, wird durch Hunderte von Häfen oder jeden beliebigen anderen Punkt an den rund 35 000 Kilometer langen Küsten geschleust. Geschätzte zehn Prozent des gesamten Volumens kommen über deutsche Meere und Häfen nach Europa.

Die Mafia ist in letzter Zeit zum Stachel im Fleisch der deutschen Behörden geworden, deren Mitarbeiter gegen ihre Versuchungen keinesfalls immun zu sein scheinen. Ende Oktober 2013 gaben die Fahnder zu, dass einer ihrer Beamten, ein 35-jähriger Hamburger, mit Rauschgifthändlern zusammengearbeitet hatte, die Kokain aus Südamerika nach Hamburg schmuggelten. Das Kokain war mit Schiffen aus Santa Cruz in Bolivien und Guayaquil in Ecuador gekommen. Zwischen August 2009 und November 2012 waren unter Beteiligung des Beamten mindestens 416 Kilogramm Kokain im Wert von vierzig Millionen Euro über den Hafen ins Land gekommen.

Im Februar 2014 wiederum wurde bekannt, dass ein bayerischer Polizeikommissar der Anti-Drogen-Einheit in seinem

Spind eineinhalb Kilo Kokain aufbewahrt hatte. Bayern liegt im Einflussbereich der kalabrischen 'Ndrangheta, die ebenfalls gemeinsam mit mexikanischen Kartellen Kokain nach Europa schleust. Ironischerweise sind gerade die Erfolge der Schifffahrtsindustrie – mit ihren Einnahmen ein wichtiger Motor der Volkswirtschaft – ein Grund dafür, dass auch die Geschäfte der Mafiosi und ihrer Drogenhändlerringe in den Häfen blühen. Das Stockholmer Internationale Friedensforschungsinstitut (SIPRI) dokumentierte im Januar 2012 in einer Studie, dass die Eigner der meisten Schiffe des illegalen Drogen- und Waffenhandels ihren Sitz in Ländern wie Deutschland, Griechenland, den USA, Nordkorea, Panama und Iran haben. »Das muss nicht heißen, dass Eigentümer und Kapitäne immer wissen, was sie mitführen. Doch so oder so ist es für Schmuggler recht einfach, Waffen und Drogen zwischen legaler Ladung zu verstecken«, sagt Hugh Griffiths, einer der Autoren der Studie. Diese macht auch deutlich, dass es sich in den Fällen, in denen die Besatzung und die Kapitäne unmittelbar am versuchten Schmuggel beteiligt sind, tendenziell um größere Schiffe handelt, die unter fremder Flagge fahren.

Die Methoden, mit denen Schmugglerringe die UN-Waffenembargos gegen Iran und Nordkorea umgingen, werden von Drogenhändlern schon seit Jahrzehnten angewandt – nämlich Schmuggelware in versiegelten Containern unterzubringen, die angeblich legale Waren enthalten, sie auf regulären Handelsschiffen ausländischer Besitzer zu befördern und dafür besonders lange Routen zu wählen, um eine Überwachung zu erschweren. Griffiths fügt hinzu: »Der Einsatz von Containern hat den internationalen Handel revolutioniert, bietet aber auch eine ideale Tarnung für den Handel mit illegalen Waren. Jeden Tag passieren weltweit so viele Container die Häfen, dass nur ein Bruchteil überprüft werden kann. Reeder und Zöllner müssen oft blind darauf vertrauen, dass sich in den Containern auch die in den Frachtdokumenten verzeichneten Waren befinden.«

10
Das Teufelsmeer und die Kängururoute

Frühe Morgendämmerung. Das Deck des Containerschiffs *MV Andrea* ist in einen trüben Dunst gehüllt. Wir befahren die Ostsee, den wichtigsten Seeweg des Drogenschmuggels in die Anrainerstaaten und die osteuropäischen Länder. Unser Küstenfrachter verkehrt zwischen Großbritannien, Skandinavien, dem Bottnischen Meerbusen und anderen Regionen der Ostsee, den Gewässern des »teuflischen Dreiecks«, wie ich versucht bin sie zu nennen. Doch beruhigenderweise weiß der Kapitän – ein alter Seebär mit wettergegerbter Haut und dichtem rötlichem Bart – mit den Gefahren dieses Meeres umzugehen. Sicher und zuverlässig steuert der passionierte Pfeifenraucher und Kaffeetrinker das nicht übermäßig große, aber schnelle und leistungsstarke Schiff durch die teuflischen Gewässer. Die Ostsee ist ein 432 800 Quadratkilometer großes Binnenmeer, das zwei langgestreckte Buchten umfasst: den Finnischen Meerbusen und den bereits erwähnten Bottnischen Meerbusen zwischen der Westküste Finnlands und der Ostküste Schwedens. Mehr als zweihundert Häfen haben sich entlang dieser Küsten angesiedelt: Ankerplätze mit funktionierender Infrastruktur und einer gut organisierten Küstenschifffahrt, mit Kais, Deichen, Hafenbecken und Molen, mit Lagerschuppen und Gerätedepots, Kränen und akkurat gestrichenen Gebäuden. Im Gegensatz zu den chaotischen, turbulenten Häfen der Karibik wirkt hier alles sauber und ordentlich. Doch selbst wenn sie besser organisiert sein mögen – Schlupflöcher für den Drogenhandel finden sich auch hier. An einem dieser Häfen wird unser Schiff schließlich anlegen: in Stockholm, dem wichtigsten Frachthafen für die baltischen Länder.

Die *MV Andrea* ist Tag und Nacht unterwegs. Frühmorgens ist es so neblig, dass man den Eindruck hat, Wolken zu durchpflügen. Der eisige Wind, der durch die Luken pfeift, ist Vorbote eines vorzeitigen Wintereinbruchs, auch wenn sich die Sonne an diesem Tag noch gnädig zeigt. In der Morgenröte kommen allmählich die immer noch fernen Kirchturmspitzen der skandinavischen Dörfer in Sicht; davor erblickt man Strände mit Strandliegen und Sonnenschirmen, die schon bald weggeräumt und erst im nächsten Frühjahr wieder aufgestellt werden, wenn die Hotels erneut ihre Pforten öffnen. Dann werden auch wieder Kreuzfahrtschiffe und Fähren voller Touristen anlegen, unter die sich der eine oder andere Drogenhändler mischen wird, um im kleinen Stil mit Marihuana, Opiaten, Amphetaminen, Heroin und Kokain zu dealen. Aktuell ist der Drogenkonsum in den skandinavischen Ländern im europäischen Vergleich eher gering, auch wenn illegale Drogen, insbesondere Kokain, auf dem Vormarsch sind. Für die Drogenhändler sind diese Länder deshalb so attraktiv, weil sie über den höchsten Lebensstandard und die höchsten Einkommen der Welt verfügen. An potenziellen – und guten – Konsumenten besteht also kein Mangel.

Wenn Rauschgift auf dem Seeweg nach Skandinavien gelangt, dann vor allem in Containern, die von Südamerika aus nach Europa verschifft werden. Die konkrete Route verläuft dabei wie folgt: Zunächst fahren die Containerschiffe durch das Amazonasgebiet, überqueren dann den Atlantik, passieren die Nordsee und kommen über die Meerengen Kattegat und Skagerrak an ihrem Zielort an. Auch Osteuropa und sogar die Balkanländer werden über diese Route beliefert. (Ein alternativer Transportweg in die Balkanstaaten führt über die Adria.) In all diesen Ländern ist der Konsum deutlich höher als in Skandinavien.

Im Laufe des Morgens lichtet sich der Nebel, und man kann nun deutlich die Dünen sehen und die Vegetation, die zwischen dem kalkigen Sand wächst. Auf den riesigen Kalkfelsen, an denen sich dröhnend die Wellen brechen, sitzen Möwen; weiter oben erkennt man die Leuchttürme, stabile rot-weiße Konstruktionen, die den Schiffen Orientierung geben und die Küstendörfer schützen.

Im fernen Alexandria war der auf der gleichnamigen Insel erbaute Leuchtturm Pharos schon in der Antike von strategischer Bedeutung für einen der damaligen Haupttransportwege: Er wachte über die Nilmündung, die zugleich eine direkte Verbindung zum Mittelmeer darstellte. Hier, in der Ostsee, einem Meer mit extremen, geradezu »teuflischen Gewässern«, sind Leuchttürme lebenswichtig, um Eisberge zu umfahren und um bei eiskalten Regengüssen Orientierung zu bieten.

Obwohl der Himmel noch bewölkt ist, kann man von Bord der *MV Andrea* aus die modernen Windräder sehen, die sich inzwischen vor den Küsten Dänemarks, Finnlands, Norwegens und Schwedens ausgebreitet haben. Zumindest optisch verschandeln diese sauberen Energieerzeuger Küstenabschnitte, die noch vor etlichen Jahren vollkommen unberührt waren. An etlichen Stellen ist auch die See längst nicht so sauber und klar, wie es den Anschein hat: Auf dem Meeresgrund lagern Tausende Tonnen chemischer Kampfstoffe und andere Altlasten des Zweiten Weltkriegs.

Im Laufe des Tages weht der Wind wieder stärker und durchdringender; Böen brausen vorüber, woran jedoch alle außer mir gewöhnt zu sein scheinen. Auch der ostseetypische Anblick – eine geschmackvolle Komposition aus blaugräulichem Himmel, Dünen, Wellen, Eisbergen, Küsten, weißem Sand und Kalkfelsen – ist nichts Neues für sie. Daher dreht sich die Unterhaltung mit der Besatzung hauptsächlich darum, wie viele Menschenleben diese Gewässer bereits gefordert haben, für wie viele arme Seelen sie zum feuchten Grab geworden sind, wie viele Gebeine dort unten liegen mögen, wie viele Kadaver wohl zwischen Seehechten, Grundeln, Glasaugen und Lachsen verwest sind ...

Auf der Ostsee haben sich unzählige Schiffsunglücke ereignet. Am 27. September 1994 etwa sank die Fähre *Estonia* mit Kurs auf Stockholm; 852 der 989 Passagiere kamen dabei ums Leben.

Die Fähre war bei heftigem Sturm von Tallinn, der Hauptstadt Estlands, ausgelaufen. Zwar wurde sechs Stunden später ein Mayday-Signal, ein Notruf der höchsten Dringlichkeitsstufe, abgesetzt, doch da war es bereits zu spät: Innerhalb von 28 Minuten wurde das Schiff vom Meer verschlungen und sank 150 Meter tief.

Doch natürlich war die Ostsee auch Schauplatz triumphaler Erfolge, wie etwa der Jungfernfahrt der *Allure of the Seas*, dem mit einer Gesamtlänge von 362 Metern größten Kreuzfahrtschiff der Welt. An einem Freitag im Oktober 2010 verließ sie die Werft, die das südkoreanische Unternehmen STX in Turku an der Südwestküste Finnlands besitzt, um von dort aus in See zu stechen.

Darüber hinaus ranken sich allerhand Mythen und Mysterien um die Ostsee. Ein Beispiel hierfür ist die sogenannte *Ostsee-Anomalie*, eine Formation mit einem Durchmesser von sechzig Metern, die sich auf dem Grund des Bottnischen Meerbusens befindet. Im Juni 2011 wurde sie von den Schatztauchern Peter Lindberg und Dennis Åsberg von der schwedischen Bergungsfirma Ocean X Team entdeckt. Die Schatzsucher hatten 1992 bereits den amerikanischen Bomber B-17 gefunden und aus einem gesunkenen Schiff 168 Flaschen des ältesten Champagners der Welt – aus dem 18. Jahrhundert – geborgen.

Seit dem Ende der neunziger Jahre ist in den Ostseeländern ein verstärkter Konsum des synthetischen Opioids Fentanyl zu beobachten; Fentanyl ist ein Schmerzmittel, das wesentlich günstiger ist und stärker wirkt als Heroin und Kokain, und die Ostsee ist zu einer der wichtigsten Transportrouten für diese Droge geworden.

Auch ein Teil des Kokains, das in Schweden, Finnland, Estland, Lettland, Litauen, Polen, Dänemark und Deutschland konsumiert wird, nimmt seinen Weg über die Ostsee; daneben werden Länder wie Bulgarien, Montenegro, Rumänien, Albanien, die Ukraine und Russland über diese Route beliefert. Häufig läuft das in Costa Rica verladene Kokain in Lettland ein. Es stammt mitunter von mexikanischen Kartellen, die gegebenenfalls mit kolumbianischen und peruanischen Kartellen kooperieren, und wird an lokale Mafiabanden mit Verbindungen zur russischen Mafia geliefert. Letztere versorgt einen Teil Osteuropas und sogar die deutschen, französischen und britischen Märkte mit dem Rauschgift.

Ist das Kokain in einem Ostseehafen angekommen, wird es vor Ort verdealt oder in Russland, Albanien und der Ukraine zwischengelagert. Die Drogenhändler nutzen dabei dieselben Strukturen, die sich für den Heroin- und Waffenschmuggel etabliert haben, nur in umgekehrter Transportrichtung. Während Waffen und Heroin über Pakistan, Iran, die Türkei, Albanien und die Länder des ehemaligen Jugoslawien nach Nordeuropa gelangen, wird das Kokain auf dieser sogenannten Balkanroute nach Süden geschleust.

Für den Kokainschmuggel auf See werden selbst Schiffe bekannter und angesehener Unternehmen zweckentfremdet. Dabei wird das Rauschgift, wie schon beschrieben, oftmals ohne deren Wissen als sogenannte Beifracht oder blinde Fracht auf dem Schiff versteckt. So fand man beispielsweise auf der *Baltic Navigator* im Jahr 2008 neun Kilogramm reines Kokain aus Ecuador. Das 1985 erbaute, unter liberianischer Flagge fahrende Küstenschiff ist regelmäßig zwischen dem Finnischen Meerbusen und der Ostsee unterwegs. Ein Besatzungsmitglied hatte die Ladung, verpackt in einzelne Pakete von der Größe eines Ziegelsteins, nach Sankt Petersburg schmuggeln wollen, doch die Fracht ereilte das gleiche Schicksal wie die 21 Kilogramm Kokain, die im Juli desselben Jahres in einem Bananencontainer auf der *Auckland Star* aus der ecuadorianischen Hafenstadt Guayaquil gefunden wurden.

Auf der prunkvollen *MSC Orchestra*, »einem strahlenden Juwel unter den Kreuzfahrtschiffen«, das mit gehobener chinesischer Küche, Unterhaltung im Hollywood-Stil und einem Kasino mit Palm-Beach-Flair aufwartet, hatte eine Bande, bestehend aus vier Litauern und drei Bulgaren, 35 Kilogramm reines Kokain aus Ecuador versteckt. Im März 2013 reisten drei argentinische Passagiere desselben Kreuzfahrtschiffs mit sieben Kilogramm Kokainhydrochlorid in ihrem Gepäck. Auf einem anderen Luxuskreuzer desselben Unternehmens, der *MSC Magnifica*, waren zwei philippinische Besatzungsmitglieder in den Schmuggel von Rauschgift verwickelt. Die UDYCO, eine Spezialeinheit der spanischen Nationalpolizei, die für Drogen und organisiertes Verbrechen zuständig ist, konnte in verschiedenen Kabinen 15 Kilogramm Kokain sicherstellen.

Auf der *MV Andrea* wird der Ostwind immer stärker. Ein eisiger Nieselregen zwingt mich schließlich, das Deck zu verlassen und in der Kommandobrücke Schutz zu suchen. Zwischen zwei Schlucken heißem Schwarztee erklärt mir der Kapitän, wie die mächtige Russenmafia auf der Ostsee Seeleute anwirbt: Die Russen schmuggelten Drogen, Waffen, Diamanten, Medikamente, Alkohol und gefälschte Markenprodukte, gezahlt werde pro Fahrt, abhängig von der jeweiligen Ware und dem damit verbundenen Risiko, und wenn einem das eigene Leben und das Leben der Familienmitglieder lieb seien, sollte man im Falle einer Verhaftung besser schweigen.

Wer mit der russischen Mafia kooperiert, wird von ihr bis ins kleinste Detail ausgeforscht. Auch über die Familie des Betreffenden werden Erkundigungen eingezogen. Nicht umsonst hat sie sich mit ehemaligen KGB-Agenten Meister der Spionage in ihre Reihen geholt. Genau wie die kolumbianischen Kartelle verlangt auch die Russenmafia bei größeren Frachten ein Familienmitglied als Pfand.

Der Kapitän der *MV Andrea* betont, noch nie illegale Waren transportiert zu haben: »Keine Drogen, keine Waffen und auch keine Diamanten.« Die Schiffsmannschaft aber ist sich sicher: Wer einmal ins Visier der Russenmafia gerät und sich weigert, einen Auftrag zu erfüllen, besiegelt damit praktisch seinen eigenen Tod.

Andere Transporte werden mit Schiffen abgewickelt, die von den baltischen Ländern oder den Ländern der ehemaligen Sowjetunion auslaufen. In dieser Gegend, wo die Küsten aus endlosen Sandstränden bestehen, braucht es erfahrene Schiffsbesatzungen. Die beteiligten Seeleute werden entsprechend gut bezahlt; schließlich müssen sie nicht nur zwischen Eisschollen navigieren, sondern sich auch generell in einem schwierigeren Umfeld bewegen können: Die Behörden in diesen Häfen sind weniger korruptionsanfällig, und ihre Polizei ist es gewohnt, hart durchzugreifen. Wird man hier verhaftet und wegen Drogenschmuggels verurteilt, dann gibt es kein Entrinnen, keine geheimen Absprachen und keinen Straferlass. In den skandinavischen Ländern, die über die Ostsee miteinander verbunden sind, herrscht, gemessen am Rest der Welt, ein Höchstmaß an Transparenz. Je weiter man jedoch in den Einflussbereich der ehemaligen Sowjetrepubliken und der Russenmafia gelangt, desto einfacher wird es, Handlanger zu finden. Bereits seit vielen Jahren ist der Weg über die Ostsee eine wichtige Route für illegale Waffentransporte nach Amerika; inzwischen ist sie aber auch ein wichtiger Transportweg für den Drogenschmuggel geworden.

Die Russenmafia transportiert zudem das Kokain, das durch die Meerengen Skagerrak und Kattegat von der Nordsee in die Ostsee geschleust wird, um es in Norwegen, Dänemark, Deutschland, den Niederlanden, Belgien, England und Schottland an die Konsumenten zu bringen. Wie alle Schiffe, die vom Atlantik kommen, müssen auch die Drogenfrachter zunächst den Ärmelkanal passieren, um nach Nordeuropa zu gelangen.

Für die mexikanischen Kartelle ist die Zusammenarbeit mit den erfahrenen osteuropäischen Reedern und der straff organisierten russischen Mafia äußerst attraktiv, unter anderem auch aufgrund des hier vorhandenen Know-hows über den Bau und Betrieb von U-Booten, in denen sich Drogen gerade in übersichtlichen Gewässern besser am wachenden Auge des Gesetzes vorbeischleusen lassen.

Im Vergleich zum geschätzten Konsum werden in den Nordmeeren nämlich nur äußerst geringe Mengen an Rauschgift sichergestellt. In Sankt Petersburg trafen einmal Container aus Amsterdam mit Kokain und anderen psychotropen Substanzen – Phenobarbital, Diazepam, Codein und Buprenorphin – ein, die ursprünglich aus Ecuador stammten. Immer häufiger werden auch Kokainbase und Substanzen zum Strecken der Droge in die Region angeliefert, was auf die Existenz von Drogenlaboren für die Weiterverarbeitung und Portionierung des Rauschgifts hindeutet.

Dass die Ostseeroute von der organisierten Kriminalität nicht nur als Transportweg für Drogen, sondern auch für andere lukrative Geschäfte wie den Waffenschmuggel genutzt wird, hat unter anderem zur Folge, dass die Mafiaorganisationen, von denen der Stoff stammt, auch gleichzeitig Empfänger von Waffenlieferungen sind. So beschaffen etwa die Mexikaner den Russen Kokain und werden von diesen im Gegenzug mit Waffen versorgt.

Interessanterweise tritt die Russenmafia aber in Mexiko nicht nur als Lieferant in Erscheinung, sondern ist auch selbst vor Ort aktiv. Sie betreibt hier unter anderem Menschenhandel, Prostitution, Urkundenfälschung und Skimming (das illegale Kopieren von Kreditkartendaten); auch Autodiebstähle – die gestohlenen Fahrzeuge werden anschließend nach Afrika verschifft – und Entführungen gehen auf ihr Konto; nicht zuletzt ist sie wesentlich am Einsatz der U-Boot-Technologie beteiligt, die für die Kartelle von wachsender Bedeutung ist.

Drogen-U-Boote

Bereits 2003 konnte der Leiter der mexikanischen Sonderstaatsanwaltschaft für Verbrechen der organisierten Kriminalität (SEIDO), José Luis Santiago Vasconcelos, zeigen, dass die

Russenmafia das Land infiltriert hatte. Die lokalen Kartelle beziehen von ihr Militärgerät, Luftfahrzeuge sowie Ausrüstung zur Navigation unter Wasser. Insbesondere mexikanische Banden aus der Grenzregion von Tijuana sollen mit russischen Organisationen in Verbindung stehen. Schon damals wurden gelegentlich Kokainladungen von Mexiko auf dem Seeweg durch die Ostsee nach Osteuropa transportiert. Und die Zusammenarbeit reicht noch weiter zurück: So wurden bereits zu Zeiten, als Amado Carrillo noch Boss des Juárez-Kartells war, russische Militärflugzeuge eingesetzt, die man zuvor der Mafia abgekauft hatte.

Etliche Kooperationen, die die mexikanischen Mafiaorganisationen heute etwa mit galicischen Clans pflegen, wurden in den achtziger und neunziger Jahren von kolumbianischen Drogenhändlern begründet. In den Ostseehäfen kursiert unter Handelsschiffern und Marinesoldaten die Geschichte des Mafiabosses Wjatscheslaw Iwankow, genannt Japontschik (»der kleine Japaner«), dem man beste Verbindungen zu russischen Regierungs- und Geheimdienstkreisen nachsagte. Er kam 1940 in Georgien zur Welt, als das Land noch Teil der Sowjetunion war. Im Juni 1995 gelang es schließlich, ihn in New York zu verhaften; ihm wurde vorgeworfen, zwei Geschäftsleute erpresst zu haben.

Iwankow lebte damals schon seit mehreren Jahren in Brighton Beach, einem Stadtteil von Brooklyn, der wegen seiner vielen russischen und ukrainischen Einwanderer auch »Little Odessa« genannt wird. Dort war der einstige »Dieb im Gesetz«* zum mächtigen Waffen- und Drogenhändler aufgestiegen und hatte zumindest bis zum Tag seiner Verhaftung an der Spitze

---

* Die *wory w sarkone* oder »Diebe im Gesetz« sind eine kriminelle Subkultur in der Russischen Föderation und anderen ehemalige Sowjetrepubliken. Ihr strenger, vor allem gegen die Staatsmacht gerichteter Ehrenkodex stammt noch aus Zeiten der Zarenherrschaft und des stalinistischen Gulag und trug ihnen mitunter gewisse Sympathien in der Bevölkerung ein. Man rechnet sie heute zur Russenmafia.

der Brooklyner Russenmafia gestanden. Iwankow war es auch, der den Verkauf von russischen U-Booten (die nach Auflösung der Sowjetunion in baltischen Häfen verblieben waren) an das Cali-Kartell in die Wege leitete, insbesondere von U-Booten der Tango-Klasse. Diese stammten aus dem Hafen von Kronstadt, einer Stadt am Finnischen Meerbusen etwa dreißig Kilometer entfernt von Sankt Petersburg. Zwar konnte er den Verkauf der U-Boote nicht mehr persönlich abwickeln, aber immerhin brachte er das Kartell auf die Idee, russisches Know-how für den Einsatz in ihren Unterwasserbooten einzukaufen. Seine Nachfolger sollten von seiner Weitsicht und seinem Geschäftssinn profitieren. Nach einem ähnlichen Schema ging »Tarzan« vor, ein russischer Jude, der mit bürgerlichem Namen Ludwig Fainberg hieß. Nachdem er in der israelischen Marine gedient hatte, ließ sich Tarzan in den Vereinigten Staaten nieder und eröffnete in der Nähe des internationalen Flughafens von Miami ein Striplokal namens Porky's. Zudem schloss er enge Freundschaft mit dem Kubanoamerikaner Juan Almeida, einem einflussreichen Drogenhändler, der Kokain aus Südamerika nach Florida schmuggelte. Mitte der neunziger Jahre beschaffte Tarzan für ihn russische Militärausrüstung und Waffentechnik, die noch aus Beständen des Kalten Kriegs stammten – und zwar zu Schnäppchenpreisen. Almeida hatte vor, ein großes Netzwerk für den U-Boot-Transport von Kokain aufzubauen, wofür er ebenjene Marineausrüstung samt Besatzung benötigte. Almeidas ehrgeiziger Plan wurde zwar durch die DEA aufgedeckt und vereitelt, doch was im Jahr 1997 noch nach einem Hirngespinst klang, wird heutzutage von mexikanischen Drogenhändlern und ihren Komplizen im großen Stil praktiziert.

Der Mafiaboss Japontschik wurde 2009 beim Verlassen eines Restaurants in Moskau ermordet. Man beerdigte ihn auf dem dortigen Wagankower Friedhof. Russische und ausländische Mafia-Mitglieder erwiesen ihm die letzte Ehre, auf seinem Grab wurde die russische Fahne ausgebreitet. Tarzan wiederum ließ sich auf einen Deal mit der amerikanischen Drogenbehörde ein: Als Almeidas Plan zum Aufbau einer Flotte von Drogen-U-Booten aufgeflogen war, wurde im Zuge der Ermittlungen 1997 auch Tarzan verhaftet. Da er bereit war, gegen Almeida auszusagen, ließ die DEA alle dreißig Anklagepunkte fallen, die sie ihm ursprünglich zur Last gelegt hatte. Verantworten musste er sich nur noch wegen organisierter Kriminalität, für die er 33 Monate einsaß. Nachdem er seine Haftstraße verbüßt hatte, wurde er nach Israel abgeschoben.

Im Jahr 2000 fand man in einer Lagerhalle in Bogotá ein nach sowjetischen Bauplänen konstruiertes, für den Transport von Rauschgift umgerüstetes U-Boot. Derartige Fahrzeuge kommen inzwischen vermehrt zum Einsatz, denn obwohl sich der Drogenschmuggel durch sie weiter verteuert, senkt ihr Einsatz das Risiko von Beschlagnahmen. Doch auch U-Boote sind vor Entdeckungen nicht gefeit: Im amerikanischen Pazifik hat die US-Küstenwache bereits das eine oder andere Narco-U-Boot aufgebracht.

Auf diese Weise gelangte nachweislich sowjetische U-Boot-Technologie in die Hände lateinamerikanischer Drogenhändler. Im Regenwald von Ecuador beispielsweise entdeckte die DEA im Juli 2010 eine Werft, in der U-Boote aus Glasfaser mit speziellen Vorrichtungen für den Transport von Rauschgift gebaut werden konnten.

Die Geschäftsbeziehungen zwischen der russischen und der mexikanischen Mafia verfestigen sich in dem Maße, wie mexikanische Häfen zu Umschlagplätzen für die Drogen werden, die Erstere in Europa und Asien vertreiben. Die Ladungen verlassen Mexiko über die Häfen von Progreso in Yucatán, Veracruz, Tampico oder Altamira. Verladen werden sie unter anderem von den Mafiaorganisationen Tambowskaja-Malischewskaja oder Solnzewskaja, die in Russland, Tschetschenien, Georgien, Armenien, Litauen, Polen, Kroatien, Serbien, Ungarn, Rumänien und Albanien operieren, daneben aber zu Schmuggel- und Geldwäschezwecken auch Tarnfirmen in Ländern wie Spanien und der Schweiz betreiben.

Ähnlich wie Kolumbianer, Mexikaner und Galicier nutzen auch die Russen angebliche internationale Handelsunternehmen als Strohfirmen, um ihre Drogen auf dem Seeweg zu transportieren. Dabei sorgen die ehemaligen KGB-Mitglieder in ihren Reihen für eine äußerst straffe Organisation, was wiederum die Zusammenarbeit mit den Unternehmen erleichtert, die für sie Geschäfte abwickeln und Geld waschen.

Aleksander Olaf, der den Drogenschmuggel in dieser Gegend erforscht, verweist auf die geopolitischen Veränderungen, die sich in den letzten zwei Jahrzehnten in Europa vollzogen haben. Seines Erachtens steht die Erweiterung der Absatzmärkte für den Drogenhandel durchaus mit der Öffnung der Grenzen im Zusammenhang. Mit dem Wegfall der Grenzen hätten sich zahlreiche Regionen, die einst vor der Mafia sicher zu sein schienen, zu Freizonen für den Drogenverkehr entwickelt. Die Drogen kursieren dort so ungehindert, dass sie sich theoretisch auf jedem beliebigen Schiff befinden könnten – sogar auf unserem, von dessen Deck aus man sieht, dass wir bald in den Hafen einlaufen werden. Wieder einmal ist es dem Kapitän gelungen, den Gefahren der Ostsee zu trotzen. Der Nebel lichtet sich erneut, der Horizont tritt in aller Schärfe hervor, und kurz erstrahlt eine rötliche Sonne in ihrer ganzen Pracht, bevor sie im Meer versinkt.

Die Kängururoute

Heimlich, still und leise vollzieht sich der Siegeszug der Mafia. Doch mit etwas Geschick lässt er sich sowohl an den Anfangs- als auch an den Endpunkten der Seerouten des Rauschgifthandels beobachten.

Am 20. August 2012 lief die *Jerevé*, eine luxuriöse Jacht unter französischer Flagge mit der internationalen Kennnummer

49973, aus dem Hafen Salinas in Ecuador aus. Ziel ihrer Reise war das australische Melbourne. Der Nachmittag hatte gerade begonnen, es war vierzehn Uhr. Die beiden Besatzungsmitglieder stachen in See, um den Südpazifik zu überqueren – kein ungewöhnliches Vorhaben für die Jahreszeit, wenn der Wind die Segelschiffe antreibt. So kreuzen im Sommer viele reiche Bootsbesitzer in diesen Gewässern, bevor sie einen der 74 australischen Häfen oder Jachthäfen ansteuern. Zwischen all den Frachtern und Freizeitschiffen fiel die *Jerevé* gar nicht weiter auf.

Allerdings befanden sich im Rumpf der insgesamt 13 Meter langen modernen Jacht 204 Kilogramm reines Kokain, in ziegelsteingroße Pakete zu je einem Kilogramm verpackt. Immer zwölf davon waren in durchsichtige Plastikbeutel gestopft und mit braunem Klebeband umwickelt worden. Die mexikanischen Drogenhändler des Sinaloa-Kartells, die den Stoff auf den Weg gebracht hatten, würden dafür rund 94 Millionen Euro einstreichen können.

Die ersten Wochen der Reise verliefen ereignislos, auch wenn die See allmählich rauer wurde. Die früh einsetzenden Herbstwinde brachten Regengüsse und bald schon unbarmherzige Gewitter mit sich. Zunächst schien es noch, als sei die *Jerevé* robust genug, um den Stürmen zu trotzen, doch im November, inmitten eines Wolkenbruchs, kenterte die Jacht plötzlich und lief auf das im Archipel von Tonga gelegene Luatafito-Atoll auf. Irgendwo zwischen südlichem Pazifik und den sich über 779 Quadratkilometer erstreckenden rosafarbenen Sandbänken des Tonga-Archipels verschwand eines der Besatzungsmitglieder. Aber auch dem zweiten Segler war kein Glück vergönnt: Er hatte keinen Kontakt mehr zur Außenwelt, seine Essens- und Wasservorräte gingen zu Ende. Dehydriert und ausgehungert fand er bald darauf – wie so viele Boten des Drogenhandels – unter der glühenden Pazifiksonne den Tod. Obwohl sie den schwierigsten Teil ihrer Reise fast überstanden hatten, war das Schicksal ihnen und den in Australien wartenden Drogenhändlern ungnädig: Wieder einmal hatte der Pazifik seinen Tribut gefordert.

Als die Stürme abflauten und die strahlende Sonne am klaren Horizont erschien, entdeckten die Bewohner des Atolls unter den Schwärmen von Albatrossen und Möwen, die das Heck umkreisten, und den Geiern, die mit ihrem scharfen Geruchssinn der Spur des Aases gefolgt waren, schließlich das Schiff. Sie fanden den starren Leichnam eines Mannes, der so trocken war wie Pappmaschee. Völlig unversehrt hingegen lag das in Plastikbeutel eingeschweißte Rauschgift im Bauch des Schiffes.

Zu den Einzelheiten der Überfahrt, zum genauen Hergang der Ereignisse auf der *Jerevé*, über die Empfänger des Rauschgifts sowie über das zweite Besatzungsmitglied wurde nie etwas bekannt. Doch auch wenn sich die Geschichte nicht mehr im Einzelnen rekonstruieren lässt, ist eins zumindest klar: Es war der erste Schiffbruch eines Bootes, das Kokain von Südamerika nach Australien transportierte. An jenem Novembertag, an dem die gestrandete *Jerevé* gefunden wurde, kam zugleich die Existenz der Kängururoute als Transportweg für den Drogenschmuggel ans Licht.

Die Vorstellung, dass mexikanische Drogenhändler den australischen Kontinent mit Kokain beliefern, mag zunächst etwas befremdlich erscheinen. Mexikaner verbinden mit Australien einen weit entfernten Ort, an dem Eukalyptuswälder wachsen, Koalas in den Bäumen klettern und überall Kängurus herumspringen. Erst seit der Kontinent im Jahr 2000 Austragungsort der Olympischen Sommerspiele war, weiß man in Mexiko mehr über dieses mysteriöse Land, das für mexikanische Mafiabosse längst kein weißer Fleck mehr auf der Landkarte ist: Sie verbringen schon seit geraumer Zeit ihre Urlaube in Australien, das mit seinen riesigen Stränden, dem feinen weißen Sand, dem türkisfarbenen Wasser und der vielen Sonne als Urlaubsparadies schlechthin gilt.

Auch etliche Drogenhändler, Mitglieder der Gruppe Los Tres

de la Sierra, waren zu den Olympischen Spielen nach Sydney gereist: Es handelte sich um Ismael Espudo, Héctor Iván Armendáriz, Rito Emilio Mendoza und Jesús Hernández. Sie wurden festgenommen, als sie sich gerade die sportlichen Wettkämpfe ansahen.

Wenn man sich ein paar für den Drogenhandel relevante Fakten vor Augen hält, wird schnell klar, weshalb die Känguru-route so rasant an Bedeutung gewinnt. Das sechstgrößte Land der Erde zählt zu den Staaten mit dem höchsten Rauschgiftkonsum pro Einwohner, was für die Drogendealer heißt, dass hier viele potenzielle Konsumenten zu finden sind. Und vor allem sind die Konsumenten bereit, astronomische Summen für eine Dosis zu bezahlen: In Australien ist Kokain hundertmal teurer als in den Vereinigten Staaten.

Ein Großteil des Stoffs, mit dem der australische Markt beliefert wird, stammt von mexikanischen Kartellen, wie die 2003 zur Bekämpfung von Terrorismus, Korruption und Drogenhandel eingerichtete Australian Crime Commission berichtet. Das im Seehafen von Sydney inzwischen nicht mehr zu übersehende Rauschgift gelangt hauptsächlich auf dem Seeweg ins Land, entweder auf speziell dafür vorgesehenen Schiffen oder versteckt in Containerfrachtern. Ein Ort wie Bundaberg, an der Mündung des Burnett River, ist zu einem beliebten Ziel für Mutterschiffe geworden, weil dieser Hafen von vielen Großschiffen angelaufen wird. Von dort aus werden beispielsweise die Zuckerexporte – Australien ist einer der führenden Zuckerexporteure der Welt – und andere lokale Erzeugnisse verschifft.

Die Mafiabanden operieren hier nicht nur aus der Ferne, sondern auch direkt vor Ort. Am Beispiel eines mexikanischen Schmugglerrings kann man ihren Modus Operandi studieren: Die Gruppe hatte ihren Sitz in Melbourne im Stadtviertel Mentone, einem exklusiven, an Mentone Beach angrenzenden Vorort, von dem aus man einen herrlichen Blick auf die Port-Phillip-Bucht hat. Zu ihren Mitgliedern gehörten die 39-jährige Olivia

Barajas Gloria, der 40-jährige Juan Ernesto Suraz López und der 28 Jahre alte Carlos Angulo Ruiz.

Im Januar 2008 stellte die Polizei bei der Durchsuchung ihres Hauses 65 Kilogramm Kokain mit einem geschätzten Straßenwert von 16 Millionen australischen Dollar beziehungsweise 10,4 Millionen US-Dollar sicher. Der Stoff war in Containern mit Blumentöpfen, Pflanzen und Zementstatuen von einem Hafen in Mexiko aus über Long Beach, Kalifornien, nach Australien geliefert worden. In dem bei Los Angeles gelegenen Hafen von Long Beach werden jährlich 13 Millionen Containern umgeschlagen. Der Verbrecherorganisation war es gelungen, die Kontrollen in diesem Hafen zu umgehen, der von mexikanischen Kartellen auch regelmäßig für den Transport von Waffen benutzt wird, die sie auf dem nordamerikanischen Markt beziehen.

Während die Kokainfracht von Long Beach nach Australien reiste, waren die Mexikaner bereits auf dem Weg nach Melbourne, wo sie am 15. Oktober ankamen. Sie ließen sich im Künstler- und Geschäftsviertel Mentone nieder, einer bei australischen wie internationalen Touristen beliebten Gegend. Fünf Wochen später, am 22. November 2007, traf die Ladung schließlich im Hafen von Melbourne ein. Allerdings ging die Polizei davon aus, dass die mexikanische Bande nicht allein operierte, sondern in Verbindung mit einer lokalen Zelle stand.

Neuntausend Seemeilen von Australien entfernt sorgen die mexikanischen Kartelle in den Pazifikhäfen Lateinamerikas dafür, dass das Rauschgift auf Jachten und Boote verladen wird, die den Südpazifik ohne Umwege in westlicher Richtung durchqueren, um zum Indischen Ozean zu gelangen. Während der Fahrt müssen die Schiffe Stürmen und Gezeiten trotzen und den Strömungen in den Gewässern Australiens ausweichen. Obwohl es auf dieser Route kaum Kontrollen gibt, ist die Reise lang und gefährlich: Sie dauert, abhängig vom jeweiligen Bootstyp, fünfzig bis sechzig Tage.

Doch in der Seefahrt ist nichts unmöglich. Man denke nur an die Heldentaten der Forschungsreisenden, die diesen Meeren die Stirn geboten haben, um neue Länder zu entdecken oder ihre Theorien zu beweisen. Hier könnte man beispielsweise die Expedition anführen, die im April 1947 mit sechs Besatzungsmitgliedern, unter ihnen der norwegische Entdeckungsreisende Thor Heyerdahl (1914–2002), vom südamerikanischen Pazifik aus in Richtung Polynesien aufbrach. Sie reisten mit einem Floß, das sie *Kon-tiki* getauft hatten – wie der sowohl von den Inkas als auch von den Polynesiern verehrte Sonnengott Wiracocha auch genannt wurde. Heyerdahl wollte beweisen, dass die Inkas schon zu präkolumbianischen Zeiten auf Flößen den Pazifik überquert hatten und, allein vom Ostwind angetrieben, entlang des Äquators nach Polynesien gelangt waren. Heyerdahls *Kontiki* segelte 101 Tage lang auf dieser Route und legte dabei insgesamt siebentausend Kilometer zurück, bis sie schließlich das Raroia-Atoll im Archipel Tuamotu erreichte, eine der 78 Inseln und Korallenatolle, aus denen Französisch-Polynesien besteht.

Was die *Kon-tiki*, ein Floß mit nur einem Segel und ohne Motor, schaffen konnte, gelingt auch den mit Drogen beladenen Schiffen der Kartelle. Trotzdem bleibt die Überfahrt von Lateinamerika nach Australien langwierig und riskant. Wenn die Schmuggler in die Hände der Polizei fallen, droht ihnen lebenslange Haft und eine Geldstrafe von circa 825 000 australischen Dollar (über 540 000 Euro). Dennoch gewinnt die Route für den Drogenhandel zunehmend an Bedeutung, einfach deshalb, weil sie äußerst lukrativ ist.

Die mexikanische Organisation, die das meiste Kokain nach Australien schmuggelt, ist laut Ermittlungen der DEA das Sinaloa-Kartell. Das Rauschgift wird dabei sowohl auf dem Seeweg als auch auf dem Luftweg transportiert. Anlass für die Ermittlungen war die Aussage des 31-jährigen José Juanito Mares Barragán, der am 22. Januar 2012 verhaftet wurde. Er gab zu Protokoll, das Kartell habe Piloten in mehreren Fällen hohe Summen dafür gezahlt, dass sie Kokain tonnenweise mit Privatflugzeugen nach Australien transportierten. Die Flugzeuge seien in Chicago gestartet und mit mehreren Millionen Dollar in bar zurückgekehrt. Mares Barragán und ein anderer Boss der Gruppe hatten sich am 13. Januar 2012 mit CS1, einem Informanten, getroffen, um zu besprechen, wie man Kokain aus den USA nach Australien schaffen könnte. CS1 hatte sich als Pilot ausgegeben, um die Operation infiltrieren zu können. Ein Jahr zuvor hatte die Australian Crime Commission zum ersten Mal Kenntnis davon erhalten, dass das Sinaloa-Kartell, gemeinsam mit europäischen Organisationen, in der Region Geschäfte macht. Der Australian Crime Commission zufolge wird das Kokain in Kolumbien, Peru und Bolivien produziert und entweder direkt von dort oder aus Häfen in Mexiko, Panama und Ecuador verschifft.

Im November 2011 hatten Ermittler der Behörde bereits die Besatzung der *Friday Freedom* verhaftet, vier in Australien lebende Spanier, die auf dem Schiff dreihundert Kilogramm Kokain schmuggeln wollten. Den Stoff hatten sie von einem Mutterschiff in Vanuatu, im südlichen Pazifik, entgegengenommen. Außerdem trugen sie insgesamt drei Millionen Dollar in bar mit sich. Die Jacht hatte im Hafen von Bundaberg, im nordöstlichen Bundesstaat Queensland, angelegt, wo die Übergabe stattfinden sollte. Der Wert der Kokainfracht betrug schätzungsweise achtzig Millionen US-Dollar (58 Millionen Euro).

Ein Blick in die Datenbank von Interpol ist in diesem Zusammenhang aufschlussreich: Während in Ländern wie Frankreich immer noch Terroristen, Sexualstraftäter und Kunsträuber ganz oben auf den Fahndungslisten stehen, ist in Australien der Kokainschmuggel zu einem der Hauptdelikte geworden. Interpol sucht derzeit 23 Australier, die in entsprechende Straftaten verwickelt sind und mit internationalen Verbrecherringen in Verbindung stehen.

11
Italien – Segelschiffe, Meeresbrisen und Kokainwellen

Wie in den meisten Sommernächten in Sizilien lässt die sengende Hitze auch in dieser Nacht erst mit der Abenddämmerung nach. Die einsetzende Dunkelheit wird von einer angenehmen Kühle begleitet; ein sanfter Lufthauch mischt sich in die Brise, die vom Golf von Palermo und dem Tyrrhenischen Meer her weht. Vom Fenster meines Zimmers im Obergeschoss eines Hauses mit hohen Decken und roten Dachziegeln erhasche ich einen Blick auf die Kuppel und die Wachtürme der Kirchenruine Santa Maria dello Spasimo. Junge sizilianische Hochzeitspaare pflegen dort in imposanten roten Ferraris mit Ledersitzen vorzufahren.

Den ganzen Abend lang streicht ein milder Wind durch La Kalsa, das alte arabische Viertel, das für seine gepflasterten Gässchen und weitläufigen Plätze bekannt ist. Der Stadtteil grenzt an den Hafen von Palermo, den wichtigsten der Insel. Draußen, gegenüber der Piazza, hört man die Sirenen der *carabinieri* heulen, die in den Straßen des Viertels patrouillieren und sich über die Via Vittorio Emanuele und die Via Francesco Crispi bis zum Hafen vorarbeiten. Als Tor zum Mittelmeer ist der Hafen von strategischer Bedeutung für die gesamte Insel, und zwar nicht nur für ihren legalen Handel mit dem Rest der Welt, sondern auch für den Kokainschmuggel. Offiziell ist er eine Sicherheitszone, in der polizeiliche Ermittlungen und Einsätze zur Drogenbekämpfung durchgeführt werden.

Dennoch fand vor einigen Tagen genau dort ein Treffen mehrerer italienischer Seeleute statt. Sie hatten vor, in Kürze gemeinsam auf einem Fischerboot von einem der Hafenkais der Insel abzulegen. Anschließend wollten sie mit dem Kutter auf südlichem Kurs über das Mittelmeer in Richtung Malta fahren, um dort von einem kolumbianischen Thunfischfänger mit mittlerem Tiefgang eine Fracht zu übernehmen. Dieser war von einem Pazifikhafen aus in See gestochen, über den Atlantik bis zum sogenannten Highway 10 gefahren und dann entlang der afrikanischen Küste bis zum Mittelmeer geschippert, wo sich das Mutterschiff und der Fischkutter treffen sollten.

Auch wenn die Operation gut organisiert zu sein schien und man in der Gegend um Malta keine Anti-Drogen-Einsätze befürchten musste, waren die Schiffsführer der Ansicht, dass noch nicht alle Besatzungsmitglieder für diese Fahrt bereit waren. Erst sollten sie gegenüber der *cosca* (dem Mafiaclan beziehungsweise der Mafiafamilie) Verschwiegenheit und Treue schwören, und zwar mit folgender Formel: »Mein Fleisch soll verbrennen wie dieses Heiligenbild [die Madonna del Carmine, zu Deutsch: Unsere Liebe Frau auf dem Berge von Carmel, die Schutzheilige der Seeleute, die seit dem Mittelalter in einigen Regionen auch *Stella Maris* (»Meeresstern«) genannt wird], wenn ich meinem Schwur nicht treu bin.« So lautet der Satz, den der Mafioso wiederholt, während er sich in den rechten Daumen sticht und sein Blut auf ein Heiligenbild tropfen lässt. Dieses Bild wird anschließend in seinen Händen verbrannt, während er mit den Worten schließt: »Auf diese Weise werde ich verbrennen, wenn ich die Organisation verrate.«

Dies ist das legendäre Aufnahmeritual, mit dem sich die selbsternannten »Ehrenmänner« zur Verschwiegenheit verpflichten. Die Schweigepflicht der *omertà* erlegt die Cosa Nostra, die älteste Mafiaorganisation der Welt, nicht nur den durch einen Treueschwur gebundenen Mitgliedern auf, sondern auch normalen sizilianischen Bürgern, dies zwar ohne Ritual, aber unter Androhung des Todes.

Mithilfe dieses Ehrenkodexes, der lange Zeit jedes staatliche Gesetzbuch ersetzte, gelang es der Cosa Nostra über Jahrzehnte, ihre Heimat zu beherrschen. Inzwischen verlangen auch die anderen Mafiaorganisationen in Italien von ihren Mitgliedern die Einhaltung der Schweigepflicht. Und auch den Seeleuten, die sich mit der Mafia einlassen, wird die *omertà* auferlegt: sowohl Matrosen, die auf den Drogenschiffen mitreisen, als auch Reedern, die an diesen Transporten beteiligt sind oder ihre Schiffe zu diesem Zweck vermieten; ebenso Geschäftsleuten, deren Unternehmen als Tarnung für die Ein- und Ausfuhr von Lieferungen dienen, in denen das Rauschgift versteckt wird; Kapitänen, die die von der Mafia eingesetzten Handelsschiffe steuern; der Mannschaft, die auf diesen Schiffen Dienst tut; den Zollmitarbeitern und Stauern in den Häfen, in denen die Frachten ankommen; den Besitzern der Industriehallen und Lagerschuppen, wo die Ware zwischengelagert wird, sowie den Bootseignern, die sie weiterverteilen, ja sogar den Fischverkäufern, in deren Kühlschränken gelegentlich ein Päckchen mit »weißem Mehl« landet, das dort nicht hingehört.

Die Schweigepflicht gilt nach wie vor, auch wenn sie seit den achtziger Jahren kein unumstößliches Tabu mehr zu sein scheint. Damals war es dem Richter Giovanni Falcone gelungen, den Mafiaboss Tommaso Buscetta alias Don Masino (1928–2000) davon zu überzeugen, den Ehrenkodex zu brechen und die Organisationsstrukturen und die Funktionen jedes Mitglieds der Cosa Nostra zu verraten. Der »Boss zweier Welten« war einer der ersten Clanchefs, die Heroin und Kokain von Südamerika nach Europa und in die USA schmuggelten. Durch sein Geständnis wurden über vierhundert Mafiosi vor Gericht gebracht; er ist daher auch unter der Bezeichnung »der erste *pentito*« (wörtlich: »Reuige, Geständige«) bekannt geworden.

Gleichwohl ist jedem, der den Ehrenkodex bricht, bewusst, dass er früher oder später dafür bezahlen muss. Auch im Fall des Don Masino selbst war die Mafia unversöhnlich: Um seinen Verrat zu rächen, ließ sie 14 Verwandte von ihm töten.

Geboren und aufgewachsen ist Tommaso Buscetta – der die Cosa Nostra bis nach Mexiko und Brasilien bringen sollte –

genau hier, im Stadtviertel La Kalsa, zwischen denselben romantischen Fassaden, ihren Fenstern mit kleinen Balkonen, markanten Fensterstürzen und vollendeten Arabesken, die nun auch ich vor mir sehe. Schon früh begann er, Mehl und Tabak zu schmuggeln, und es dauerte nicht lange, bis er sich einen Titel verdiente, der hier in Sizilien mehr Gewicht hat als jeder Adelstitel: der des *don*. Als Capo beschritt er innovative Wege im Drogenverkauf – er ließ sie in Pizzerien verteilen – sowie bei der Geldwäsche, die über Restaurants und Immobiliengeschäfte lief. Er besaß ebenso viele Namen wie Gesichter, denn auch Don Masino vertraute der plastischen Chirurgie, um wiederholt seine Identität zu wechseln.

Doch ungeachtet dieses Dons regiert in Italien nach wie vor die *omertà*; für die italienischen Mafiosi, die an ihren Traditionen und Ritualen festhalten, ist Verrat noch immer das schwerwiegendste aller Vergehen. Als Gegenleistung für ihre Loyalität dürfen sie mit einer guten Bezahlung für ihre Dienste rechnen. Zudem stiftet die Loyalität Bündnisse, die dafür sorgen, dass in den Häfen, auf den Meeren und Flüssen Italiens das Kokain zirkuliert, das manche Menschen so nötig brauchen wie ihren morgendlichen Espresso.

Nach Italien bin ich gereist, um die maritimen Transportwege zu ergründen, über die die italienische Mafia das Rauschgift aus Südamerika importiert und auf dem afrikanisch-eurasischen Markt vertreibt. Ausgezeichnete Matrosen und legendäre Seefahrer hat dieses Land hervorgebracht, etwa den venezianischen Kaufmann und Weltreisenden Marco Polo, die Entdecker Christoph Kolumbus und Giovanni Caboto aus Genua oder den Florentiner Amerigo Vespucci. Zugleich war und ist Italien ein fruchtbarer Nährboden des Verbrechens. In keinem anderen europäischen Land gibt es heutzutage so viele Mafiagruppierungen, und auch der Kokainkonsum ist hier exorbitant.

Internationale Organisationen wie die UNODC gehen davon aus, dass die italienischen Mafiagruppen zu den mächtigsten kriminellen Organisationen der Welt zählen. Sie sind selbst an den entlegensten Orten des Planeten aktiv und betätigen sich auf unterschiedlichsten Geschäftsfeldern – besonders lukrativ sind Erpressungen, das Eintreiben von Schutzgeldern, Markenpiraterie und Drogenhandel.

Auch diese Mafiabanden transportieren ihre Drogen vor allem auf dem Seeweg. Sie bringen sie in europäische Häfen, in denen sie genau wie in Asien und Afrika kriminelle Zellen, sogenannte *cosche*, unterhalten. Allein die drei mächtigsten italienischen Mafiagruppen versorgen auf diese Weise zahlreiche europäische Länder. Gleichzeitig bleibt ein Großteil des Stoffs im eigenen Land, denn Italien ist, wie wir im 7. Kapitel gesehen haben, das Land mit dem zweithöchsten Kokainkonsum in Europa. Deshalb gehören die italienischen Häfen zu den wichtigsten Bestimmungsorten der aus Südamerika kommenden Drogen.

De facto wird der illegale Markt für Betäubungsmittel in Italien aus ganz unterschiedlichen Quellen gespeist: Das Kokain stammt aus Kolumbien, Heroin kommt aus Afghanistan, Haschisch aus Marokko, Marihuana aus Albanien, und synthetische Drogen werden aus den Niederlanden importiert, wie der Consiglio Nazionale delle Ricerche (CNR), der Nationale Forschungsrat Italiens, berichtet. In den letzten zehn Jahren ist der Preis für Kokain durch das steigende Angebot stark gefallen, was einen Teufelskreis in Gang gesetzt hat: Der Markt wird immer größer und damit automatisch auch die Zahl der Abhängigen: Je billiger aber das Rauschgift wird, desto schlechter seine Qualität, wodurch es stärker abhängig macht und letztlich tödlicher wirkt. Dem Europäischen Polizeiamt Europol zufolge konsumieren in Italien von tausend Erwachsenen vier bis sechs Kokain – von ihren Dealern abhängige Kunden, die die Droge eifrig einatmen, schnupfen, rauchen oder spritzen.

Die italienischen Mafiaorganisationen ziehen den maritimen Drogenschmuggel im Prinzip ganz ähnlich auf wie die kolumbianischen Kartelle, angefangen von ihrem Modus Operandi über die jeweiligen Hierarchien und Kommandostrukturen bis hin zur Koordination von Transporten und der Ausarbeitung von Schmuggelrouten. Diesseits wie jenseits des Atlantiks stehen dafür Hafen-Infrastrukturen und ganze Schiffsflotten zur Verfügung; auf den Gehaltslisten des organisierten Verbrechens stehen Mitarbeiter der Hafen- und Zollbehörden sowie Heerscharen von Seeleuten: Kapitäne, Besatzungsmitglieder und Fischer. Hier in Italien zahlt die Meeresmafia sehr gut, weshalb es viele italienische Reeder und Seeleute darauf anlegen, sich von ihnen anwerben zu lassen oder auf ihren Schiffen anzuheuern.

Doch es gibt auch Unterschiede: Abgesehen von der extremen Religiosität, die sie sehr wohl teilen, unterscheiden sich die italienischen von den südamerikanischen Mafiagruppen vor allem im Hinblick auf ihre Traditionsvorstellungen und Ehrenkodizes; die der kolumbianischen Banden stammen eher von der italo-amerikanischen Mafia.

Schon immer haben italienische Mafiaorganisationen, genau wie die kolumbianischen und mexikanischen Kartelle, staatliche und private Strukturen korrumpiert; aus diesem Grund verstehen sie sich auch so gut. Das Norte-del-Valle-Kartell, das Cali-Kartell, die mexikanischen Zetas und die Mitglieder des Sinaloa-Kartells sprechen die gleiche Sprache wie die Botschafter der Cosa Nostra, die Capos der 'Ndrangheta oder die Bosse der Camorra.

Das Kokain, das die italienische Mafia aus den kolumbianischen Hafenstädten Buenaventura und Cartagena de Indias nach Sizilien, Kalabrien oder Neapel schmuggelt, stammt dem Nationalen Forschungsrat Italiens zufolge immer noch größtenteils aus Kolumbien, auch wenn Bolivien, Peru und Brasilien inzwischen ebenfalls als Lieferanten fungieren. Ladungen, die Südamerika etwa über die brasilianischen Städte Belém und Manaos oder über Callao an der Westküste Perus verlassen, werden zunächst quer über den Kontinent, durch das Amazonasgebiet, transportiert. In Schiffscontainern, auf Öltankern und Schüttguttransportern versteckt reisen sie dann über den Atlantik. Doch auch die Hafengegenden Venezuelas oder Argentiniens, in denen die Italiener seit Langem operieren, sind Drehscheiben des Drogenhandels. Gelegentlich sehen sich die verschiedenen Kartelle gezwungen, ihre als Beifracht verladenen Drogenlieferungen auf einer Dreiecksroute nach Mittelamerika zu verschicken – beispielsweise nach Puerto Limón in Costa Rica, nach Panama oder Mexiko. Wird der Stoff auf eigens dafür genutzten Schiffen, Jachten oder Freizeitbooten befördert, ist der Highway 10 eine der bewährten Routen.

Es gibt keinen Hafen der Welt, der hundertprozentig gegen den Drogenhandel gefeit wäre, klärt mich ein örtlicher Fahnder auf, der mit Interpol zusammenarbeitet. Das ist natürlich richtig, und doch gibt es Häfen, die von Mafiabanden besonders stark durchdrungen sind und sich demzufolge besonders gut für den Schmuggel eignen. Dies ist in Buenaventura und Cartagena in Kolumbien, in den mexikanischen Häfen Veracruz, Lázaro Cárdenas und Manzanillo und selbstverständlich in vielen Häfen Italiens der Fall. Den italienischen Mafiaorganisationen ist es daher ein Leichtes, in so großem Umfang Rauschgift über das Meer zu schmuggeln, dass gelegentliche Beschlagnahmungen kaum ins Gewicht fallen.

Die italienischen Häfen sind von der lokalen Mafia ebenso stark durchdrungen wie in Südamerika die kolumbianischen und in zunehmendem Maße auch die mexikanischen Häfen. Hier in Palermo regiert vor allem die Cosa Nostra; im Hafen der Stadt nimmt sie Drogen und Schmuggelware für den lokalen Verkauf in Empfang oder verschickt sie weiter; im Containerhafen von Gioia Tauro in Kalabrien herrscht die 'Ndrangheta und in Neapel die Camorra. Allerdings sind dies bei Weitem nicht die einzigen Häfen. Genau wie in allen Häfen, in denen mit Rauschmitteln gehandelt wird, tarnen auch die italienischen Bosse ihre Drogengeschäfte mit legalen Fassaden. Ihre wirtschaftliche und reale Macht hängt nach Ansicht der italienischen Anti-Mafia-Behörde Direzione Investigativa Antimafia (DIA) von ihrem Einfluss im jeweiligen Hafengebiet ab.

Das Imperium des Rolex-Bosses

Mein Interesse an den maritimen Schmuggelrouten, über die die italienischen Banden Kokain aus Südamerika importieren, hat mich nach Sizilien geführt. Hier entstand die Cosa Nostra, die erste Mafiaorganisation der Welt, die sich von einer illegalen Vereinigung in einen kriminellen Konzern verwandelte, um strukturell und finanziell überleben zu können: Während sie in den achtziger Jahren noch Bombenanschläge verübte und in den Straßen von Palermo Blutbäder anrichtete – genau wie Pablo Escobar in Kolumbien –, streicht sie heutzutage Dividenden und Kursgewinne an den wichtigsten Aktienmärkten der Welt ein. Als erste kriminelle Organisation in Europa handelte die Cosa Nostra mit afghanischem und türkischem Heroin sowie mit südamerikanischem Kokain; und sie übt einen starken Einfluss auf den Seeverkehr aus, der für ihr lukrativstes Geschäftsfeld eine so entscheidende Rolle spielt.

Ungeachtet aller offiziellen Anstrengungen und trotz diverser Regierungsprogramme zur Bekämpfung der Mafia liege die Schwierigkeit darin, dass die Häfen als Freizonen betrieben würden, erklärt Leoluca Orlando, Politiker, Parlamentsabgeordneter, Europaabgeordneter, viermaliger Bürgermeister von Palermo und ausgewiesener Feind der italienischen Mafia.

Leoluca Orlando ist ein Held des Anti-Mafia-Kampfes. Als einer der wenigen Sizilianer, die der Cosa Nostra den Krieg erklärt haben, führt er das Leben eines lebenden Toten oder einer »wandelnden Bombe«, wie man hier sagt, denn seit dreißig Jahren steht er auf ihrer Abschussliste. Wieder und wieder musste er mit ansehen, wie Landsleute ums Leben kamen, weil sie sich für dasselbe Ziel einsetzten wie er: das Gesetz der *omertà* zu brechen und gegen die Mafia zu kämpfen. Doch er lebt noch und kann von seinem Kampf erzählen.

Sizilien ist das Land der Cosa Nostra. In dem kleinen, staubigen Ort Corleone gibt es derzeit zehn Banken und Kreditinstitute, fünf Finanzgruppen, die Darlehen und Hypotheken vergeben, ferner drei Konsortien für Investitionen, Fonds und Finanzprodukte und zudem noch zwei Kreditbanken, die auf die Vergabe von Kreditkartendarlehen spezialisiert sind. Das heißt: rund zwanzig Finanzinstitute, und das in einem Bergdorf, in dem offiziell über fünfzig Prozent der Bewohner arbeitslos sind.

Die Faszination, mit der die Besucher die symbolträchtigsten Orte der Mafia aufsuchen (in Corleone gibt es ein kleines Mafia-Museum), lässt die Macht dieser Unterwelt erahnen. Obwohl in Palermo 2000 die sogenannte Anti-Mafia-Konvention, ein Übereinkommen gegen die grenzüberschreitende organisierte Kriminalität, geschlossen wurde, ist ihr enormer Einfluss nach wie vor spürbar. Dass es hier längst keine *cadaveri eccellenti*, keine berühmten Leichen, mehr gibt, scheint sich eher den strategischen Allianzen zu verdanken, die die italienischen Mafiabanden eingegangen sind, um ihre Drogenschmuggelaktivitäten fortan gemeinschaftlich abzuwickeln.

»Heutzutage ist der Mafia nicht mehr daran gelegen, die Regierung, den Staat oder die Bevölkerung auf sich aufmerksam zu machen; was sie will, ist ungestört ihren Geschäften nachgehen. Die Cosa Nostra hat ihre internationalen Verbindungen weiter ausgebaut, sie hat sich neue Länder und unterschiedlichste Geschäftsbereiche erschlossen, die ihr rentabel erscheinen«, erklärt mir der Journalist und Autor Johannes von Dohnanyi, der als Auslandskorrespondent für internationale Presseagenturen tätig war. Er hat den gnadenlosen Mafiakrieg in Sizilien miterlebt: »Die italienische Mafia ist heutzutage global aufgestellt. Sie ist in Venezuela, aber auch in Russland neue Bündnisse eingegangen; sie besitzt nach wie vor großen Einfluss in den USA, unterhält aber auch operative Kontakte zu den Triaden in China. Sie ist in allen Geschäftsfeldern aktiv, mit denen man Geld verdienen kann, legalen und illegalen gleichermaßen.«

Wieder sind wir in La Kalsa, dem Heimatviertel und ehemaligen Hauptschlachtfeld der Cosa Nostra. Hier kann man entspannt zu Abend essen, den für Palermo typischen gegrillten frischen Fisch genießen. Die Tische der Restaurants stehen auf den Straßen, zwischen jenen traditionellen Geschäften, die bis in die frühen Morgenstunden geöffnet sind.

Dohnanyi kennt Sizilien wie seine Westentasche, und er weiß, wie sehr sich die Cosa Nostra wandeln musste, um zu überleben. »Die Cosa Nostra hat inzwischen einen anderen Charakter als noch vor dreißig Jahren«, erklärt er. »Sie pflegt gute geschäftliche Verbindungen zu anderen Organisationen, wie der Camorra aus Neapel und der 'Ndrangheta aus Kalabrien; und viel Geld stammt auch aus weniger offensichtlichen Geschäften.«

Unter der Führung des Mafiabosses Matteo Messina Denaro konzentrierte sich die Cosa Nostra verstärkt auf den Handel mit Drogen, vor allem auf den Import südamerikanischen Kokains. Der Kokainschmuggel galt zuvor lange als Domäne der 'Ndrangheta. Diese hat damit offensichtlich so viel Geld verdient, dass sie es nun in Projekte investieren kann, die in der Europäischen Union besser gelitten sind: in Windparks. Da die Regierung bestrebt ist, die Erzeugung »sauberer Energie« voranzutreiben, subventioniert sie großzügig eine Branche, die noch wenig reguliert ist und in der die Mafia vielerorts ihre Finger im Spiel hat. Mit über dreihundert Windparks, die zu 95 Prozent im Süden des Landes stehen, ist Italien – nach Deutschland und Spanien – inzwischen der drittgrößte Produzent von Windenergie in Europa.

Im März 2013 beschlagnahmte die italienische Polizei Vermögenswerte des Geschäftsmanns Vito Nicastri in Höhe von 1,3 Milliarden Euro. Der Großunternehmer im Bereich Solarkraft und Wind – er betrieb insgesamt 43 Firmen in Trapani, Messina,

Enna, Catania, im Latium, in Kalabrien und in der Lombardei –
war in Italien, Luxemburg, Dänemark und Spanien als Strohmann von Messina Denaro identifiziert worden.

Denaro gilt als die Nummer eins der heutigen Cosa Nostra.
Er wurde am 26. April 1962 in der Provinz Trapani geboren und
ist berühmt für seinen dandyhaften Lebensstil: Denaro liebt
schnelle Autos, teure Uhren sowie elegante Maßanzüge von
Giorgio Armani und Versace. Seine Nägel sind stets perfekt ge-
pflegt, sein Haar glänzt und seine Frisur sitzt. Er hat ein Faible
für das Jetset-Leben und fährt einen Maserati, in dem er gern
That's Life von Frank Sinatra mitsingt. Der Videospiel- und
Comic-Fan, der sich nach seiner Lieblingscomicfigur »Diabolik«
nennen lässt, ist auch auf Facebook aktiv. Sein Gesicht wurde im
April 2001 weltbekannt, als es die Titelseite der Zeitschrift
L'Espresso zierte.

Vito Nicastri musste erfahren, dass Verhaftungen und Beschlagnahmen zum Berufsrisiko gehören – oder, wie Denaro
(frei nach Frank Sinatra) vielleicht sagen würde: »You're riding
high in April,/ Shot down in May./ But I know I'm gonna change
their tune,/ When I'm back on top, back on top in June/ I've
been a puppet, a pauper, a pirate,/ A poet, a pawn and a king./
I've been up and down and over and out/ And I know one thing./
Each time I find myself flat on my face,/ I pick myself up and get
back in the race/ *That's life!*«

Vom einfachen Elektriker hatte sich Vito Nicastri in nur
zehn Jahren zum Chef eines boomenden Windkraftimperiums
hochgearbeitet. Wirtschaftsmagazine berichteten über den
»Herrn der Winde«, wie er in Anspielung auf seine Energiefir-
men genannt wurde, und er verkehrte mit den bekanntesten
Geschäftsleuten Europas. Mit seinen Gesellschaften betrieb er
Geldwäsche nach der einfachen Formel: Schmutziges Geld für
saubere Energie.

Der Hafen

Der Hafen von Palermo riecht nach Mafia. Für die Behörden sei er undurchschaubar, er folge seinen eigenen Gesetzen, erklärt Leoluca Orlando, und er weiß, wovon er spricht, schließlich war er schon Bürgermeister der Hafenstadt, als die Macht de facto noch in den Händen der einflussreichen, grausamen Mafiabosse lag. Und auch heute, da sich die Mafia in den Kreisen der internationalen Wirtschaftselite bewegt, fungiert Orlando wieder als Oberhaupt der Stadt. Im Hafen von Palermo – der Europa unmittelbar mit Nordafrika verbindet – werden ein Großteil der landwirtschaftlichen Erzeugnisse, Produkte der Eisenindustrie, Pelzwaren, Baumaterialien, Textilien, Papier, Glas und Möbel aus Sizilien, teilweise auch des italienischen Festlands umgeschlagen. Gleichzeitig importiert die italienische Mafia, vor allem die Cosa Nostra, hier südamerikanisches Kokain im großen Stil.

Zunächst hatte sie von Palermo aus nur Heroin, das aus Marseille kam, in andere europäische Häfen oder in die USA weiterverschickt. (Nachdem ranghohe Mitglieder wie Tommaso Buscetta nützliche Verbindungen auf dem amerikanischen Kontinent geknüpft hatten, begann sie später auch, mit Kokain zu handeln.) Der Heroinhandel der Cosa Nostra lief über die sogenannte *French Connection*: Das Opium aus Afghanistan und der Türkei wurde in Marseille und Sizilien weiterverarbeitet und dann per Schiff oder Flugzeug in die USA transportiert. Damals kontrollierte der Clan von Gaetano Badalamenti den größten Teil des Drogenschmuggels. Der Boss der Familie Chinisi war Gründungsmitglied der sogenannten *cupola*, des obersten Führungsgremiums der Mafia. Neben Schiffen nutzte er ungeniert auch den einzigen Flughafen der Region, in dessen unmittelbarer Nähe er Labore zur Weiterverarbeitung des Rauschgifts einrichten ließ. Später gingen die Sizilianer Bündnisse mit kriminellen Organisationen aus Vietnam ein, um den Stoff von dort zu beziehen. In jenen Jahren wurde der New Yorker Drogenmarkt zu 85 Prozent von der sizilianischen Mafia beliefert.

Doch Sizilien ist nicht nur Umschlagplatz für Drogen; auf der Insel werden bekanntlich auch gute Weine hergestellt. Allein Trapani, die Heimatprovinz von Matteo Messina Denaro, produziert mehr Wein als die Toskana und das Piemont zusammen. Im Norden erstreckt sich der sizilianische Apennin, eine Bergkette, die vom Gebirge von Palermo und Trapani bis zu den Gebirgsketten Nebrodi, Le Madonie und Peloritani reicht. Im zentralen Hügelland Siziliens erheben sich die Monti Erei; im Westen das Gebirge Monti Sicani mit dem Rocca Busambra und dem Monte Cammarata; im Südosten die Iblei, die sanft ins Flachland um Catania auslaufen. Die Stadt liegt in unmittelbarer Nähe des 3323 Meter über dem Meeresspiegel gelegenen aktiven Vulkans Ätna.

Von Vorteil für die Drogenhändler ist jedoch vor allem, dass das gebirgige und flussreiche Sizilien von kleineren Inselgruppen umringt ist: im Nordosten liegen die Liparischen oder auch Äolischen Inseln, im Westen die Ägadischen Inseln, im Südwesten die Pelagischen Inseln, im Süden die Vulkaninsel Pantellaria und im Nordwesten die Insel Ustica: Wie sollten sich all diese Gewässer und Küstenstreifen Siziliens abschirmen lassen? Für Schmuggelschiffe gibt es wohl kaum einen idealeren Ort zum Anlanden. Auch kommt den Drogenhändlern zugute, dass Sizilien mit dem Hafen von Palermo seit langer Zeit eine Hochburg des internationalen Wassersport- und Kreuzfahrttourismus ist. Schon im 18. Jahrhundert pflegten europäische Adlige in dieser Mittelmeerregion ihren Sommerurlaub zu verbringen. Die Mafia macht sich den Andrang – und die Segel- und Regattaboote selbst – für den Transport des Rauschgifts zunutze, ähnlich wie dies auch einige tausend Seemeilen entfernt an der Côte d'Azur geschieht.

Von Sizilien nach Nuevo León

Ich stehe am Hafen, wo sich braungebrannte, nur mit Shorts und Schnorchel bekleidete Jugendliche zwischen den Kais ins Wasser stürzen. Mit bloßer Hand fangen sie Fische und Krebse, die sich in kleinen Korallenhöhlen verstecken. Das Meer ist hier so fischreich, dass man direkt an der Anlegestelle einen guten Fang machen kann. Das im Wasser glitzernde Sonnenlicht und die auffrischende Brise kündigen an, dass sich der Tag dem Ende zuneigt.

Wir befinden uns in Cefalù, einer alten sizilianischen Gemeinde am Fuß eines mächtigen Kalkfelsens. Die Stadt ist ebenso geschichtsträchtig wie geheimnisvoll: Es gibt römische Thermen, einen wichtigen Fischereihafen sowie eine herrliche alte Kathedrale, die zudem Bischofssitz ist. Während die Sonne am Horizont untergeht, taucht sie die Landschaft des Mittelmeers in ein ikonisches orangefarbenes Licht.

Von der Küste Cefalùs aus hat man einen herrlichen Ausblick auf das Tyrrhenische Meer, das sich blutrot färbt und in Kürze unter einem strahlenden Sternenhimmel schwärzlich schimmern wird. Mit etwas Glück werden auch die Seeleute an Deck ihrer Schiffe dieses Schauspiel verfolgen können – manche von ihnen, genau wie ich, fern von zu Hause. Doch zumindest den Mafiosi ist es gelungen, zwischen meiner Heimat Mexiko und dem Mittelmeer Brücken zu schlagen und ein florierendes Geschäft aufzubauen. In dieser Hinsicht ist die italienische Mafia durchaus mit dem gigantischen Kraken, jenem sagenhaften Meeresungeheuer der skandinavischen und finnischen Mythologie, vergleichbar, das aus der Tiefe auftaucht, mit seinen langen Tentakeln Schiffe einfängt und Seeleute verschlingt. Denn auch die Arme der italienischen Mafia reichen sehr weit: bis zum Golf von Mexiko in der Karibik und bis zum Río Bravo, durch den sie auch Nuevo León, einen Bundesstaat im Norden Mexikos, im Griff haben.

Von dort aus versorgen sie im Schulterschluss mit den mexikanischen Kartellen Europa mit Kokain. Auch dabei fungiert der Hafen von Palermo als Dreh- und Angelpunkt: Hier laufen die Kokainfrachten ein, die dann an verschiedene Bestimmungsorte am Atlantik weiterverschifft werden. Ein wichtiges Bindeglied dieser Kooperation waren die von den italienischen Behörden als Strohmänner identifizierten Brüder Bruno und Elio Gerardi aus Modena in der norditalienischen Region Emilia Romagna. Sie hatten sich in Monterrey, der Hauptstadt des mexikanischen Bundesstaats Nuevo Léon, niedergelassen, von wo aus sie das Rauschgift in Industrieöfen zum Brennen keramischer Erzeugnisse für die Bauindustrie nach Palermo und Neapel exportierten. Der Versand lief über drei Scheinfirmen, von denen eine in Italien, die zweite in Kolumbien und die dritte in Monterrey ansässig war. Die Drogen waren polizeilichen Ermittlungen der italienischen und der US-amerikanischen Polizei zufolge für die Cosa Nostra, aber auch für die Camorra bestimmt.

Im Jahr 2000 gründeten die Brüder im kolumbianischen Cúcuta, nahe der östlichen Andenkordilleren – genauer gesagt in einem wichtigen Koka-Anbaugebiet, wo Kokainläden wie Pilze aus dem Boden schießen – die Firma International Stampi América, eine Importgesellschaft, die die Brennöfen zunächst von Kolumbien nach Italien verschickte. Nachdem es zu einer ersten Beschlagnahmung gekommen war, wichen sie nach Mexiko aus und versandten ihre Frachten von den Häfen von Veracruz und Tampico aus. Dennoch blieb ihnen die Polizei auf den Fersen.

Im Juli 2006 organisierten die Brüder eine Brennöfen-Lieferung von Tampico in die Niederlande, deren Route von europäischen Behörden verfolgt wurde. In den Niederlanden wurde die Fracht auf einen Lkw umgeladen und, bewacht von italienischen, mexikanischen und polnischen Komplizen, nach Mailand transportiert. Eigentlich war vorgesehen gewesen, die fünfhundert Kilogramm Kokain, die sich in einem der Öfen befanden, bis nach Modena zu bringen, wo der Ofen zerstört werden sollte, um an das Rauschgift zu kommen. Doch der Plan änderte sich, nachdem die Gerardi-Brüder mit Vicenzo Paone ausgehandelt hatten, dass ein Teil des Kokains an die Camorra in Neapel geliefert werden sollte.

Im Januar 2013 sprach der US-amerikanische Informationsdienst Stratfor eine deutliche Warnung aus: Die mexikanischen Kartelle »haben sich auf sämtlichen Kontinenten ausgebreitet und kontrollieren inzwischen die Produktions-, Liefer- und Vertriebsketten für Kokain«. Nach Erkenntnissen des Dienstes haben sie ihre Aktivitäten von Südamerika nach Europa, Australien und sogar bis nach Afrika ausgeweitet. »Der Kokainhandel bringt Milliarden von Dollar ein, was die globale Expansion der mexikanischen Mafiaorganisationen befördert und finanziert. Denn das Geld versetzt sie in die Lage, Schiffe und Flugzeuge zu kaufen, Schmuggler und Auftragskiller zu bezahlen und Regierungsbeamte zu bestechen«, heißt es in dem Bericht des Thinktanks weiter.

In den achtziger Jahren wurden die Drogenlieferungen noch zwischen italienischen und kolumbianischen Organisationen ausgehandelt; Letztere erkauften sich von den mexikanischen Kartellen – entweder gegen Geld oder gegen Ware – das Recht, die Drogen durch ihr Territorium zu schleusen. Da die Mexikaner aber inzwischen die Rolle der Kolumbianer übernommen haben, dominieren sie heute einen Großteil der gesamten Wertschöpfungskette.

In ihrem Zusammenspiel sind italienische und mexikanische Mafiaorganisationen auf äußerst kreative Möglichkeiten des Drogentransports verfallen. So verstecken beispielsweise die Latin Kings aus Chicago, eine aus italienischen, mexikanischen und ecuadorianischen Mitgliedern bestehende Gang, die mit den Zetas und anderen kriminellen Zellen kooperiert, das Kokain in ovalen Kapseln, die dann in die Mägen großer Rassehunde eingebracht werden: Bernhardiner, Bordeauxdoggen,

Deutsche Doggen, Labradore und Neapolitanische Mastiffs. Jeder dieser Hunde kann in seinem Magen mehr als ein Kilo reines Kokain befördern. Sobald er in Italien ankommt, wird ihm der Magen aufgeschnitten, um das Kokain zu entnehmen. Dabei wird wie folgt vorgegangen: Jede Kapsel wird mit reinem Kokain gefüllt und mit Zellophan umwickelt; darüber kommt eine weitere Hülle aus Kohlepapier, damit die Päckchen bei einer Röntgenkontrolle nicht entdeckt werden; dann werden sie erneut mit Zellophan umwickelt und zuletzt mit schwarzem Kunststoffklebeband verpackt, bevor das Tier sie einzeln verschlucken muss. Hierfür sorgen von Drogenschmugglern bezahlte Tierärzte. Anschließend gehen die armen Hunde an Bord eines Flugzeugs nach Mailand, Bergamo, Lodi, Brescia, Novara, Pavia, Piacenza, Varese, Rom und in die Lombardei. Das nächste Mal, wenn Sie am Flughafen einem dieser edlen Tiere begegnen, werden Sie sich vielleicht fragen, ob es sich um ein Haustier auf Reisen oder um das unglückliche Opfer eines Kokainschmugglerrings handelt.

Vom Tyrrhenischen Meer zum Drogenhafen Gioia Tauro in Kalabrien

Von Messina, der östlichen Spitze Siziliens, fahre ich Richtung Ionisches Meer, das sich im Süden an die Adria anschließt. Die sechs griechischen Inseln, die der damalige Emir von Katar Hamad bin Chalifa Al Thani 2013 in dieser Region erworben hat, bekomme ich leider nicht zu sehen, obwohl ich gehört habe, dass sie ein wahres Paradies sein sollen. Kaum ist die Meerenge durchquert, erreicht man auch schon Kalabrien, das Tor zum italienischen Festland. Kalabrien ist das Reich einer nicht minder international operierenden Mafiavereinigung, der 'Ndrangheta, die Kokain in unvorstellbar großen Mengen ein- und ausführt.

Dank der Profite aus dem Kokainschmuggel, mit denen sich alle Arten von Gefälligkeiten erkaufen lassen, ist die 'Ndrangheta in den vergangenen zwei Jahrzehnten in Italien ebenso schnell gewachsen wie die Zetas in Mexiko. Sie versorgt die New Yorker High Society, aber auch die armen Drogenabhängigen ihrer Heimat mit dem weißen Pulver. Sie ist weniger bekannt als die Cosa Nostra, existiert aber schon seit Langem. Früher, als die *capi di tutti capi* (»die Bosse der Bosse«) noch aus dem sizilianischen Corleone stammten, kontrollierten die Familien aus Kalabrien das Fischereigeschäft, erpressten Fischer und kassierten Schutzgeld von Unternehmen, die im Bereich der Schifffahrt tätig waren. Mit diesem Erfahrungshintergrund fiel es ihnen leicht, die als *'ndrine* bezeichneten Strukturen – sie beruhen auf den familiären Bindungen der Clans – systematisch für den Drogenschmuggel auf See zu nutzen. Dieses Geschäft hat die 'Ndrangheta neben dem Handel mit gefälschten Markenprodukten finanziell so stark werden lassen, dass ihr Jahresumsatz inzwischen auf fünfzig bis fünfundfünfzig Milliarden Euro geschätzt wird.

Ein weiterer Vorteil für sie war, dass die Cosa Nostra mit dem sogenannten Maxi-Prozess von Palermo, der 1986 begann, einen herben Rückschlag erlebte. In dieser Zeit stieg die 'Ndrangheta in den Kokainschmuggel ein und zählte bereits nach wenigen Jahren zu den kriminellen Organisationen, die in dieser Gegend die meisten Tonnen Rauschgift verschoben. Dabei kooperierte sie mit mächtigen mexikanischen Gruppierungen wie den Zetas und dem Golf-Kartell; ihre Lieferanten waren vor allem paramilitärische Verbände aus Kolumbien.

Einer der wichtigsten Einfuhrhäfen der 'Ndrangheta befindet sich in der kalabrischen Stadt Gioia Tauro. Diesen in Anspielung auf den Kokainhandel im Volksmund auch »Coca Tauro« genannten Hafen charakterisiert das FBI als »berüchtigtes Zentrum für die Aktivitäten der 'Ndrangheta«. Er ist Italiens größter Hafen und rangiert beim Containerumschlag im europäischen

Vergleich auf Platz sieben. Seine strategische Bedeutung verdankt er seiner geografischen Lage zwischen dem Suezkanal und der Straße von Gibraltar, die Spanien, das wichtigste Zielland der Drogenlieferungen, von Marokko trennt und das Mittelmeer mit dem Atlantik verbindet.

An der Logistik und Durchführung der illegalen Seetransporte der 'Ndrangheta sind vor allem Kolumbianer, Mexikaner, Italiener, Venezolaner und Surinamesen beteiligt, aber auch Mitglieder der Cosa Nostra, die gemeinsam mit der 'Ndrangheta für die Verteilung in den europäischen Häfen sorgen. Die Drogen kommen über den Hafen von Gioia Tauro ins Land; ein Teil davon ist für die Lombardei und ihre Hauptstadt Mailand bestimmt, denn auch wenn sich die finanzstarke Region noch 1985 als »mafiafrei« deklariert hatte, spielt sie doch als Absatzmarkt und für die Geldwäscheaktivitäten der 'Ndrangheta eine große Rolle.

In den sieben mächtigen Kaianlagen des Hafens von Gioia Tauro werden die Waren umgeschlagen, die dort über einige der am stärksten befahrenen Schifffahrtsrouten der Welt anlanden. Auch Container mit kolumbianischem Kokain gelangen auf diese Weise in den kalabrischen Hafen. Eine bewährte Schmuggelroute führt über den Golf von Urabá in der Karibik nach Italien. Über diesen Transportweg versorgte etwa der italienisch-kolumbianische Lieferant Salvatore Mancuso Gómez – seines Zeichens Kommandant des Bloque Catatumbo, der größten militärischen Formation der kolumbianischen AUC – die Italiener jahrelang mit Rauschgift. Um das Risiko von Beschlagnahmungen zu verringern, verschiffte Mono Mancuso seine Lieferungen abwechselnd nach Spanien und Italien. Auch Ladungen des schon erwähnten Caballo und anderer kolumbianischer Händler erreichten Italien über diesen Hafen.

Dass die 'Ndrangheta den Niedergang der Cosa Nostra und die politischen Veränderungen nach dem Mauerfall in Deutschland so geschickt auszunutzen wusste, zeugt von Weitsichtigkeit und Geschäftssinn. So ließ sie sich beispielsweise in Leipzig nieder und investierte große Summen in ostdeutsche Immobilien und Unternehmen, die nach der Wende für ausländisches Kapital geöffnet wurden. Nach Mexiko gelangte sie mithilfe des Golf-Kartells und ihres bewaffneten Arms, Los Zetas, bevor sich Letztere zu einem eigenständigen Kartell formierten. Diese Allianz kam 2008 im Zuge der »Operation Solare« – in den USA »Project Reckoning« genannt – ans Licht, die von US-amerikanischen, italienischen, mexikanischen und guatemaltekischen Behörden gemeinsam durchgeführt wurde. In den genannten Ländern wurden insgesamt 175 Kriminelle wegen Drogendelikten, insbesondere wegen des Schmuggels von südamerikanischem Kokain nach Mexiko, in die USA und nach Italien, festgenommen. Die Schirripa beispielsweise, eine der Familien der 'Ndrangheta, wurde von kolumbianischen Banden, aber auch von Mexikanern beliefert, die mit dem einstigen Anführer der Zetas, Heriberto Lazcano Lazcano, in Verbindung standen.

Bis heute wickeln die 'Ndrangheta und die Zetas gemeinsam ihre von Mexiko und Südamerika ausgehenden Lieferungen ab. Dabei gelingt es ihnen, sie durch US-amerikanische, kanadische und britische Häfen zu schleusen, in denen angeblich höchste Sicherheitsstandards herrschen.

Dennoch werden auch die Tentakel des Kraken 'Ndrangheta gelegentlich gestutzt: Im Zentrum von New York beispielsweise gingen Anti-Drogen-Einheiten gegen eine Zelle vor, die Kokain und Heroin in Fischen verstecken, diese anschließend einfrieren und von Suriname aus nach Mexiko, Kanada und Italien verschiffen wollte. Im Zusammenhang mit diesem Komplott ordnete das Bundesbezirksgericht für das östliche New York, unter Vorsitz von Loretta Lynch, im Februar 2014 die Verhaftung von 24 Mafia-Angehörigen an. Zu den festgenommenen Personen gehörten Raffaele Valente alias Lello, Mitglied der 'Ndrangheta, Franco Lupoi von der Gambino-Familie, Charles Centaro alias Charlie Pepsi vom Bonanno-Clan sowie Dominic Ali, Alexander

Chan, Christos Fasarakis und José Alfredo García alias Freddy, der innerhalb des Clans als »mexikanische Kontaktperson zu den Kartellen« geführt wurde.

Doch wie lassen sich fünfhundert Kilogramm reines Kokain in Containern mit Tiefkühlfisch verstecken? Ganz einfach. Man nimmt einen Fisch, öffnet ihm das Maul und stopft Kokainpulver hinein. Damit der einzelne Fisch nicht seine Form verliert, darf man in jedem Exemplar lediglich hundert oder maximal zweihundert Gramm unterbringen. Bei hundert Gramm Kokain pro Fisch braucht man folglich fünftausend Fische, um die gewünschte Menge verladen zu können – so mindestens rechnete die 'Ndrangheta, die in diesem Fall sowohl mit den legendären Cosa-Nostra-Familien Gambino und Bonanno – zweien der fünf Gründungsfamilien der italo-amerikanischen Mafia in New York – als auch mit mexikanischen Kartellen zusammenarbeitete, die den Schmuggel über den Seeweg von Guyana aus organisieren sollten. Was die Mafiosi jedoch nicht wussten, war, dass das FBI und die italienische Staatspolizei längst gemeinsam ermittelten, um ihnen das Handwerk zu legen.

Konkret handelte es sich um Franco Lupoi aus Brooklyn, der in Kalabrien gelebt hatte und Mitbesitzer einer berühmten Bäckerei war – der Royal Crown Bakery in der 14th Avenue im Brooklyner Viertel Bensonhurst, eines *panificio* im typisch italienischen Stil. Er wollte seine engen Verbindungen zur Gambino-Familie und zur 'Ndrangheta nutzen, um sein Drogengeschäft auszubauen. Zu diesem Zweck reiste sein Schwiegervater Nicola Antonio Simonetta, italienischer Staatsbürger und Mitglied des Ursino-Clans der 'Ndrangheta, im Jahr 2012 nach Brooklyn. Als sie sich trafen, um die Schmuggeloperation zu besprechen, war allerdings ein verdeckter Ermittler des FBI zugegen, der das Gespräch heimlich aufnahm. In dessen Verlauf schmiedeten sie Pläne, um über den Hafen Coca Tauro Heroin und Kokain zwischen den USA und Italien zu verschiffen. Simonettas Komplizen in Coca Tauro sollten dafür sorgen, dass die

Containerschiffe mit der Schmuggelware sicher an ihr Ziel gelangten. Lupois Unterweltkontakte in New York, Kanada und Italien sollten die besten Häfen für die Operationen auskundschaften. Auf italienischer Seite wurde unter anderem der 'Ndrangheta-Boss Francesco Ursino als Heroinlieferant und Abnehmer des Kokains angeheuert.

Auch wenn die Mitglieder der 'Ndrangheta normalerweise erfahren und vorsichtig sind, ahnten Lupoi und Ursino nicht im Geringsten, dass einer ihrer Heroinkäufer in Wirklichkeit ein Undercover-Agent war. Bereits in Italien hatten Lupoi und Ursino dem verdeckten FBI-Ermittler über 1,3 Kilogramm Heroin verkauft, die, wie sie glaubten, in den Vereinigten Staaten vertrieben werden sollten. In New York verkauften Lupoi, Alexander Chan und José Alfredo García dem Undercover-Agenten dann nochmals über ein Kilogramm Heroin.

Gleichzeitig verfolgte Lupoi weiter den Plan, fünfhundert Kilogramm Kokain von Guyana nach Kalabrien zu schmuggeln. Das Rauschgift sollte in Containern mit Tiefkühlkost transportiert werden. Lupoi erklärte, mit einem Hafenmitarbeiter in Gioia Tauro in Verbindung zu stehen, der die Durchfuhr der Container gegen Zahlung von zweihunderttausend Euro ermöglichen würde.

Zusammen mit Alexander Chan und José Alfredo García leitete Lupoi von New York aus den Schmuggel der südamerikanischen Droge in die Wege. Der verdeckte Ermittler zeichnete Gespräche auf, in denen sie sich über ihre Verbindungen zu mexikanischen Drogenkartellen unterhielten und diskutierten, ob die fünfhundert Kilogramm reinsten Kokains – die in Kalabrien so weit wie möglich gestreckt werden sollten – lieber zwischen gefrorenem Fisch oder in Ananaskisten geschmuggelt werden sollten. Auch wenn nicht alle Beteiligten einverstanden waren, einigte man sich schließlich auf die Fischcontainer. In Gioia Tauro war ein Tag zum Auftauen der Ware und ein weiterer Tag für die Rauschgiftentnahme vorgesehen.

Auf italienischer Seite hatten Ursino und seine Komplizen vor, die Container von einer Reederei aus Guyana befördern und von einer Fischimportfirma einführen zu lassen. Die Operation geriet ins Straucheln, als ein Schiff der guyanischen Reederei bei seiner Ankunft im Hafen von Malaysia kontrolliert wurde. Die malaysischen Behörden entdeckten in den Containern mehrere Tonnen hochreines Kokain.

Dem Vorhaben der Männer aus Brooklyn war kein Glück beschert, doch Lupoi schaffte es, die Sache noch schlimmer zu machen: Nach Angaben des FBI verkauften er und Raffaele Valente dem Undercover-Agenten obendrein noch einen illegalen Schalldämpfer und ein Gewehr mit abgesägtem Lauf.

Ohne zu ahnen, dass er im Visier der Anti-Drogen-Fahnder stand, hatte der elegante Valente, zurück in Italien, damit geprahlt, in New York eine Gruppe gut bewaffneter Männer zusammengestellt zu haben, deren Operationsbasis so sicher sei wie Fort Knox. Zudem betonte er, wie sehr er den Heiligen Erzengel Michael, den Schutzpatron der 'Ndrangheta, verehrte.

Lupoi wiederum hatte in New York ein großes Netz von Geschäftspartnern aufgebaut, mit denen er gemeinsam Geldwäsche betrieb. Nach Ermittlungen der US-Fahnder soll er zusammen mit seinen Komplizen Dominic Ali, Charlie Pepsi und einem Angestellten der Alma Bank aus Brooklyn Drogengelder und Einkünfte aus dem illegalen Waffenhandel in Höhe von über fünfhunderttausend Dollar gewaschen haben.

Die 'Ndrangheta sei »eine außerordentlich gefährliche kriminelle Organisation«, gab das FBI bei der Verhaftung Lupois zu Protokoll. Die Tentakel dieser »raffinierten und heimtückischen« Mafia, so heißt es weiter, reichten »von Italien aus in alle Länder der Welt«. Und in der Tat operiert sie beispielsweise auch in den strategisch günstig gelegenen Atlantik- und Mittelmeerhäfen der Iberischen Halbinsel, etwa in Vigo, Ibiza, Barcelona oder Valencia, wo sie Unternehmen und Schiffe besitzt, die Drogen aus argentinischen, ecuadorianischen oder sogar surinamesischen Häfen einführen. Ein Teil der Frachten wird von hier aus weiter nach Genf oder Venedig verschickt. Dort verliert sich ihre Spur zwischen den Hunderten Tonnen von Gütern, die Tag und Nacht durch die Kanäle der zauberhaften Lagunenstadt gleiten.

Einer der profiliertesten Verbindungsmänner zwischen der Cosa Nostra und der 'Ndrangheta war über viele Jahre Roberto Pannunzi alias Bebè, wie er in Italien genannt wird. Die italienische Polizei hält ihn für »den größten Kokainhändler der Welt«. Insbesondere in jenem kriminellen Milieu, in dem sich jeder Capo, Boss oder Chef als Herrscher, König oder Prinz geriert und seine Mafiaposition gnadenlos überzeichnet, mag der Ausdruck übertrieben klingen. Dennoch ist unbestritten, dass der zwischen Kolumbien und Venezuela pendelnde Pannunzi, ein begabter PR-Mann und Unterhändler, für beide Mafiagruppierungen tonnenweise Drogen schmuggelte.

Bebè war vor über vier Jahrzehnten in das Drogengeschäft eingestiegen, und zwar in den Heroinlaboren Siziliens. Zusammen mit Salvatore Miceli, der als Kontaktperson zwischen der kalabresischen Mafia und den kolumbianischen Kartellen von Cali und Medellín fungierte, wurde er in den achtziger Jahren von der Polizei gefasst. Nach kurzem Gefängnisaufenthalt begann der geschickte Taktierer Pannunzi, Geschäfte zwischen verfeindeten Mafiagruppen zu vermitteln. Dabei stieg er zum »Kokainkönig« auf, der schließlich ganze Schiffsflotten koordinierte, mit denen er das Rauschgift von Kolumbien aus exportierte. Daneben war Pannunzi auch als Modeunternehmer tätig und besaß mehrere Haute-Couture-Boutiquen in Rom. Zudem stand er dem sizilianischen Mafiaboss Bernardo Provenzano nahe und knüpfte enge Verbindungen zu kolumbianischen und mexikanischen Bossen.

Seine Vorherrschaft geriet jedoch ins Wanken, als die *Mirage II*, ein griechisches Schiff, das er für eine Kokainlieferung erworben hatte, mitsamt seiner wertvollen Fracht unterging.

Denn zum einen waren seine Geschäftspartner darüber wenig erfreut, und zum anderen hatten ihn verschiedene Anti-Drogen-Behörden längst im Visier.

Auch in den Gewässern vor Neapel, an den Küsten Kampaniens, laufen Drogenfrachten ein, für die sich die Cosa Nostra zum Teil mit der kampanischen Camorra zusammenschließt. Das über den Hafen von Neapel an die Camorra gelieferte Rauschgift kommt mitunter aus Spanien und wird in den neapolitanischen Stadtteil Scampia, die nahegelegenen Gemeinden Melito, Marano und Mugnano und andere Regionen Italiens weiterversandt. Eine andere Route beginnt auf der kolumbianischen Halbinsel La Guajira, führt über Venezuela, Suriname und Brasilien nach Nordafrika und erreicht anschließend über das Tyrrhenische Meer die Vesuvregion. Der Stoff wird auf Schiffen, Segelbooten, Jachten, Katamaranen, Fischerbooten und Motorbooten transportiert, die speziell für diesen Zweck umgerüstet wurden. Eines der Camorra-Mitglieder, die auf dieser Route verkehren, ist beispielsweise der ehemalige Fischer und heutige Geschäftsmann Gennaro Cimmino.

Malta, die entscheidende Brücke

Ein weiterer Vorteil, den italienische Mafiaorganisationen zu nutzen wissen, ist die Nähe Maltas. Denn Malta ist das Reich internationaler Finanzdienstleister und zum Schein gegründeter Schifffahrtsgesellschaften, es ist Sitz einer Schifffahrtsindustrie ohne sichtbare Firmen, genauer gesagt bestehend aus Briefkastenfirmen, die Millionen erwirtschaften, und zugleich ein Steuerparadies, das gleichermaßen das Kapital russischer Magnaten, chinesischer Schmuggler, britischer Produktpiraten und mexikanischer Drogenhändler anzieht.

Die Seeverkehrsinfrastruktur des von Sizilien nur neunzig Kilometer entfernten Malta ist für die Drogenhändler deshalb ein Segen, weil sie in 24 Stunden eine Reederei gründen und auf ihren ordnungsgemäß registrierten und ausgeflaggten Schiffen ungehindert alles transportieren können, wonach ihnen der Sinn steht. Amtliche Kontrollen seien dabei, wie Fabrizio Barcellona, Gewerkschafter bei der Seeleute-Sektion der Internationalen Transportarbeiter-Föderation (ITF), erklärt, mehr als unwahrscheinlich.

Der Gebrauch von Billigflaggen führt dazu, dass die Schiffe nicht nur für den Drogenschmuggel, sondern auch für andere illegale Aktivitäten wie das Schleusen von Migranten oder den Transport illegaler Waffen genutzt werden; jeder kann dort problemlos ein Unternehmen gründen, ohne sich ausweisen zu müssen. Diese Firmen zahlen keinerlei Steuern und sind mit ihren Schiffen häufig in kriminelle Machenschaften verwickelt. Die Mafiaorganisationen machen sich die Billigflaggen zunutze, weil die dort ansässigen Unternehmen und ihre Schiffe keinerlei Kontrollen unterliegen.

Barcellona spricht aus Erfahrung. Der Genuese, in dessen Adern Seefahrerblut fließt, kennt nicht nur die umliegenden Gewässer wie seine Westentasche, er kann auch ein Lied singen von den Abenteuern, die rechtschaffene wie betrügerische Schiffseigentümer hier erleben. 1984 machte er am Istituto Nautico San Giorgio di Genova seinen Abschluss als Kadett-Ingenieur, diente dann mehrere Jahre bei der italienischen Marine an Bord von Schiffen der Küstenwacht und der Seenotrettung und fuhr später als Offizier auf öffentlichen wie privaten Trockenfrachtern, Tankern und Kreuzfahrtschiffen. Seit zehn Jahren arbeitet er nun für die ITF, wo er als Leiter des Teams Seeschifffahrt unter anderem für die Billigflaggenkampagne der ITF zuständig ist, die sich für die Einhaltung der gesetzlichen Standards innerhalb der Branche einsetzt. Wäre diese Kampagne von Erfolg gekrönt, könnte man die illegalen Machenschaften in der Schifffahrt und zumindest teilweise auch das Megageschäft eindämmen, das der Drogenschmuggel über den Seeweg darstellt.

Malta lässt sich vor diesem Hintergrund durchaus als das Panama des Mittelmeers bezeichnen. Der Inselstaat bietet in vielerlei Hinsicht traumhafte Zustände: Er ist zugleich Steueroase, Schmugglerparadies und Zufluchtsort für die Schifffahrtskriminalität, wobei anzumerken ist, dass Panama im Vergleich zu Malta wesentlich strenger reguliert ist. Aus all diesen Gründen lieben auch die Drogenschmuggler das kleine EU-Land im Herzen des Mittelmeers. Rings um seine Inseln Gozo und Comino, die Inselfelsen Cominotto und Filfla sowie die unbewohnten Kleinstinseln St. Paul's Islands werden Frachten umgeladen, die auf dem sogenannten Highway 10 nach Europa gelangt sind. Seine geografische Lage und seine steilen Felsküsten, die Seefahrern bereits in früheren Zeiten als Zufluchtsort dienten, kommen heute den Drogenhändlern zugute. Um nur ein Beispiel zu nennen: In der Republic Street der Hauptstadt Valletta haben sich in einem einzigen Gebäude um die dreißig Unternehmen niedergelassen – ohne dass man ihre tatsächliche Identität feststellen könnte. Jede dieser Firmen besitzt etwa dreißig bis vierzig registrierte Schiffe. Wer aber die eigentlichen Eigentümer sind, welche Frachten sie transportieren und welche Routen sie benutzen, entzieht sich jeglicher Kontrolle.

Durch die Gewässer um Malta werden aber nicht nur Drogen geschleust, sondern auch Flüchtlinge aus Afrika. Von Hungersnöten und Kriegen aus ihrer Heimat vertrieben, begeben sie sich auf die gefährliche Überfahrt, um in Europa ihren Traum von einem besseren Leben zu verwirklichen – nicht anders als Tausende von Mittel- und Südamerikanern, die um jeden Preis in die USA gelangen wollen. Allein vor der Küste der kleinen Insel Lampedusa, südlich von Sizilien, die zum Symbol der afrikanischen Einwanderung nach Europa geworden ist, landen und sterben jährlich unzählige Flüchtlinge, genau an jenem Ort, an dem Papst Franziskus in einer großen Rede die Gleichgültigkeit der Menschen angeprangert hat.

Zurück in den Bergen

Wir sind zurück in Corleone, dem symbolischen Herzen Siziliens. Zwar wehren sich viele Einwohner inzwischen gegen das Stigma ihrer Insel als Heimat der Mafiosi, dennoch kann man die Augen unmöglich vor zwei Tatsachen verschließen: Erstens heißen die Inhaber der reichsten und erfolgreichsten Firmen nach wie vor Riina und Provenzano, zweitens pflegen viele neureiche Emporkömmlinge und vermögende Unternehmer der Provinz Trapani nach wie vor enge Verbindungen zu Matteo Messina Denaro.

Und auch in Corleone ist die Mafia noch immer höchst aktiv. Vielleicht sind die Gräber der alten Mafiabosse deshalb stets mit frischen Blumen und brennenden Kerzen geschmückt. Eine Grabstätte sticht wegen ihrer Größe und ihrer Pracht besonders heraus: die von Michele Navarra. Es ist eine Kapelle mit goldenem Fenstersturz, in deren Innenraum sich eine Konsole mit einem Foto des Verstorbenen befindet. Die Scheiben sind makellos sauber, als würde der Bewohner der Kapelle jederzeit zurückerwartet. Durch das von keinem einzigen Staubkorn getrübte Glas sehe ich, wie sich die Flammen der Wachskerzen ebenso sanft hin und her wiegen wie der Weizen auf den Feldern dieser kleinen Stadt.

Angeblich zögerten etliche Mafiosi vor Jahrzehnten, als die *French Connection* florierte, zunächst mit dem Einstieg in das Drogengeschäft. Doch schließlich ließen sie sich darauf ein, und der Markt gab ihnen Recht: Heute wie damals verdienen sie mit dem Stoff ein Vermögen, vergiften dabei aber ihr eigen Fleisch und Blut: ihr Sizilien, das im letzten Jahrzehnt zu einer der Regionen mit dem höchsten Kokainkonsum geworden ist.

12
Portugal – Narcojäger auf hoher See

Die *Río Manzanares* war noch immer dabei, den Atlantik zu überqueren, und hatte Kurs auf die Gewässer vor Galicien genommen. Um sich der Küste von Cedeira in der Provinz A Coruña zu nähern, musste sie die fjordartigen Meeresbuchten der Rías Altas durchfahren. Dort erwartete sie bereits das Schiff, das ihr die Ladung abnehmen sollte. Doch in jenem Juni 2008 waren der unglückseligen Schiffsbesatzung die Winde nicht günstig gesonnen.

Auf der Spur dieses Fischkutters überquere ich das Mittelmeer vom Golf von Castellammare in Richtung Atlantik, bis ich in Lissabon ankomme. Dort, in der Stadt des Fado, der altertümlichen Straßenbahnen und der ewigen Nostalgie, werde ich mich mit José Ferreira Leite treffen, einem der profiliertesten Drogenexperten Europas. Er kennt die Geschichte jenes Schiffs und wird mich über sein Schicksal aufklären können. Wegen seiner langjährigen Erfahrung als polizeilicher und nachrichtendienstlicher Ermittler wurde Ferreira Leite aus einer Vielzahl von Kandidaten als Leiter des Operationszentrums für den Kampf gegen den Drogenhandel im Atlantik (MAOC-N) ausgewählt. Die Arbeit seines Teams besteht darin, auf dem Seeweg beförderte Drogentransporte abzufangen.

Das MAOC-N ist eine multinationale Einrichtung der Europäischen Union, die 2007 durch ein Abkommen zwischen den sieben EU-Staaten Portugal, Spanien, Italien, Frankreich, Niederlande, Großbritannien und Irland gegründet wurde. Ziel des Operationszentrums ist es, den transatlantischen Kokainschmuggel nach Europa und an die westafrikanische Küste durch Polizeieinsätze auf hoher See einzudämmen. Die Grundlage ihrer Arbeit bilden kriminalpolizeiliche Ermittlungsberichte.

Als Sitz des MAOC-N wurde Portugal ausgewählt, weil es mit seinem 1 720 560 Quadratkilometer großen Seegebiet das Land mit den meisten Atlantikzugängen ist. Das Land besitzt eine ausgedehnte Küstenlinie: Die Küste des portugiesischen Festlands ist 1230 Kilometer lang, die der Azoren misst 667 Kilometer, und die Küsten Madeiras mit der Inselgruppe Ilhas Selvagens erstrecken sich über 250 Kilometer. Portugal ist ein Land des Wassers: Die Gewässer des Atlantiks begrenzen seine Westküste und umschließen seine Inseln; es ist von Flüssen durchdrungen. Der Tejo, der Lissabon – dieses Afrika zugewandte Tor nach Europa – umfließt und den Mündungstrichter des Mar da Palha, des sogenannten Strohmeers, bildet, ist mit seinen 1008 Kilometern der längste Fluss der Iberischen Halbinsel.

Für die Drogenhändler ersetzt jeder Wasserweg Hunderte von Kilometern Autobahn, über die das Rauschgift ansonsten transportiert werden müsste. Was Portugal für die Schmuggler ebenfalls interessant macht, sind seine Bewohner, denen man nachsagt, die besten Seefahrer der Welt zu sein, und denen für ihre Dienste hohe Summen geboten werden.

Das MAOC-N befindet sich im verborgensten Winkel des Hafens von Lissabon; dorthin zu gelangen erweist sich als echte Großtat: Ich muss die sieben Hügel überqueren, auf denen Lissabon erbaut ist, irre durch malerisch verfallene Straßen, spaziere im Stadtteil Belém über rötliche Pflastersteine und komme in der Alfama, dem ältesten Viertel der Stadt, an Gebäuden im maurischen Stil vorbei. Anschließend schlängele ich mich durch die verwinkelten Straßen, die jenseits der Grenzen des Stadtviertels Madre de Deus dem Mündungsverlauf des Tejo folgen, und steige hinauf bis zur Festungsanlage Castelo de São Jorge, dem höchstgelegenen Punkt Lissabons und Überbleibsel der maurischen Besetzung Mitte des 11. Jahrhunderts. Oben angekommen, betrachte ich im Ulisses-Turm durch das Periskop die sich unter mir ausbreitenden Viertel Castelo und Alfama; am fernen Horizont erspähe ich den Tejo, der sich zwischen den Lagerhallen des Hafens verliert. Nun muss ich den Berg wieder hinabsteigen und mich wie die alten Seemänner von einem Kompass leiten lassen. Die Magnetnadel zeigt mir an, dass ich dem Tejo bis ans Ende folgen muss. Schließlich komme ich an.

»Normalerweise kommt niemand bis hierher«, entschlüpft es José Ferreira Leite, als er mich am Eingang empfängt. Das Gebäude liegt weit abseits vom Hafengelände; am Eingang erblicke ich eine kleine rot-grüne Fahne, die Farben Portugals, jedoch keinerlei Hinweisschild, keinen Namen und auch kein Logo. In diesem Moment verstehe ich, weshalb niemand in Lissabon weiß, wo sich das MAOC-N befindet, geschweige denn, was dieses Abkürzungskauderwelsch überhaupt bedeuten soll. Selbst in der internationalen Schifffahrtsbranche scheint die Organisation wenig bekannt zu sein. »Wir müssen dafür sorgen, dass sich niemand für unsere Tätigkeit interessiert«, entgegnet mir Ferreira Leite, als ich ihm vorwerfe, dass sein Büro so versteckt liegt und dass die Adresse, die mir mitgeteilt wurde, als wir den Besuchstermin vereinbarten, in Wirklichkeit überhaupt nicht existiert. Seine Erwiderung lässt tief blicken. Noch besser verstehe ich sie, als ich im Konferenzraum das Logo des MAOC-N entdecke: den aus den Wellen auftauchenden Triton, einen Boten der Tiefsee, und darunter das Motto »Certa cito«. So diskret, lautlos und effizient wie der Sohn der Meeresgötter Poseidon und Amphitrite scheint auch das Operationszentrum zu agieren.

Für seine Anti-Drogen-Einsätze verfügt das MAOC-N über eine Datenbank, die mit den Erkenntnissen der Polizeien diverser Länder, aber auch anderer Informanten gespeist wird. Verdächtige Schiffe werden darin, unterteilt nach den Kategorien CAT1 und CAT2, gelistet. Die erste Kategorie bezieht sich auf Schiffe, die in irgendeinem Land Gegenstand von Ermittlungen waren, die zweite auf Schiffe, deren Besatzung oder Route in Zusammenhang mit dem Drogenhandel stehen könnten.

Das Team des MAOC-N besteht aus seinem Leiter und diversen Analysten, zumeist spezialisierten Ermittlern der Polizei aus dem Bereich der Drogenfahndung. Sie analysieren die operativen Erkenntnisse und Informationen und entscheiden dann je nach Indizienlage das weitere Vorgehen – ob es beispielsweise sinnvoll ist, ein Schiff abzufangen, bei dem Hinweise darauf vorliegen, dass es als Mutterschiff fungiert oder einem anderen Mutterschiff Treibstoff liefert. Zur Einrichtung des Operationszentrums erfahre ich von Ferreira Leite:

Die Idee, eine Institution wie das MAOC-N zu schaffen, kam ursprünglich aus Frankreich, wurde jedoch zunächst nicht weiterverfolgt. England setzte die Initiative schließlich in die Tat um, nachdem der multinationale Charakter des Kokainschmuggels über den Atlantik offenbar geworden war und man erkannt hatte, dass die einzelnen Länder darauf nicht im Alleingang reagieren konnten. Denn nicht jedes Land verfügt über die nötige Ausrüstung, um Drogentransporte abfangen zu können: So besitzen einige Länder gar keine geeigneten Wasserfahrzeuge, um die mit Rauschgift beladenen Schiffe auf ihrem Weg über den Atlantik aufzuhalten. Aus diesem Grund schloss man sich zusammen, um künftig von jedem beliebigen Punkt auf See aus konzertiert reagieren zu können.

Auf meine Nachfragen, wann man konkret entschieden habe, dass ein solches Operationszentrum notwendig sei, und wie der Kampf gegen den Kokainschmuggel eigentlich aussehe, erklärt mir der Leiter des Operationszentrums Folgendes:

Das gesamte Kokain stammt aus Südamerika und der Karibik; während die Drogen früher direkt über den Atlantik nach Europa gebracht wurden, geschieht dies heute auch über die westafrikanischen Gewässer. Das Operationszentrum wurde gegründet, als man die Notwendigkeit erkannte, die Lieferungen auf dem Atlantik, vor den Küsten Europas und Afrikas, abzufangen. Als die Schmuggler anfingen, die Drogen über Westafrika zu transportieren, war klar, dass man die Frachten aufhalten musste, bevor sie nach Europa gelangten, unabhängig davon, ob sie direkt aus Südamerika oder über Afrika importiert wurden. Man möchte einfach verhindern, dass das Rauschgift überhaupt in Europa ankommt.

Bekämpfung des Drogenschmuggels auf hoher See

Die Jagd auf die Kokainschmuggler läuft wie folgt ab: Zunächst gleichen die Narcojäger die Informationen, die sie erhalten, mit den Daten der Einwanderungsbehörden ab; zudem stellen sie konkrete Nachforschungen an, um mögliche Schmugglerringe aufzuspüren oder Schiffe ausfindig zu machen, die Drogen transportieren oder transportieren könnten. Dann werden die Einsätze zum Abfangen der Schiffe auf hoher See organisiert. Die Patrouillenschiffe und Flugzeuge, die an diesen Operationen teilnehmen, versuchen, das Schiff irgendwo auf dem Ozean aufzuhalten, um festzustellen, ob sich tatsächlich Drogen an Bord befinden. Falls ja, wird das Rauschgift beschlagnahmt, damit das zuständige Gericht anschließend ein Strafverfahren einleiten kann. Bei allen Operationen kommen unterschiedliche Arten von Wasserfahrzeugen zum Einsatz, je nachdem, welcher Schiffstyp abgefangen werden soll. Handelt es sich beispielsweise um ein kleineres Motorboot, dann werden ebenfalls Motorboote losgeschickt; geht es jedoch um ein größeres Schiff, werden Kriegsschiffe und Kampfflugzeuge mobilisiert, die das verdächtige Boot zu Wasser und in der Luft umzingeln.

Ein Problem der Drogenfahnder ist, dass die Ausrüstung, über die die Schiffe der Mafiaringe verfügen, immer besser wird.

So besitzen die kriminellen Organisationen unter anderem äußerst leistungsfähige Speedboote, die deutlich schneller sind als sämtliche Boote der Kriegsmarine und der Polizei. Manche ihrer Boote sind mit drei oder sogar vier Motoren ausgestattet, von denen jeder einzelne über tausend PS hat. Außerdem operieren sie für gewöhnlich nicht allein, sondern werden an bestimmten Punkten ihrer Route von anderen Schiffen mit Treibstoff und sonstigen Ausrüstungsgegenständen versorgt, die sie zur Fortsetzung der Überfahrt benötigen. Ihre Schnellboote sind so stark, dass sie neben dem erforderlichen Treibstoff drei bis vier Tonnen Kokain befördern können. Zudem sind sie mit hochmodernen Radargeräten und Satellitenkommunikationssystemen ausgerüstet.

Das Abfangen solcher Boote gestaltet sich daher aus zwei Gründen schwierig: Zum einen durch die Bauart der Schiffe, zum anderen durch die gesamte Logistik, die den Drogenschmugglern für einen reibungslosen Ablauf ihrer Operationen zur Verfügung steht: Sie können dabei auf modernste Präzisionstechnologie zurückgreifen, etwa auf Satelliten und Leichtflugzeuge, die die Meere ausspähen und den Schiffen anzeigen, wie sie der polizeilichen Überwachung oder Verfolgung entgehen können.

Die Routen

Die Route, die Drogenschmuggler derzeit am häufigsten benutzen, ist der sogenannte Highway 10.

Auf der europäischen Seite des Atlantiks führt eine zweite Route über die Azoren, jenes aus neun Inseln bestehende portugiesische Archipel inmitten des Atlantiks, etwa 1500 Kilometer von Lissabon entfernt. Es ist ein Teil der Region Makaronesien im Nordatlantik, zu der neben den Azoren auch die Kanarischen Inseln, die Kapverdischen Inseln, Madeira und die Ilhas

Selvagens gehören. Die mit Kokain beladenen Schiffe – vor allem Fischer- und Freizeitboote – fahren an der ebenfalls zu Makaronesien zählenden marokkanischen Küste entlang und dann weiter in Richtung Europa, entweder über die Kapverdischen Inseln, über die Kanaren oder über Madeira.

Auf einer anderen Route nehmen die Schiffe, sobald sie auf den Atlantik kommen, Kurs auf Westafrika, fahren an Guinea-Bissau, Guinea und Senegal vorbei, um von dort aus die Iberische Halbinsel zu erreichen. Zum gleichen Ziel führt auch die zentrale Route, die von Südamerika, genauer gesagt Brasilien, aus über die Kapverdischen Inseln bis zu den Azoren, den Kanaren oder Madeira verläuft. Auf dieser Route wird das Rauschgift, in Ballen verpackt, zusammen mit Bojen über Bord geworfen, von Schnellbooten geborgen und dann auf kleinere Schiffe umgeladen, vor allem auf Freizeitboote und schnelle Motorboote, die die Fracht schließlich in Häfen oder an der Küste abliefern.

Verstärkt kämen bei derartigen Schmuggeloperationen auch kleinere Segelboote zum Einsatz, erklärt Ferreira Leite. Die Händler folgten dabei einer Logik der Risikostreuung:

Die Schmuggler stellen folgende Berechnung an: Wenn man auf einem relativ großen Schiff fünf Tonnen transportiert und erwischt wird, dann werden fünf Tonnen konfisziert; transportiert man aber fünfhundert Kilogramm auf zehn kleineren Booten, werden davon höchstens ein bis zwei aufgebracht, jedoch niemals die gesamte Fracht. Dieser Logik folgen die Drogenhändler. Sie denken betriebswirtschaftlich und logistisch, denn der Verlust ist geringer, wenn ein kleines Schiff abgefangen wird. Ziel der Dealer … ist es, eine möglichst große Drogenmenge auf möglichst kostengünstige Weise zu transportieren.

Bei einem Ozean, der so riesig ist wie der Atlantik, mag es unsinnig erscheinen, von Routen zu sprechen, denn wie Ferreira zusammenfassend darlegt, kann heutzutage jeder beliebige Punkt Zielort einer Schmuggelroute sein.

Jeder beliebige Meeresabschnitt kann Eingangs-, Ausgangs- oder Ankunftspunkt der Drogen sein, denn wenn wir auf dieser Seite des Ozeans eine Kontrollstelle einrichten, werden sie sich einen anderen Punkt suchen, und wenn an diesem anderen Punkt eine Kontrollstelle entsteht, werden sie sich einen Punkt suchen, der noch weiter weg ist. Wenn wir Kontrollstellen einrichten, sprechen wir im Grunde, auch wenn sie noch so groß sein mögen, von einigen wenigen Seemeilen eines riesigen Ozeans ..., der ansonsten komplett unüberwacht ist.

Obwohl es Routen gibt, die wie der Highway 10 häufig benutzt werden, können sich diese schon morgen ändern. Letztlich läuft es immer auf dasselbe hinaus: Die Schmuggler sind gut organisiert und nutzen komplexe Logistik- und Informationssysteme, sodass sie stets genau wissen, wann eine bestimmte Route am günstigsten ist. Stellen wir uns zum Beispiel vor, wir befänden uns zwischen Mauretanien und Senegal oder zwischen Portugal und Spanien: Falls Spanien seine Überwachung verschärft, würde man mit ziemlicher Wahrscheinlichkeit nach Portugal ausweichen; wenn Portugal seine Kontrollen verstärkt, wäre es genau umgekehrt, oder die Drogenhändler würden sich gleich eine ganz andere Route suchen. Im Gegensatz zu Mexiko und Kolumbien sind die hiesigen Schmuggelrouten wesentlich dynamischer. Es ist sehr wichtig, sich Folgendes klarzumachen: Den Drogenhändlern geht es nicht darum, dass Leute Drogen konsumieren, sie wollen einzig und allein Geld verdienen. Es ist ihnen egal, ob die Leute Drogen nehmen oder nicht; was sie interessiert, ist, in welchen

Ländern sie ihr Produkt am besten verkaufen und wie sie es möglichst günstig und risikolos dorthin liefern können.

Häufig gelingt es Mutterschiffen tatsächlich, einen Hafen zu erreichen und das Kokain direkt abzuliefern; doch wenn sich die Sache verkompliziert, kommen auf hoher See kleinere Boote zu Hilfe, um ihnen die kompromittierende Fracht abzunehmen.

Legale Schiffe für die Mafia

Der Drogenschmuggel auf dem Meer unterscheidet sich deutlich vom Transport über Land, bei dem sich die kriminellen Organisationen üblicherweise gestohlener Fahrzeuge oder falscher Kennzeichen bedienen. Die Schiffe hingegen sind legal; sie haben einen Eigentümer und sind in ein Schiffsregister eingetragen; sie führen die Flagge des Landes, in dem sie registriert sind, und eine Schiffsnummer, die ihnen gesetzlich zugeteilt wurde. Wären sie mit einer falschen Schiffsnummer unterwegs, würden sie mit viel höherer Wahrscheinlichkeit ins Visier der Behörden geraten und gestoppt und inspiziert werden. Denn ein Schiff ist gesetzlich verpflichtet, die Flagge seines Registrierlandes sowie eine Registernummer zu führen, die sich nach dem Schiffstyp richtet: je nachdem, ob es sich um ein Freizeit-, Segel- oder Motorboot, um ein Frachtschiff oder einen Fischkutter handelt, werden unterschiedliche Registriernummern vergeben. Schiffe, die keine Flagge oder Kennnummer führen, gelten rechtstechnisch als Piratenschiffe. Gemäß dem internationalen Seerecht kann ein flaggenloses Schiff jederzeit, in jedem Land, unter jeglichen Umständen, durch jede beliebige Behörde, an jedem Ort betreten werden. Falls das Schiff eine Flagge führt, muss hingegen erst eine ausdrückliche Genehmigung des Landes, unter dessen Flagge es fährt, eingeholt werden; wird sie nicht erteilt, ist das Schiff unantastbar.

Um die Genehmigung zur Durchsuchung eines Schiffs wird gemäß dem Übereinkommen der Vereinten Nationen gegen den unerlaubten Verkehr mit Betäubungsmitteln und psychotropen Stoffen von 1988 bei dem jeweiligen Flaggenstaat ersucht, wenn der begründete Verdacht vorliegt, dass das Schiff in einen Drogentransport verwickelt ist. Wird bei der Inspektion Kokain oder anderes Rauschgift gefunden, richtet sich die Behandlung der festgenommenen Personen nach der Rechtsprechung des Landes, das die Operation durchführt.

Dies ist der Hauptgrund, weshalb die Narcos für den transatlantischen Drogenschmuggel keine Piratenschiffe einsetzen: Ein Schiff, bei dem nach außen hin alles ordnungsgemäß erscheint, ist die beste Tarnung. Eine andere Methode, die, wie schon erwähnt, etwa im kolumbianischen Pazifik angewandt wird, besteht darin, die Registernummern abzudecken, während die Besatzung illegalen Geschäften nachgeht.

Normalerweise gestaltet sich die Durchsuchung eines Drogenschiffes relativ schwierig. Man kann nicht einfach an Bord gehen und erwarten, das Rauschgift an Deck zu finden, auch wenn es solche Fälle – wie etwa die Razzia auf der *Gatún* in Panama, von der an früherer Stelle berichtet wurde – natürlich schon gegeben hat. Da das Rauschgift normalerweise gut versteckt ist, benötigt man ausgefeilte Suchtechniken, spezialisierte Suchmannschaften, besondere Sichtgeräte, Detektoren und andere Ausrüstung. Aus diesem Grund findet eine solche Inspektion nur dann statt, wenn ein Schiff mit nahezu hundertprozentiger Sicherheit Drogen transportiert. Denn wird bei einer Schiffskontrolle nichts gefunden, müssen die Behörden für alle anfallenden Kosten aufkommen: für das Anhalten des Schiffs, für das Umladen oder Umfüllen der legalen Fracht sowie für etwaige Schäden. Hält man etwa ein Frachtschiff mehrere Stunden lang fest, so entstehen Verluste in Millionenhöhe. Außerdem kann die Schifffahrtsgesellschaft den Staat wegen einer ergebnislosen Inspektion auf Schadensersatz verklagen.

Genau das ist das Dilemma, in dem sich das MAOC-N befindet: Wenn die möglichen Konsequenzen einer Durchsuchung größer sind als die Wahrscheinlichkeit, Drogen zu finden, lässt man ein Schiff lieber passieren. In solchen Fällen wissen letztlich nur die Schmuggler, ob sie die Behörden an der Nase herumgeführt haben oder nicht.

»Dies ist ein wichtiger Aspekt unserer Arbeit. Wenn wir ein Land darum ersuchen, ein Schiff abzufangen, muss dafür Geld aufgewendet werden. Auch das ist ein wichtiger Teil unserer Arbeit, denn ein Schiff auf den Atlantik hinauszuschicken, um ein anderes Schiff ausfindig zu machen, kostet sehr viel Geld. Ob wir es tun, hängt von den Informationen ab, die wir besitzen, von der Situation, wie sie sich aus technischer Sicht darstellt. Jeder einzelne Fall erfordert daher eine genaue Risikoabschätzung, das ist der Kernpunkt unserer Arbeit«, erläutert Ferreira, der seit 35 Jahren als Polizeiermittler tätig ist und neun Jahre lang Leiter der Abteilung Drogenbekämpfung der portugiesischen Polizei war.

Ich habe den Eindruck, dass diesen Mann kein noch so raffiniertes Drogenversteck mehr überraschen kann, doch er erklärt mir, dass es durchaus Fälle gebe, die auch ihm noch die Sprache verschlügen. Im Laufe unserer Unterhaltung betont er wiederholt, dass »uns die Schmuggler stets einen Schritt voraus sind«.

Ferreira blickt durch die großen Fenster des Büros – in der Ferne ist das letzte Stück des Flusslaufs des Tejo zu sehen –, während er sich an einige besonders spektakuläre Fälle erinnert: etwa den Fall eines knapp zwölf Meter langen Segelboots, bei dem sein Team ganze zwei Tage brauchte, um das Rauschgift aufzuspüren. In einem doppelten Boden, den man eigens zu diesem Zweck in das Heck eingebaut hatte, waren 1200 Kilogramm reines Kokain versteckt. Oder den Fall der im Hafen von Florida registrierten amerikanischen Jacht *Tortuga*, benannt nach der gleichnamigen Insel (der heutigen Île de la Tortue), die im 17. Jahrhundert den Bukaniern und Filibustern der Karibik als

Schlupfwinkel und Bollwerk diente. Im Sommer 2010 segelte die *Tortuga* auf den Atlantik hinaus, nahm dann aber Kurs auf Kap Verde, um mögliche Verfolger abzuschütteln. Im August gingen im Büro des MAOC-N Informationen des französischen Geheimdienstes ein, denen zufolge das Boot mehr als nur seine Besatzung an Bord habe. Man beschloss, das Schiff abzufangen; die Operation sollte von einem britischen Zerstörer, der *HMS Gloucester*, unterstützt werden.

Auf den ersten Blick war keine Spur des weißen Pulvers zu entdecken: Die normalen Kontrollen hatten nichts zutage gefördert, weder an Deck noch in den üblichen Verstecken, und es gab auch keinen doppelten Boden. Allerdings galt der Informant, der hauseigene Deep Throat des MAOC-N, als erstklassige Quelle. Wenn er behauptete, die *Tortuga* habe eine Ladung Kokain an Bord, dann musste der Stoff irgendwo sein. Aber wo? Die Experten des MAOC-N zerbrachen sich den Kopf darüber, wo das Kokain versteckt sein konnte. 48 Stunden vergingen, ohne dass sie dahinterkamen. Sie konnten das Schiff aus rechtlichen Gründen nicht länger festhalten; schließlich musste man auch die Kosten berücksichtigen, die bei einer Beschädigung des Segelboots anfallen würden, sowie den Schadensersatz, den die Behörden gegebenenfalls an den Reeder zu zahlen hätten.

Glücklicherweise hatte ein Mitglied des MAOC-N-Teams eine geniale Idee, mit der sie schließlich fündig wurden. Er stellte sich die Frage: Welcher Teil des Schiffes zählte zu den kostspieligsten und galt daher als unberührbar? Welchen Teil würden die Fahnder nicht zu durchsuchen wagen? Die Antwort lautete: das aus Glasfaser hergestellte Steuerruder, das sich stets unter Wasser befindet. Die Schmuggler hatten das gesamte Innere des Ruders ausgehöhlt und darin das Kokain versteckt. Das Abfangen der *Tortuga* war unter anderem auch deshalb eine wichtige Operation, weil es die erste mit Überfallkommandos durchgeführte Aktion auf hoher See war.

Ein Schlag gegen den Clan der Piturro

Doch zurück zum Schicksal der *Río Manzanares*. In jenem Sommer 2008 meldete sich Deep Throat erneut zu Wort, was in dem Büro, in dem ich gerade sitze, einen heftigen Adrenalinschub auslöste: Angeblich befand sich auf einem Schiff namens *Río Manzanares* eine größere Ladung Kokain. Das Boot war aus einem Hafen in Südamerika ausgelaufen, seine Fracht sollte mitten im Atlantik umgeladen werden. Daten wurden abgeglichen, Telefonate geführt, man nahm Kontakt mit Kollegen am anderen Ende der Welt auf und konnte den Fall schließlich lösen: Wie sich herausstellte, war das Schiff eigens für den Zweck des Kokaintransports gechartert worden. Zum fraglichen Zeitpunkt schipperte die *Río Manzanares* noch auf dem Highway 10 Richtung Guinea; anschließend nahm sie Kurs auf den Nordatlantik.

Die Fracht an Bord gehörte nicht irgendeinem Drogenhändler, sondern dem mächtigen Clan der Piturros. Das Team des MAOC-N wusste natürlich, dass es sich bei den Piturros um eine gut organisierte kriminelle Bande handelt, die über umfangreiche Erfahrung mit Navigationssystemen und moderner Kommunikationstechnologie verfügt. Es ist bekannt, dass die Mitglieder des Clans Geheimcodes verwenden, verschlüsselt über das Internet kommunizieren und Handys nutzen, die sie von Schiff zu Schiff wechseln. Hinzu kommt, dass die Piturros sich auf einflussreiche Verbündete und zahlreiche Staatsbedienstete verlassen können, die ihnen beispielsweise ermöglichen, für den Drogenschmuggel auf diplomatischen und gewerblichen Flügen den galicischen Flughafen Vigo zu nutzen.

Das MAOC-N erfuhr nicht nur, dass die *Río Manzanares* Kokain geladen hatte, sondern auch, dass sich ihr vor der Küste von Cedeira ein Segelschiff nähern sollte, um die Fracht entgegenzunehmen. Anschließend sollte das Kokain auf Schnellboote umgeladen und, sobald es auf dem Festland angelangt war, in Galicien zwischengelagert werden, von wo aus es in ganz Spanien und in andere europäische Länder verteilt würde.

Nach umfangreichen Planungen leiteten die Mitarbeiter des MAOC-N im Morgengrauen des 26. Juli 2008 die »Operation Hurrikan« ein: Der spanische Zoll entsandte das Patrouillenboot *Petrel*, von dem aus die spanische Bundespolizei den Fischkutter enterte. Das MAOC-N beschlagnahmte 2250 Kilogramm reines Kokain, das den Galiciern und ihren kolumbianischen Geschäftspartnern auf diese Weise durch die Lappen ging. So scheiterte die von Manuel Díaz Vázquez, dem Neffen des Piturros-Clanchefs Manuel Vázquez Vázquez, koordinierte Überfahrt.

Immer häufiger kommen beim Seetransport von Kokain Obst, Honig oder bestimmte Düngemittel zum Einsatz, um den Geruch der Drogen zu überdecken. Zudem wird das Kokain nicht mehr nur als Pulver, sondern mittlerweile auch in flüssiger Form transportiert, weil es für die Röntgengeräte dann schwerer zu erkennen ist. Diese Methode kam im Januar 2012 ans Licht, als man auf dem Flughafen Mailand-Linate im Gepäck eines Diplomaten vierzig Kilogramm flüssiges Kokain entdeckte. Im Juni desselben Jahres wurden im Hafen von Maracaibo vier Container verladen, die in zwei mexikanische Häfen verschifft werden sollten: nach Venustiano Carranza im Bundesstaat Baja California und nach Veracruz. Laut Kennzeichnung sollten die Container Dichtungsmittel auf Basis von Asphalt und flüchtigen Bestandteilen enthalten. In Wirklichkeit aber handelte es sich bei der Fracht um flüssiges Kokain.

José Ferreira Leite äußert sich dazu wie folgt: »Das sind reine Logistikfragen. Die Schmuggler suchen ständig nach neuen Wegen und Methoden, um das Rauschgift unbemerkt zu befördern. Wie bei jedem anderen Geschäft passen sich auch die Drogenhändler an, sobald es erforderlich ist; das betrifft auch die Art und Weise, wie sie das Rauschgift transportieren. Wir würden natürlich gern behaupten, dass dies eine Folge unserer Polizeiarbeit ist. Doch auch wenn das zum Teil zutrifft, gibt es noch einen weiteren Grund: den Krieg zwischen den einzelnen Gruppierungen. Die Schmuggler ändern ihr Vorgehen nicht einfach so, sondern nur wenn äußere Vorfälle sie dazu zwingen. Denn ein neues System aufzubauen ist für sie mit zusätzlichen Kosten verbunden.«

Oft ist es reiner Zufall, ob eine Fracht an ihrem Ziel ankommt oder nicht. Anders lässt sich nicht erklären, weshalb es einem kleinen venezolanischen Binnenfischereiboot 2010 gelang, mit viertausend Kilogramm reinem Kokain an Bord den gesamten Highway 10 zu befahren. Das Schiff erreichte sein Ziel ohne fremde Hilfe, ohne Umladungen und Zwischenstopps; es trotzte dem stürmischen Meer und dem Wellengang des Atlantiks und entzog sich erfolgreich der Überwachung durch die zuständigen Behörden.

José Ferreira Leite, der renommierteste Experte für den transatlantischen Drogenschmuggel und die in ihn verwickelten Mafiaorganisationen, reagiert mit Kopfschütteln auf die brutalen Kämpfe, die sich die mexikanischen Kartelle um ihre Territorien liefern. Seiner Meinung nach haben die nordamerikanische Gangkultur und das Vorbild der legendären amerikanischen Gangster viel zu dieser schlimmen Situation beigetragen, die inzwischen auch Mittel- und Südamerika erreicht hat.

Ein wichtiges Merkmal des Drogenhandels auf unserem Kontinent ist, dass er weniger blutig abläuft. Ab und zu hat vielleicht jemand mal eine Rechnung zu begleichen, und dann wird ein anderer umgebracht, aber das ist wirklich nur selten der Fall; es ist sehr ungewöhnlich ... Der Drogenhandel in Europa ist kein Schlachtfeld, die Drogenschmuggler sind nicht einmal bewaffnet.

Auch beim Kampf um die Seerouten kommt es nicht unbedingt zu Blutvergießen. Gelegentlich ändern sich zwar die Routen, was dann aber eher an Querelen innerhalb der einzelnen Organisationen als am erhöhten Ermittlungsdruck durch die Polizei liegt. Der Kampf um die Routen vollzieht sich weniger offensichtlich als die Auseinandersetzungen auf dem Festland. Das Meer ist wie eine Autobahn, die von allen benutzt wird. Es gibt keine Konkurrenz um bestimmte Hoheitsgebiete, sondern darum, die besten Örtlichkeiten mit der besten Infrastruktur für den Transport des Rauschgifts zu finden; es geht darum, den Vertrieb zu kontrollieren. Die Banden streiten sich folglich um die Kontrolle bestimmter Zonen, die sich am besten für das Verladen des Rauschgifts eignen. Doch im Prinzip ist das Meer groß und bietet Platz für alle.

In Europa importiert jemand Rauschgift und verkauft es dann jedem, der es haben will. Man konkurriert um den günstigsten Preis für den Stoff. Niemand kontrolliert ein Gebiet von Straße Soundso bis Straße Soundso; derartige Kämpfe gibt es hier nicht, und es gibt auch nicht die eine Organisation, die alles kontrolliert. Hier in Lissabon, in Spanien oder in Europa heißt es nicht: »Mein Revier reicht von dieser bis zu jener Straße.« Wer Drogen hat, der verkauft sie, und wer das beste Rauschgift am billigsten anbietet, verkauft am meisten davon. Es gibt hier keine Gangkultur wie in Amerika, und darum gibt es auch nicht so viel Gewalt. Die Mexikaner haben sich von den US-amerikanischen Mafiabanden alles Schlechte abgeschaut: Sie töten, um die Kontrolle über eine bestimmte Straße an sich zu reißen; sie kämpfen um die Vorherrschaft in einer Stadt. Dieser Missstand lässt sich darauf zurückführen, dass die USA die kriminellen Banden nicht von Anfang an konsequent zurückgedrängt haben. Man ließ damals zu, dass die Gangs die Straßen unter sich aufteilten und um die einzelnen Territorien konkurrierten, in denen sie ihre mafiösen Geschäfte und natürlich den Verkauf von Drogen abwickeln. Und so läuft es bis heute: Die Mexikaner erheben Anspruch auf eine bestimmte Straße, die Russen auf eine zweite, die Philippinen auf eine dritte ... In Europa ist das anders; und die Strategie im Kampf gegen die Mafiabanden und gegen eine Zunahme der Gewalt besteht darin, die Organisationen einzudämmen, solange sie noch klein sind, denn wenn man sie erst einmal groß werden lässt, dann sind sie nicht mehr aufzuhalten.

Dolphin und Dance

In jeder Geschichte, in der mafiöse oder kriminelle Verflechtungen durch Detektive oder Ermittler aufgeklärt werden, haben diese scharfsinnigen Geister gewöhnlich einen Kollegen, Assistenten, Freund oder ähnlich klugen Kopf, der ihnen beim Lösen der Fälle hilft. Man denke nur an Dr. Watson, den treuen Begleiter Sherlock Holmes', oder an Arthur Hastings, den besten Freund von Hercule Poirot. Auch der Narcojäger José Ferreira hat einen solchen Kollegen: einen jungen, aber bereits erfahrenen spanischen Drogenfahnder – ebenfalls ein Experte der Informationsbeschaffung –, der mich bittet, seinen Namen nicht zu nennen. Er kennt die Mafiosi und die Netzwerke, die auf dem Atlantik operieren, in- und auswendig, und vermutlich ist auch er in ihren Kreisen kein Unbekannter. Während Ferreira das Operationszentrum nach außen vertritt, stehen hinter ihm oder besser gesagt an seiner Seite kluge Köpfe wie der spanische Kollege, der operative Einsätze gegen die Narcos plant und auch an ihrer Durchführung beteiligt ist.

Der Spanier ist häufig auf hoher See im Einsatz und nimmt selbst an den Durchsuchungen teil; denn er hat einen guten Riecher für die raffinierten Verstecke der Kokainschmuggler. Der geniale Sir Arthur Conan Doyle hätte in diesem Mann und seinem Chef zweifellos eine ergiebige Quelle für wahre Geschichten über die Mafia und die von ihr kontrollierte Welt der Seefahrt im 21. Jahrhundert gefunden.

Im Untergeschoss der Büroräume des MAOC-N kann man durch die Fensterscheiben gelegentlich die Wellen gegen die Felsen schlagen hören. Unterbrochen wird das monotone Geräusch des Wassers, das in dumpfen Schlägen gegen die Klippen schwappt, vom Gezeter zweier Zwergpapageien.

In einem riesigen weißen Käfig flattern Dolphin und Dance zwitschernd umher und vollziehen ihr morgendliches Turtelritual. Es handelt sich um zwei sogenannte Unzertrennliche, eine Vogelart, die zur Familie der Eigentlichen Papageien gehört. Sie werden auch Liebesvögel genannt – ihr wissenschaftlicher Name Agapornis leitet sich vom griechischen Wort für Liebe, *agape*, ab. Denn es ist tatsächlich so, dass die kleinen, aus Afrika südlich der Sahara, Tansania oder Madagaskar stammenden Papageien nicht allein überleben können. Sie müssen paarweise gehalten werden. Das Männchen und das Weibchen sind den ganzen Tag damit beschäftigt, sich gegenseitig das Gefieder zu putzen, wenn man so das sanfte Flügelschlagen beschreiben kann, mit dem sie ihren schnäbelnden Turteltanz begleiten.

Dolphin und Dance wurden zu Bewohnern des MAOC-N, nachdem das Männchen bei einer Operation der Behörde von einem Segelschiff gerettet wurde. Die *Dolphin Dance* durchkreuzte im August 2009 mit 250 Kilo Kokain aus Kolumbien die damals noch Niederländische Antillen genannte Inselgruppe, um den Stoff nach Europa zu verschiffen, wurde jedoch vom MAOC-N auf dem Atlantik abgefangen. Der arme Vogel prallte beim Versuch zu entkommen gegen die Luken des Steuerstands, während die Fahnder das Segelboot durchsuchten. Das Team des MAOC-N kaufte ihm dann ein Weibchen dazu, damit er, seiner Natur entsprechend, als Teil eines Paars leben kann.

Das Vogelgezwitscher im Ohr, lasse ich meinen Blick bis zum Horizont schweifen, wo man einen Teil der Schleusenanlagen ausmachen kann, deren Tore sich zum Hafen von Lissabon öffnen. Dort laufen Schiffe ein, die direkt aus Brasilien, Kolumbien, Venezuela und anderen südamerikanischen Ländern kommen.

Bestimmt haben viele von ihnen Kokain geladen, mit dem in den kommenden Tagen unbemerkt Konsumenten auf dem gesamten Kontinent versorgen werden. Manche der Schiffe haben ihre Drogenfracht vielleicht von Mutterschiffen übernommen, die im Flussbecken des Río Putumayo oder im Hafen der kolumbianischen Stadt Leticia lagen, bevor sie durch kolumbianische Gewässer oder, auf brasilianischer Seite, den Amazonas entlanggefahren sind. Im 16. Jahrhundert Teil des portugiesischen Kolonialreichs, ist Brasilien heute einer der wichtigsten Seehandelspartner Portugals.

Genau wie vor vierzig Jahren, als erstmals Kokain aus Lateinamerika nach Europa verschifft wurde, sehen sich die Mafiaorganisationen auch heute noch auf der Iberischen Halbinsel nach Seeleuten, Kapitänen, Beamten und ganzen Schiffsbesatzungen um, die ihre Drogen über das Meer schmuggeln können. Diese werden häufig in galicischen Hafenstädten wie Vigo, Marín, Cedeira oder Vilanova angeheuert, doch mit Sicherheit auch hier im Hafen der Hauptstadt eines Landes, für das die Schifffahrt eine so wichtige Einnahmequelle darstellt. Die Wirtschaftskrise, die Portugal seit einigen Jahren durchmacht, hat zwangsläufig dazu geführt, dass sich mehr Seeleute von den Mafiabanden für Rauschgifttransporte anwerben lassen, auch wenn es sie nicht mehr automatisch ihrer wirtschaftlichen Probleme enthebt, wie die Schicksale der Besatzungen der *Río Manzanares* und der *San Miguel* deutlich zeigen. So überlebte die Mannschaft der *Río Manzanares* nur, weil sie sich von dem Fleisch mitgebrachter Hunde ernährte. Der Besatzung der *San Miguel*, eines venezolanischen Fischkutters, erging es kaum besser: Die Drogenhändler hatten das Schiff gänzlich ohne Proviant losgeschickt; um die Fahrt zu überstehen, fingen die Seeleute Schildkröten, deren rohes Fleisch sie gierig hinunterschlangen, während sie auf die kostbare Fracht aufpassten: 3600 Kilogramm Kokain im Wert von zweihundert Millionen Euro.

Beim Kokainschmuggel auf See sind die Schiffsmannschaften stets das schwächste Glied. Werden sie verhaftet, können sie bestenfalls auf eine milde Haftstrafe hoffen. Falls sie jedoch das Pech haben, in den Gewässern eines Landes geschnappt zu werden, in dem das Schmuggeln von Drogen mit dem Tod bestraft wird, dürfte ihnen jeder Schiffbruch lieber sein. Dieses Schicksal ereilte die drei Brüder Luis Alfonso, Simón und José Regino González Villarreal aus dem mexikanischen Bundesstaat Sinaloa, die im August 2013 in Malaysia wegen Drogenschmuggels zum Tode verurteilt wurden.

Dennoch gehen die Beschäftigten der Schifffahrtsindustrie, vor allem in angeschlagenen Volkswirtschaften wie Mexiko, in mittel- und südamerikanischen Ländern und in den letzten Jahren auch in europäischen Ländern wie Portugal, dessen Fischereiwirtschaft schwer von der Krise getroffen wurde, das Risiko ein, weil sie keine andere Wahl haben: Sie sind es, die in diesem globalen *business* am meisten riskieren und am wenigsten verdienen.

Auch die Mafiaorganisationen operieren weiter in diesen Breiten. So hatte bereits 1987 der Direktor des US-amerikanischen National Institute on Drug Abuse (NIDA) gewarnt, dass der Rauschgift- und insbesondere der Kokainkonsum Europa in eine Krise führen würde.

War es die deutsche Redewendung »Ich hab's im Urin« – was bekanntermaßen so viel bedeutet wie »Ich weiß es intuitiv« –, die das norwegische Wasserforschungsinstitut NIVA unter Leitung von Kevin Thomas zu einer Studie der besonderen Art anregte? Jedenfalls beschloss das Institut, mittels einer Analyse des Abwassers Rückschlüsse auf den Drogenkonsum in verschiedenen europäischen Ländern zu ziehen. Die hochinteressanten Ergebnisse belegen, wie stark sich der Kokainkonsum in Mittel- und Osteuropa ausgebreitet hat und weiter ausbreitet. Die höchsten Werte wurden für Städte wie Valencia, Antwerpen und Amsterdam registriert. Der Konsum von Ecstasy wiederum war ebenfalls in Amsterdam, aber auch in anderen niederländischen Städten wie Eindhoven und Utrecht sehr hoch.

Die europäischen Drogenexperten sind der Meinung, dass die Öffnung der Grenzen und die geopolitischen Veränderungen, die der Kontinent in den letzten Jahrzehnten erlebt hat, auch den Drogenhändlern zugutekamen, insofern als sie ihnen potenzielle Märkte erschlossen haben. Die mexikanischen, kolumbianischen und venezolanischen Kartelle, aber auch die europäischen Mafiaclans versuchen heute verstärkt, auf diese Absatzgebiete vorzustoßen. Der Grund hierfür ist, dass der europäische Markt, wie José Ferreira Leite erläutert, trotz der hohen Transportkosten für die Kartelle heutzutage rentabler ist als der inzwischen gesättigte amerikanische. In Europa lassen sich für das Rauschgift sehr viel höhere Preise erzielen. Von der wirtschaftlichen Freizügigkeit der Eurozone profitiert dabei auch der Drogenhandel:

> Durch die geopolitische Situation der Länder ergeben sich für den Drogenhandel ebenso völlig neue Umstände. Er ist ein Teil der Gesellschaft: Wenn sich eine Gesellschaft weiterentwickelt, verändert sich auch das Drogengeschäft. Europa etwa wird immer größer, es gibt dort immer mehr Menschen und immer weniger Grenzen, und dadurch wird der europäische Markt auch für die Mafiaorganisationen immer attraktiver. Mit dem Abbau der Grenzen in den osteuropäischen Ländern hat sich den Drogenhändlern ein erheblich größerer Markt eröffnet. Und je weiter das Rauschgift transportiert werden muss, umso teurer wird es. Der Stoff wird in Spanien zu anderen Preisen als etwa in den Niederlanden oder in Moskau gehandelt.

Auch hier in Lissabon gewinnt der Kokainkonsum immer mehr an Bedeutung. Manche meinen, dies sei darauf zurückzuführen, dass der Konsum von Drogen in Portugal seit über zehn Jahren nicht mehr unter Strafe steht. Wer also Kokain, Marihuana oder

Heroin nimmt, muss keine strafrechtliche Verfolgung mehr befürchten. Gleichzeitig sind die Gewalt- und Mordraten sehr viel niedriger als in Mexiko; es gibt weniger Kämpfe um Transportrouten, und damit kurz gesagt weniger Blutvergießen. »Der einzige Nachteil ist, dass der Stoff hier viel teurer ist als in Mexiko«, erklärt ein Dealer aus Casal Ventoso, einem heruntergekommenen Viertel am Stadtrand von Lissabon.

Die Kosten des Rauschgifts sind proportional zu den Investitionen, die die Drogenhändler tätigen, um ihre Frachten in die hiesigen weiträumigen Gewässer zu transportieren, wo das größte Risiko darin besteht, den Narcojägern ins Netz zu gehen, die sich gut gerüstet im entlegensten Winkel des Hafens von Lissabon niedergelassen haben.

Apropos, ein letztes Detail soll den Lesern an dieser Stelle nicht vorenthalten werden: Während meines Besuchs in der Trutzburg des MAOC-N, als ich dem verliebten Gezwitscher der Vögel Dolphin und Dance in ihrem Käfig lauschte, fiel dem Dr. Watson der Narcojäger noch etwas zur letzten Überfahrt der *Río Manzanares* ein: »Von den sechs Welpen, die mit den Ratten an Bord gemästet wurden, um die Besatzung zu ernähren, waren zu dem Zeitpunkt, als wir das Schiff aufbrachten, nur noch zwei übrig.«

13
Großbritannien – Unter Feinden

Großbritannien gilt weltweit als einer der attraktivsten und lukrativsten Orte für Drogenhändler. Die britische Volkswirtschaft boomt wie kaum eine zweite, Großbritanniens Hauptstadt London ist Sitz aller großen und wichtigen Finanzinstitute: HSBC Investment Bank, JPMorgan Chase, Barclays Bank, Merrill Lynch International Bank, Morgan Stanley, neben vielen anderen. Und die Konsumenten in London und anderen britischen Metropolen schnupfen, inhalieren, rauchen, spritzen, kauen und schlucken Kokain, Heroin, Marihuana, Amphetamine, Methamphetamine, Crack, Ecstasy, Opium und synthetische Drogen aller Art.

Auch viele der großen Schifffahrtsgesellschaften, Reedereien, Werften, Speditionen, Versicherungsgesellschaften, Logistikfirmen, Zollabwicklungsagenturen und sonstigen Unternehmen, die sich auf den weltweiten Seeverkehr spezialisiert haben, sind mit ihrer Konzernzentrale in Großbritannien vertreten. Selbst die Internationale Seeschifffahrtsorganisation (OMI), eine Sonderorganisation der Vereinten Nationen, hat ihren Hauptsitz in London. Es gibt in dieser Branche vermutlich keine Firma, die nicht danach strebt, eine Niederlassung auf britischem Boden zu unterhalten, wo einem Leuchtturm genauso viel Bedeutung zukommt wie einem religiösen Bauwerk, wo mit Pech und Teer überzogene alte Schiffe wie Reliquien aufbewahrt werden, wo Hafenmolen als Denkmale gelten und die Standbilder und Legenden der Freibeuter und Piraten stolz gepflegt werden. Überdies gelten die Briten als hervorragende Seeleute.

Viele der Faktoren, die die Seeverkehrs- und Hafenwirtschaft – in ihrer legalen und illegalen Ausprägung – beeinflussen, werden in diesem Teil der Welt ersonnen, angefangen bei der internationalen Regulierung, der Preisbildung, der Gestaltung von Policen und Versicherungsverträgen, bis hin zu den tödlichen und minutiös geplanten Piratenangriffen in den afrikanischen Gewässern des Indischen Ozeans. Die technisch hochgerüsteten Freibeuter am Horn von Afrika, diese modernen Schüler von William Kidd, Bartholomew Roberts alias Black Bart, Francis Drake und anderen, kassieren für die von ihnen entführten Schiffe und deren Besatzungen Lösegelder in Millionenhöhe.

Doch selbstverständlich wollen nicht nur die Unternehmen der Meereswirtschaft in Großbritannien präsent sein, sondern auch die Organisationen der Mafia. Einigen, wie beispielsweise den Zetas, ist dies gelungen. Sie sind hier vor Anker gegangen, ihre Schiffe kreuzen in britischen Gewässern, tummeln sich in den Hafenbecken des Landes und versorgen sich in seinen Häfen, von wo aus das Rauschgift trotz der Bemühungen der britischen Strafverfolgungsbehörden weiterverteilt wird. Aktuell gibt es in Großbritannien keinen einzigen Hafen, der für die Mafiabanden unzugänglich wäre, wie die britischen Behörden einräumen.

Hier, auf Europas größter Insel, brauchen die Konsumenten jährlich etwa dreißig Tonnen Kokain sowie 23 Tonnen Heroin. Es kommt sogar vor, dass beide Rauschmittel gleichzeitig konsumiert werden. Dieser auch »Speedball« genannte Cocktail schlägt pro Dosis mit etwa siebzig Pfund zu Buche. Kaum hat man sich das Gemisch in die Venen gespritzt, lässt einen die Droge in den Himmel emporsteigen, den Polarstern berühren, über die Milchstraße tanzen und mit den Schlüsseln von Petrus klimpern.

In Großbritannien werden mehr als zehn Prozent des gesamten Kokains konsumiert, das den Kontinent erreicht: laut Schätzungen der UNODC jährlich etwa 280 Tonnen, ohne dass man genau wüsste, über welchen Hafen, welches Meer, welche

Küste, welchen Flughafen oder welche Autobahn sie ins Land kommen.

Hier in Großbritannien sind es die Manager renommierter multinationaler Unternehmen, die Kokain schnupfen. Kaum haben sie ihr Büro betreten, schließen sie sich auf der Toilette ein, um ihre erste Line zu ziehen; sie hilft ihnen, den Tag in Angriff zu nehmen. Aber auch die Börsenmakler nehmen Kokain, Maßanzug tragende Konzernchefs, elegante Anwältinnen aus der Londoner City, die um den Hals eine Perlenkette und in ihrer Handtasche das Pulver tragen, das sie den unbarmherzigen Druck im Haifischbecken der Finanzwelt ertragen lässt; junge Studenten, die zukünftige Oxford-Elite, Fabrikarbeiter, Hafenarbeiter in den Docks, die Pub-Besucher ... Die Kokainabhängigkeit ist so hoch, dass Scotland Yard sie bereits als Epidemie eingestuft hat. Zu ihrer Bekämpfung sind in den wichtigsten Großstädten Großbritanniens Hilfszentren für die Abhängigen aus dem Boden geschossen. Im Mai 2014 veröffentlichte die britische Trinkwasserbehörde eine Studie, der zufolge der Rauschgiftkonsum in Großbritannien so stark gestiegen sei, dass man inzwischen Kokainrückstände in der Trinkwasserversorgung nachweisen könne.

Parallel zum Anstieg des Kokainhandels und -konsums hat auch der Schmuggel von Substanzen wie Benzocain, Lidocain und Phenacetin zugenommen, die zum Strecken von Kokain benutzt werden; das gilt auch für weitere chemische Erzeugnisse, die man für die Kokainherstellung und die Mischung mit anderen synthetischen Drogen benötigt.

Früher, in den achtziger Jahren, kam das gesamte Kokain in Großbritannien aus Kolumbien; heutzutage wird es auch aus Venezuela, Ecuador, Peru und Bolivien importiert. Das Heroin wiederum stammt aus Mexiko, Pakistan, Iran, der Türkei und den Niederlanden; das hierfür notwendige Opium wird in Afghanistan angebaut. Nirgends werden so viele Amphetamine konsumiert wie in London und Umgebung, für deren Vertrieb wiederum die Mexikaner einen regelrechten Freibrief zu besitzen scheinen.

Ebenfalls aus Mexiko kommt das Marihuana, das mit Lieferungen aus den Niederlanden, aus Marokko, den Karibikstaaten und den Ländern des südlichen Afrika konkurriert. Doch natürlich gibt es auch Marihuana aus heimischem Anbau. In den Wohngebieten werden immer mehr »Gärten der Freude« angelegt, worauf kurioserweise die Energieversorger hinweisen, weil sie feststellen mussten, dass der Strom für die geheimen Plantagen häufig illegal angezapft wird.

Trotz dieser Fülle an illegalen Drogen, unter denen die Konsumenten auswählen können, behauptet sich die »weiße Dame« unbestreitbar als Königin. Wie in anderen Teilen der Welt wird der Stoff auch hier – ebenso wie in Wales, Schottland und Irland – direkt über die großen Häfen angeliefert: London, Liverpool, Birmingham, Southampton und Dover. Er stammt direkt aus Südamerika oder wurde, um Spuren zu verwischen, in Mittelamerika oder Mexiko, manchmal auch in den Nachbarhäfen Antwerpen oder Rotterdam umgeladen: Dies hängt davon ab, welche finanziellen Garantien die Mafiaorganisationen für ihre Container ausgehandelt haben beziehungsweise wer für sie bürgt, aber auch davon, ob durch Bestechungsgelder eine sichere Verladung möglich ist.

Wenn die Schmuggler, die hauptsächlich aus Karibikhäfen auslaufen, merken, dass es nahe ihrem Zielort Anti-Drogen-Einsätze gibt, ändern sie ihre Route und drehen ab in Richtung Highway 10, um über die afrikanische Küste in die hiesigen Gewässer zu gelangen. Falls sie befürchten, die Polizei oder Drogenbekämpfungsbehörden könnten auf das Mutterschiff, das von Südamerika aus in See gestochen ist, aufmerksam geworden sein, verladen sie die Drogen auf Boote, die dann die Sahel-Route über Länder wie Nigeria, Senegal und Mauretanien nehmen.

Da sich der Kreuzfahrttourismus im Vereinigten Königreich großer Beliebtheit erfreut, sind die Händler mehr und mehr dazu übergegangen, für den Drogenimport neben Container-schiffen auch Kreuzfahrtschiffe und Freizeitboote zu nutzen, die zwischen der Karibik und dem Atlantik verkehren. Der britische Geheimdienst ist auf diese immer häufiger werdende Methode zum Schmuggeln des Kokains aufmerksam geworden, weshalb die Kreuzfahrtgesellschaften und Reiseunternehmen inzwischen auf Passagiere, die dem Profil eines Drogenkuriers entsprechen, ein besonderes Augenmerk haben: Reisende, die in letzter Minute buchen, ihre Reise in bar zahlen, sich während der Überfahrt teilnahmslos verhalten oder nur widerwillig an den Aktivitäten und Vergnügungen teilnehmen. Auch ihr Aussehen, ihre Art, sich zu kleiden, oder ein Verhalten, das nicht zu den Gewohnheiten der übrigen Touristen passt, können in diesem Fall aufschlussreich sein.

Alternativ zu ihren Schmuggeloperationen auf der Iberischen Halbinsel wickeln die mexikanischen Narcos ihre Rauschgifttransporte zunehmend auch über den Hafen von Liverpool ab, wie der Sonderausschuss gegen organisiertes Verbrechen, Korruption und Geldwäsche des Europäischen Parlaments berichtete, und zwar in einem solchen Maße, dass sich der am Flussufer des Mersey im Nordwesten Englands gelegene Frachthafen von Liverpool zu einer wichtigen Drehscheibe des Kokainhandels entwickelt hat.

Wollen Drogenschmuggler darauf hinweisen, dass eine Fracht für einen britischen Hafen bestimmt ist, verwenden sie folgende verschlüsselte Botschaft: »Unsere Freunde sind einverstanden, die Beatles zu hören.« In diesem Fall weiß man, dass Schmiergeldzahlungen geflossen sind und die Ware problemlos gelöscht und durch den Hafen geschleust werden kann. Den britischen Behörden sind die Mechanismen, mit denen das organisierte Verbrechen ihre Meere und Häfen infiltriert, wohlbekannt. Aus diesem Grund treiben sie wichtige Initiativen zur Drogenbekämpfung voran: So waren sie federführend an der Einrichtung des MAOC-N beteiligt, arbeiten in Felixstowe, dem größten Containerhafen Großbritanniens, mit der Kontaktgruppe der Zollverwaltungen nördlicher Häfen in der Europäischen Union (RALFH) zusammen und kooperieren mit den führenden Drogenbekämpfungsbehörden anderer Länder.

Obwohl diese Maßnahmen angesichts der Tatsache, dass das Rauschgift nach wie vor tonnenweise auf die Insel und nach Europa gelangt, auf den ersten Blick ungenügend erscheinen mögen, muss man doch konstatieren, dass die Briten zurzeit eine Führungsrolle im internationalen Kampf gegen den Drogenschmuggel auf See übernommen haben. Dabei sind sie nicht nur in den Häfen ihres Hoheitsgebiets oder ihrer Überseegebiete aktiv, sondern – auf diskrete Weise – in ganz unterschiedlichen Gegenden der Welt. Sie setzen vor allem auf Spionage und Gegenspionage. Indem sie sich in Häfen und Zollbehörden einschleusen, gelingt es ihnen, zumindest den einen oder anderen Drogentransport abzufangen. Im Folgenden will ich einige beispielhafte Fälle schildern.

Der Fall der *Atlantic Warner*

Nachdem man auf der Iberischen Halbinsel die Maßnahmen zur Bekämpfung des Drogenschmuggels verschärft hatte, sahen sich die Zetas und die galicischen Clans gezwungen, einen Großteil ihrer Operationen in britische Häfen und Gewässer zu verlegen. In den letzten Jahren sind die mächtigsten galicischen Clans – die Caneos und die Charlines – deshalb dazu übergegangen, sich mit britischen Schmugglern zu verbünden, um gemeinsam Kokainladungen aus Südamerika zu importieren. Dazu werden unter britischer Flagge fahrende Schiffe eingesetzt, die weder polizeilich erfasst noch »verdächtig« sind. Die Kolumbianer liefern den Stoff, die Galicier die Infrastruktur für den Seetransport, und die Briten kümmern sich um die Abwicklung der Lieferung und die Transaktionen im Hafen. Sie nehmen die Fracht in Empfang, verstecken und vertreiben sie anschließend.

Im Jahr 2005 verzeichneten die Behörden besonders rege Aktivitäten der Gruppierung in den betreffenden Häfen und Gewässern. Doch um den Feind bekämpfen zu können, muss man ihn gut kennen, so lautete die Überlegung, und um ihn gut zu kennen, muss man ihm sehr nahe kommen, ganz im Sinne des Sprichworts: »Halte deine Freunde nahe bei dir, aber deine Feinde noch näher.« Die Zeit schien reif, einen Maulwurf auf einem ihrer Drogenschiffe einzuschleusen, oder noch besser: Warum die Schmuggler nicht gleich an Bord eines eigenen Schiffes nehmen? Die erste Operation dieser Art wurde noch im selben Jahr in die Wege geleitet. Der Clan der Caneos bereitete die Verschiffung einer größeren Drogenlieferung vor: fünftausend Kilo hochreines Kokain, das ihnen vom Norte-del-Valle-Kartell aus Kolumbien geliefert werden sollte.

Die britische Bande, mit der sich die Caneos verbündet hatten, wurde von Timothy K. angeführt, der abwechselnd in England und Marbella lebte. Gemeinsam planten sie, die Fracht auf folgende Weise zu transportieren: Zunächst sollten die Kolumbianer den Stoff auf ein Fischerboot verladen, das durch venezolanische Gewässer bis zur Isla de Margarita fahren sollte. Dort würde die Fracht auf ein anderes Schiff umgeladen werden, das sie bis in die internationalen Gewässer des Alten Kontinents, das heißt in ein Seegebiet ohne nationale Hoheitsbefugnisse befördern sollte. Dort würde sich ein weiteres von den Caneos und ihren Partnern entsandtes Schiff nähern, um die Fracht zu übernehmen und an die galicische Küste zu bringen, wo sie auf vier Schnellboote verteilt werden würde. Diese sollten dann unterschiedliche Ziele an der Küste ansteuern, wo die Ware versteckt werden würde, bevor man sie an Land weiterverkaufte. Kurz gesagt, ein überaus ehrgeiziger, aber sorgfältig geplanter Drogentransport. Man musste den importierten Stoff nur noch mit Koffein, Paracetamol, Benzocain, Lidocain und Phenacetin strecken, dann ließen sich mit einer einzigen Überfahrt Profite in Millionenhöhe erzielen: Im Straßenverkauf bringt ein Gramm Kokain derzeit rund achtzig Euro ein. Lediglich ein Detail fehlte noch: Es musste ein geeignetes, »sauberes« Schiff für den Kokaintransport gefunden werden, ein unverdächtiges Schiff ohne kriminelle Vorgeschichte. Doch auch dieses Problem konnte schließlich gelöst werden, und zwar mithilfe der drei Seeleute, die die Mafiosi angeheuert hatten: Sie schlugen vor, die *Atlantic Warner* zu charten, ein Fischerboot, das über den erforderlichen Tiefgang verfügte, sich in optimalem Zustand befand und anscheinend auch auf keiner schwarzen Liste geführt wurde. Kein Wunder, dass die Schmuggler glaubten, die Winde und der Meeresgott selbst stünden ihnen zur Seite.

Im Mai 2005 wurde das Schiff schließlich gechartert. Wie vereinbart übernahm die Besatzung der *Atlantic Warner* das Rauschgift und hielt sofort Kurs auf spanische Gewässer. Doch kaum hatte sie in jener Nacht des 27. Mai die ersten Seemeilen zurückgelegt, da versperrte ihr auch schon die *Centinela* den Weg. Eine bis an die Zähne bewaffnete Spezialeinheit der Nationalen Polizei sprang aus dem Patrouillenboot der spanischen Marine heraus und enterte innerhalb weniger Sekunden das Fischerboot.

»Halt, stehenbleiben, Polizei! ... Alle Mann an Deck! ... Auf den Boden!«, hörte man sie rufen.

Dann ging auf der *Atlantic Warner* alles ganz schnell. An Deck herrschte völliges Chaos. Das Team der Spezialeinheit übernahm das Kommando, etliche Besatzungsmitglieder warfen sich, die Befehle der Polizei befolgend, zu Boden, andere wiederum sprangen über Bord. Bei diesen handelte es sich um die Maulwürfe – ein Portugiese und zwei Briten, die sich auf der *Atlantic Warner* als Seeleute im Dienst der Drogenschmuggler ausgegeben hatten, in Wirklichkeit aber der portugiesischen Marine beziehungsweise dem britischen Geheimdienst angehörten.

Was für ein Pech: Die Caneos und ihre Partner hatten die *Atlantic Warner* direkt von der britischen Polizei gechartert. Sie waren in die Falle gegangen, die ihnen der britische Geheimdienst und die Drogenfahnder der UDYCO, der für Drogen und organisiertes Verbrechen zuständigen Spezialeinheit der spanischen Nationalpolizei, gemeinsam gestellt hatten. In diesem Fall hatten die Passatwinde den Narcojägern einen löblichen Sieg beschert.

Der Fall der *Destiny Empress*

Die *Destiny Empress*, ein ehemaliges Forschungsschiff der kanadischen Küstenwache mit einer Gesamtlänge von 58 Metern, hatte bereits Hunderte von Kontrolleinsätzen in den Gewässern vor Nordamerika hinter sich, als die Seefahrtsbehörde des Landes beschloss, sie zu verkaufen. Im Jahr 2005 verlegten die neuen Eigentümer den Heimathafen der *Destiny Empress* in die karibischen Gewässer vor Trinidad und Tobago an der Ostküste Venezuelas. Und auch ein neuer Verwendungszweck war für das Schiff vorgesehen: Es sollte von nun an große Mengen an Drogen aus Südamerika in europäische Häfen verfrachten.

Bei einer dieser Operationen fuhr die *Destiny Empress* unter dem britischen Kapitän Kevin Fletcher Smith; seine Besatzung bestand aus vier Rumänen, drei US-Amerikanern und einem Kanadier. Die Operation wurde von Galicien aus koordiniert, und zwar von einem in Marbella lebenden kolumbianischen Drogenschmuggler, der sich als amerikanischer Staatsbürger ausgab. Seine Aufgabe war es, den Stoff entgegenzunehmen und anschließend weiterzuverteilen. Die Fracht, bestehend aus vierzig Kokainpaketen, wurde in einem Spezialfach versteckt, dessen Tür sodann mit Aluminiumplatten zugeschraubt, zugemauert und mit einem Teppich zugedeckt wurde. Auf dem Atlantik erlitt das Schiff jedoch einen Motorschaden. Fletcher kam zu der

Einschätzung, dass es unmöglich wäre, bis zu den vereinbarten Koordinaten zu gelangen. Die einzige Lösung bestand darin, das Schiff nach Vigo zu bringen und es dort reparieren zu lassen. Er konnte nicht riskieren, die wertvolle Fracht zu verlieren.

Der Plan wäre fast aufgegangen, wenn nicht die Briten, die bereits ihre Fährte aufgenommen hatten, die Standortkoordinaten der *Destiny Empress* an das Hauptquartier der spanischen Spezialeinheit GEO durchgegeben hätten. Acht schwer bewaffnete Polizisten der Einheit bestiegen die *Serviola*, ein Hochseepatrouillenboot der spanischen Marine, um Jagd auf das Drogenschiff zu machen.

An diesem Tag war das Meer kabbelig, den Männern des Gesetzes blies der Ostwind ins Gesicht. Unbarmherzig peitschten die Dezemberwinde in stürmischen Böen über die See und wühlten tosende Wellen auf, die gegen das Deck des spanischen Marineschiffs schlugen. Gegen den Sturm ankämpfend, bahnte sich die *Serviola* langsam ihren Weg durch die dichten Wolken, die von einem bleigrauen Himmel herabhingen.

Unterdessen hatte der Kapitän der *Destiny Empress* die Zusicherung erhalten, dass man in Vigo nicht nur das Schiff reparieren, sondern auch direkt die Fracht entladen würde. Zuversichtlich nahm Fletcher Kurs auf diese Gewässer.

Als sich das Meer mit einem Mal wieder beruhigt hatte, gelang es der *Serviola*, die *Destiny Empress* nur zweihundert Meilen vor dem Hafen von Vigo einzuholen. Die Übergabe der Drogen war auf diese Weise effektiv vereitelt worden.

Die *Louise*

Im Mai 2011 ließen die französischen Behörden den Briten Informationen über ein verdächtiges Schiff zukommen: Es handelte sich um die *Louise*, eine Luxusjacht im Besitz eines gut organisierten Schmugglerrings, der Kokainladungen aus Südamerika nach Großbritannien, in die Niederlande und nach Belgien importierte. Die Jacht segelte gewöhnlich zwischen Europa, mittel- und südamerikanischen Gewässern und der Karibik umher.

In jenen warmen Frühlingstagen fuhr die *Louise* zunächst durch den Sir-Francis-Drake-Kanal der britischen Jungferninseln, um sich auf den Weg in venezolanische Gewässer zu machen. Dort sollten 1200 Kilogramm Kokain mit einem – im Vergleich zu dem in Europa verkauften fünfzig- bis dreiundsechzigprozentigen Kokain – außergewöhnlich hohen Reinheitsgrad von neunzig Prozent und einem Wert von rund fünfhundert Millionen Dollar an Bord genommen werden. Die sechs niederländischen Besatzungsmitglieder sollten die Fracht anschließend in ihrem Heimatland abliefern. Doch die Überfahrt zog sich. Es war schon August, als die Drogenfahnder ihre Netze nach der *Louise* auswarfen, die mit ihrer illegalen Fracht gerade vor der südenglischen Küste in Richtung Southampton segelte. Sie aufzubringen war einfacher, als das Rauschgift zu finden: Obwohl die Jacht nur geringen Tiefgang hatte, dauerte die Durchsuchung ganze sechs Tage, denn der Schnee war in einem raffinierten Geheimfach unter der Badeplattform versteckt.

Im selben Jahr fielen den Behörden in einer anderen eleganten Jacht 1500 Kilogramm Kokain im Wert von 630 Millionen Dollar in die Hände. Die Mannschaft des zwanzig Meter langen Boots bestand aus zwei Briten und einem Iren. Auch dieses Schiff war in der Karibik losgesegelt, sollte jedoch die Küste Irlands anlaufen. Die Beschlagnahmung war deshalb bemerkenswert, weil es das erste Mal war, dass sich die Royal Navy mit eigenen Schiffen an einem Anti-Drogen-Einsatz beteiligte.

Ebenfalls mit Mitteln der Gegenspionage wurde von Großbritannien aus eine Operation koordiniert, durch die im Oktober 2011 die *Catalejo* aufgebracht wurde. Die elegante Jacht, die unter britischer Flagge segelte, hatte in der Karibik 695 Kilogramm hochreines Kokain an Bord genommen, das im Sporthafen von Zumaia im Baskenland angelandet werden sollte.

Um die schlauen Köpfe kennenzulernen, die hinter diesen Operationen stehen, beschloss ich, die Themse hinabzufahren, jenen mächtigen Fluss, der in der Grafschaft Gloucestershire entspringt und in die Nordsee mündet. Auf meiner Fahrt kam ich vorbei an Oxford und Eton und ging schließlich in London an Land. Wieder festen Boden unter den Füßen, spazierte ich bis zu einer schmalen gepflasterten Gasse in der City of Westminster, im Westteil der Stadt, wo sich ein mehrstöckiges Gebäude befindet, durch dessen Fenster man die neogotischen Türme des Westminster-Palasts, Sitz des britischen Parlaments, bestaunen kann.

In diesem Gebäude ist die National Crime Agency beheimatet. Die NCA wurde im Jahr 2013 geschaffen, als die britische Regierung sämtliche staatlichen Stellen, die mit dem Kampf gegen das organisierte Verbrechen befasst waren, zusammenlegte. Zum Zuständigkeitsbereich der Behörde gehören nicht nur Drogenhandel und Geldwäsche, sondern unter anderem auch Cyberkriminalität und Menschenhandel.

Meinem Besuch war monatelanges beharrliches Bitten um ein Interview vorangegangen, das mir schließlich gewährt wurde. Die Geheimniskrämerei passt zu den diskreten nachrichtendienstlichen Aufgaben, die von hier aus im Kampf gegen kriminelle Organisationen aus 140 Ländern der Welt wahrgenommen werden. Gepanzerte Türen, Fenster mit Sicherheitsglas, Zutrittskontrollen, Röntgenkontrollen, Weitsichtkameras und Aufzüge mit beschränktem Zutritt: Nachdem ich diese Hürden überwunden hatte, stand mir schließlich einer der klugen Köpfe gegenüber, die für die NCA arbeiten. Sein Name: David Armond. Sein Spezialgebiet: Drogenhandel und Wirtschaftskriminalität. Er ist ein Vorreiter bei der Verwendung geheimdienstlicher Methoden und der Beschlagnahmung von Vermögenswerten zur Schwächung des organisierten Verbrechens.

Armond kann auf eine lange Polizeilaufbahn zurückblicken: Im Jahr 1976 schloss er sich dem Metropolitan Police Service an, in den neunziger Jahren war er bereits Chef der Fachgruppe Schwerverbrechen und organisierte Kriminalität, bevor er zum stellvertretenden Leiter der Serious Organized Crime Agency (SOCA), einer Vorgängerorganisation der NCA, ernannt wurde. Bei der NCA leitet er gegenwärtig den Arbeitsbereich Internationale Straftaten und fungiert als Bindeglied zu den Drogenbekämpfungsbehörden der Vereinigten Staaten. Seine Arbeit ist von strategischer Bedeutung für die europäischen und internationalen Polizeibehörden Europol und Interpol.

Armond erklärt, dass sich die britischen Behörden durch die Ausbreitung des organisierten Verbrechens gezwungen sahen, auch ihre Operationen »auf sämtliche Orte auszudehnen, wo es unserer Einschätzung nach Gefahren für das Vereinigte Königreich geben könnte, zudem auf alle Orte, wo das organisierte Verbrechen nachweislich die nationale Sicherheit bedroht. Dazu gehören sämtliche Länder, die als Liefer-, Durchgangs- oder Zielländer fungieren, also jene Staaten, in denen das Rauschgift produziert wird, aber auch die sogenannten Transitzonen.«

»Welche Mafiaorganisationen beziehungsweise kriminellen Netzwerke sind zurzeit in Großbritannien präsent?«

»Der Begriff ›Mafia‹ wird bei uns in Großbritannien gar nicht verwendet, wir definieren dieses Phänomen als ›organisierte Kriminalität‹. Das sind die Gruppierungen, gegen die wir kämpfen. In der NCA gibt es eine nachrichtendienstliche Abteilung, die sich der Erfassung von Einzelpersonen und Organisationen widmet, die in kriminelle Aktivitäten wie den Drogenhandel verwickelt sind. In dieser Abteilung haben wir 35 000 Individuen und 7200 kriminelle Organisationen erfasst, die sich der organisierten Kriminalität zurechnen lassen.«

»Gibt es in Großbritannien einen Hafen, der besonders anfällig für den Drogenschmuggel ist?«

»Nein, im Prinzip ist jeder Hafen verwundbar; es gibt keinen Hafen oder Flughafen, der nicht potenziell anfällig für das organisierte Verbrechen wäre. Unsere Aufgabe besteht darin, die Aktivitäten der Grenzbehörden an allen physischen Grenzen zu koordinieren, um Sicherheitsbedrohungen zu begegnen und mögliche Gefahren zu minimieren. Wir haben diesbezüglich eine Studie durchgeführt, eine gründliche Analyse sämtlicher Faktoren, die die Sicherheit unserer Grenzen bedrohen, und das Fazit ist: Ja, es gibt Sicherheitslücken, und ja, das organisierte Verbrechen wird versuchen, diese auszunutzen, aber das sind Probleme, mit denen alle Industrieländer konfrontiert sind, wenn es um die Überwachung von Grenzen geht.«

»In den meisten Berichten der UNO und der Europol wird betont, dass mexikanische Kartelle in Europa präsent sind und Kokainhandel betreiben, darunter auch auf britischem Boden. Nimmt diese Präsenz aktuell zu?«

»Ja, das tut sie tatsächlich. Dieses Phänomen weitet sich immer mehr aus. Nachrichtendienstlichen Erkenntnissen zufolge gibt es mittlerweile eine zunehmende Zahl von mexikanischen Kriminellen, die in Europa operieren. Diese Entwicklung wird auch durch Erkenntnisse bestätigt, die Europol in Mexiko gewonnen hat.«

»Haben Sie innerhalb der Schifffahrtsbranche Tarnfirmen ausfindig gemacht, die die Kriminellen nutzen, um Geldwäsche zu betreiben?«

»Ja, selbstverständlich. All das passiert natürlich ebenfalls; das sind typische Methoden, um Geld zu waschen. Derartige Firmen sind für die organisierte Kriminalität essenziell, um auf der ganzen Welt Geld zu waschen. Es handelt sich dabei um Investmentfirmen sowie um sogenannte Offshore-Unternehmen. All die Methoden, die die Mafia, wie Sie sie nennen, einsetzt, werden auch von den kriminellen britischen Organisationen angewandt. Die britischen Kriminellen investieren ihr Geld in Firmen in Spanien, Südafrika, Dubai, den Kaimaninseln, den britischen Jungferninseln und so weiter.«

Armond, der Mann, der 2006 für seine hervorragenden Leistungen mit der Queen's-Police-Medaille der britischen Königin ausgezeichnet wurde, beschreibt den Einfluss des Drogenhandels auf sein Heimatland wie folgt:

»Es geht nicht bloß um abstrakte Verbrechen, die sich in Afghanistan, Pakistan oder Kolumbien ereignen, weil dort das Rauschgift produziert wird, oder in Mexiko, weil dort kriminelle Banden operieren. Nein, diese Verbrechen haben unmittelbare Auswirkungen auf den Straßen Großbritanniens. Die Tatsache, dass Drogen hierhergeschmuggelt und bei uns verkauft werden, führt nicht nur zu Gewalt auf der Straße, sondern auch zu Gewaltdelikten durch Personen, die sich ihren Drogenkonsum finanzieren müssen. Außerdem stellen Drogen eine Belastung für das Gesundheitssystem dar. Und all dies hat letztlich Folgen für die Gesellschaft als Ganzes.«

Tatsächlich belaufen sich die gesellschaftlichen Kosten des Kokainkonsums auf dieser Insel, wo, wie bereits gesagt, mehr als zehn Prozent des gesamten Kokains konsumiert werden, das nach Europa gelangt, auf 1,6 Prozent des Bruttoinlandsprodukts und machen ganze neunzig Prozent der sozioökonomischen Kosten im Zusammenhang mit dem Rauschgiftmissbrauch insgesamt aus.

Der Wikipedia-Schmuggler

Brian Colin Charrington wird von den britischen Behörden als einer der einflussreichsten Drogenhändler Europas bezeichnet, als »Schlüsselfigur« auf dem Drogenmarkt. Er ist Chef eines mächtigen kriminellen Netzwerks, das seit den achtziger Jahren südamerikanisches Kokain auf Jachten nach Großbritannien importiert.

Der 1952 geborene Charrington begann schon früh damit, Kokain auf dem Seeweg zu schmuggeln. Im Jahr 1991 reiste er auf einer eigenen Jacht nach Südamerika, um seine Partnerschaft mit mehreren südamerikanischen Bossen, die ihn fortan mit Kokain versorgen sollten, offiziell zu besiegeln. Seine Schmuggelfahrten führten ihn zunächst nach Australien, später stieg er in den Markt für afrikanisches Haschisch und südamerikanisches Kokain ein. Bei diesen Geschäften arbeitete er mit dem Franzosen Alain Coelier zusammen, der 2010 kurz nach der Beschlagnahmung einer gemeinsamen Lieferung ermordet wurde.

Charrington und seine Komplizen kauften für ihre Drogenüberfahrten ganze Schiffsflotten. Aus Sicherheitsgründen verkauften sie die Boote anschließend wieder, und zwar in die ganze Welt. Auf diese Weise importierten sie über viele Jahre hinweg große Mengen Kokain. Den Verkauf der Schiffe wickelten sie dabei aufgrund der laxen Gesetzgebung der Inselrepublik vornehmlich auf Malta ab.

Brian Colin Charrington zählte lange Zeit zu den zehn meistgesuchten Verbrechern Großbritanniens. Drei Jahre lang folgten ihm die britischen Ermittlungsbehörden auf Schritt und Tritt, bis es ihnen in einer gemeinsamen Operation der britischen SOCA, der Nationalen Anti-Drogen-Behörde Venezuelas (ONA), der Amerikanischen Polizeigemeinschaft (Ameripol), der französischen Polizei, der argentinischen Marinepräfektur, der kolumbianischen Polizei und der brasilianischen Bundespolizei im Juli 2013 endlich gelang, ihn in Venezuela festzunehmen.

Auch wenn seiner Verhaftung umfassende Ermittlungen vorausgegangen waren, so war es doch Charrington selbst, der den Behörden die Arbeit erleichtert hatte: Offenbar machte es ihm Freude, erfolgreiche Schmuggelaktionen auf Wikipedia zu veröffentlichen; ein eigentümliches Hobby für jemanden, der in der Unterwelt kein Unbekannter ist und bereits mehrere Jahre wegen Drogenhandels in englischen, spanischen, deutschen und französischen Gefängnissen eingesessen hatte. Bei einer Aktion, die, wie sich herausstellte, seine letzte werden sollte – zumindest seine letzte auf freiem Fuß –, plante er die Verschiffung von Kokain auf einer Luxusjacht. Das betreffende Schiff wurde aus diesem Grund Ende 2012 von Großbritannien aus nach Südamerika geschickt, wo es in venezolanischen Gewässern eine Ladung Kokain aufnehmen sollte. Auch einer seiner Söhne steckte mit Charrington unter einer Decke. Er war für die Geldwäschetransaktionen in Paris und Benidorm zuständig. Allein an der spanischen Costa Blanca besaßen die Charringtons zehn Villen, einen ganzen Fuhrpark von Luxusautos sowie sechs Jachten.

Der Freund von Clint Eastwood

Der charismatische Brian Brendan Wright, der gern mit seinen Freundschaften zu Clint Eastwood, Frank Sinatra und Jerry Hall prahlt, gehört zu den Menschen, die sich mit größter Selbstverständlichkeit und Eleganz in exklusiven gesellschaftlichen Kreisen bewegen. 2004 wurde er als einer der reichsten Kriminellen in Großbritannien bezeichnet, doch so wohlhabend war er nicht immer gewesen. Der aus bescheidenen Verhältnissen stammende Wright verließ noch als Jugendlicher die Schule und fing an zu arbeiten, zunächst auf Londoner Märkten, später als Croupier. So lernte er die Welt der Pferderennbahnen, der Vollblüter, Jockeys, Buchmacher und glanzvollen Derbys kennen, die zu seiner großen Leidenschaft werden sollte.

Er begann, ein glamouröses Leben mit Luxusapartments und Villen in den nobelsten Gegenden Londons, Spaniens und Zyperns zu führen – ein Leben zwischen Jetset und Showbusiness: Die Nachmittage verbrachte er beim Pferderennen, wo er nicht nur seiner Leidenschaft nachgehen, sondern auch das beim Drogenhandel verdiente Geld waschen konnte, bei geschäftlichen Treffen im Hafenkomplex von Chelsea oder in den exklusivsten Londoner Clubs.

Das einflussreiche Verbrechergenie importierte Tonnen von Kokain nach Großbritannien und trug den Spitznamen »der Milchmann«, weil er stets zuverlässig lieferte. Der Stoff kam aus Kolumbien, Mexiko, Brasilien und Panama und wurde auf Booten und Luxusjachten, die unter britischer Flagge fuhren, ins Land gebracht. Bald konnte Wright sein Operationsgebiet auch auf Spanien und Zypern ausdehnen. Sein Schmuggelring gilt als einer der effizientesten, der je in diesem Land operierte. Sein kriminelles Netzwerk erstreckte sich ebenso wie seine Geschäftsbeziehungen, Aktivitäten und Bündnisse von der Karibik über die Vereinigten Staaten, Mexiko, Venezuela, Australien, Frankreich und Südafrika bis in die Schweiz.

In seinen über zwanzig Jahren im Drogengeschäft musste Wright allerdings auch die eine oder andere Schlappe einstecken: So wurde im Jahr 1996 die *Sea Mist* auf dem Weg nach Cork in Irland beschlagnahmt. Das Schiff hatte 599 Kilogramm Kokain mit einem geschätzten Straßenverkaufswert von achtzig Millionen Britische Pfund an Bord. Fast zur gleichen Zeit wurden auf einer seiner anderen Jachten, der *Casita*, sechshundert Kilogramm Koks entdeckt, die in der Karibik verladen worden waren. Aus ebendieser Region stammte der Stoff, mit dem Wright jahrelang den britischen Markt überschwemmte. Und vielleicht würde er heute noch Drogen schmuggeln und sein Geld auf der Rennbahn waschen, wäre er nicht 2005 in Spanien festgenommen, nach Großbritannien überstellt und wegen Kokainhandels im großen Stil zu dreißig Jahren Haft verurteilt worden.

In Wrights Schatten entwickelte sich auch sein Vertrauter, Kevin Hanley, zu einem effizienten Kokaindealer. Während sein Mentor im Gefängnis saß, führte er die Geschäfte fort, bis er im Sommer 2013 in Athen von griechischen und britischen Ermittlern, die ihm schon seit Langem auf der Spur waren, verhaftet wurde. Er hatte es sich dort in einem Pub bequem gemacht, um das Rugby-Match zwischen den British und Irish Lions gegen Australien zu verfolgen. Die Festnahme war der krönende Abschluss langwieriger Ermittlungen, in deren Verlauf schließlich nachgewiesen werden konnte, dass Hanley tonnenweise Kokain, Marihuana und Amphetamine auf dem Seeweg geschmuggelt sowie Geldwäsche betrieben hatte.

Doch auch wenn jede einzelne Festnahme und jedes abgefangene Drogenschiff für die Schmugglerringe eine empfindliche Niederlage darstellt, so darf man doch nicht die Relationen aus den Augen verlieren: Auf das große Ganze bezogen, handelt es sich hierbei lediglich um kleinere Betriebsunfälle. Das weiße Pulver wird dennoch weiter pünktlich in das Mekka der Finanzmärkte und der hervorragenden Seeleute geliefert werden, auf Europas größte Insel, die drei Prozent des weltweit produzierten Kokains inhaliert.

14
Highway 10 – Die Autobahn der Drogenhändler

Er beginnt zehn Grad nördlich der Äquatorialebene der Erde. Würden wir den Nullpunkt auf den amerikanischen Kontinent setzen – weil wir uns Südamerika gewissermaßen als Ursprungsort des Kokains vorstellen – und seinem Verlauf in östlicher Richtung folgen, so würde er uns durch Costa Rica, Kolumbien, Venezuela, Guinea, die Elfenbeinküste, Burkina Faso, Ghana, Togo, Benin, Nigeria, Kamerun, Tschad, die Zentralafrikanische Republik, den Sudan, Äthiopien, Somalia, Indien, Myanmar, Thailand, Vietnam, die Philippinen und Mikronesien bis zu den Marshallinseln im fernen Pazifik führen. Die Rede ist vom zehnten Breitengrad.

Er bildet eine langgezogene Linie, die drei Ozeane – den Pazifik, den Atlantik und den Indischen Ozean – sowie zahlreiche Buchten und Meere der fünf Kontinente miteinander verbindet. Da es auf dieser Schiffsroute zahllose Möglichkeiten gibt, jeden beliebigen Ort der Welt durch weitgehend unbewachte Gewässer zu erreichen, hat sich der zehnte Breitengrad zum Lieblingstransportweg der Drogenhändler entwickelt.

Auf dieser Route konnten mexikanische Drogenhändler – zusammen mit ihren kolumbianischen, galicischen und italienischen Geschäftspartnern – so entfernte Regionen wie Australien und die abgeschiedenen Marshallinseln erobern. Außerdem haben sie sich – in Verbindung mit Verbrechergruppen aus Mosambik, Kongo, Ghana und Nigeria und sogenannten Warlords – in afrikanischen Ländern festgesetzt, die vor knapp zehn Jahren noch nicht einmal wussten, was Kokain ist. Dort agieren sie wie neue Kolonialmächte. Durch die grenzenlose Macht ihres Geldes, mit dem sie Regierungen, Unternehmen und ganze Gesellschaften bestechen, ist es ihnen gelungen, diese Länder in Narco-staaten zu verwandeln.

Dank dieses Transportwegs breiten sich die weißen Linien des Kokains, jenes begehrten südamerikanischen Pulvers, heute ebenso tödlich aus wie die Tentakel eines Kraken. Dem mythischen Seeungeheuer gleich haben die Mafiagruppen heutzutage die Schifffahrt – und nicht nur sie – im Würgegriff: Sie fesseln und zerstören Länder, korrumpieren Gesellschaften und stürzen ganze Völker ins Verderben. Jeder Versuch des Staates, sie durch operative Einsätze, Überwachungsmaßnahmen, verdeckte Ermittlungen oder etwaige Verhaftungen zurückzudrängen, gleicht dem Kampf eines Seemanns gegen die mächtige Hydra, jene grausame, der Phantasie der alten Griechen entsprungene Seeschlange.

Die als Highway 10 bekannte Narco-Route wird erst seit 2004 benutzt. Grund dafür ist die stärkere Überwachung der atlantischen Meeresgebiete, durch die die Schmuggler das Kokain jahrelang ungehindert auf direktem Weg nach Europa bringen konnten. Das Risiko von Anti-Drogen-Einsätzen zwang sie, sich alternative Routen zu suchen, um auch weiterhin in geeigneten Häfen anlanden und einen exponentiell wachsenden Markt versorgen zu können. Denn der europäische Markt ist inzwischen wichtiger geworden als der nordamerikanische, was zum einen daran liegt, dass der Drogenkonsum auf dem nun buchstäblich grenzenlosen Alten Kontinent stetig zunimmt, zum anderen daran, dass der reale Wert ihrer Profite direkt an den Kurs des Euros gekoppelt ist: Und zumindest bis vor Kurzem war der Euro im Vergleich zum US-Dollar sehr stark. Natürlich sind die Händler auch daran interessiert, weitere Regionen des Superkontinents Afrika-Eurasien, auf dem 85 Prozent der Weltbevölkerung und damit zahlreiche potenzielle Drogenkonsumenten leben, mit Rauschgift zu versorgen. Zahlen der UNO zufolge entfällt allein auf Mitteleuropa ein Viertel des weltweiten Kokainkonsums; und zu den Regionen, die immer mehr an Bedeutung gewinnen, zählen Afrika und Asien. So kam es, dass die Drogenhändler, die jeder Regierung stets einen Schritt voraus sind, ihre Seekarten zur Hand nahmen und diese neue Route entwarfen.

Afrika – von galicischen Narcos zu den neuen mexikanischen Kolonialmächten

In der Nationalbibliothek Südafrikas in Kapstadt wird ein einzigartiges Buch aufbewahrt: Ein Holländer aus dem 16. Jahrhundert schildert darin erstmals die Entdeckungsfahrten von Europa an die afrikanische Küste, die Beklemmung an Deck der Galeonen angesichts der schrecklichen Wirbelstürme sowie die Pflanzen- und Tierwelt, der die Seeleute auf ihren Expeditionen begegneten. Etwas später fand jene Überfahrt statt, bei der am 6. April die fünf Schiffe *Reijer, Dromedaris, Goede Hoop, Oliphant* und *Walvisch* unter dem Kommando des Niederländers Jan van Riebeeck im heutigen Kapstadt anlegten. Hier gründete Riebeeck die erste holländische Siedlung und baute sie zum Versorgungsposten für die Handelsrouten der Niederländischen Ostindien-Kompanie aus.

Der Deutsche Peter Axer, der mehrere Jahre als Restaurator in dieser Bibliothek gearbeitet hat, hält das Buch, wie er mir erklärt, für ein faszinierendes Werk der Naturwissenschafts- und Kolonialgeschichte am Kap der Guten Hoffnung. Es habe großen Eindruck bei ihm hinterlassen, und das will etwas heißen, schließlich hat er in seiner dreißigjährigen Tätigkeit als Buchrestaurator schon etliche äußerst wertvolle und seltene Exemplare in Händen gehalten, darunter ein fünfhundert Jahre vor Christus in Babylonien verfasstes hebräisches Werk und die wertvollen Prachtausgaben Alexander von Humboldts. In diese hatte der berühmte deutsche Naturforscher sein Vermögen investiert, um seine Reiseberichte neben Kupferstichen und handkolorierten Radierungen auf Papier zu bannen. Er beschrieb darin die

Flüsse, Pflanzen und Tiere, auf die er während seiner Expeditionen durch Mexiko und Südamerika gestoßen war – darunter auch das Kokablatt, das die Einheimischen so energisch zerkauten.

Das besagte Buch aus dem 16. Jahrhundert hält das Erstaunen der Seefahrer bei ihrer Begegnung mit Afrika fest. Wie schon in Amerika geschehen, sollte der afrikanische Kontinent für Europa bald zu einer Goldmine werden. Für die Seefahrer der Welt war das Buch ähnlich faszinierend wie die Jahre zuvor erschienenen Werke des Kartografen, Geografen und Astronomen Peter Apian, der als Erster erkannt hatte, dass der Schweif eines Kometen stets in die der Sonne entgegengesetzte Richtung zeigt. Auf der Grundlage seiner astronomischen Berechnungen zeichneten Seefahrer ihre Meereskarten und kalkulierten die Reiserouten für ihre Ozeanüberquerungen.

So viel zu dem weit zurückliegenden Jahrhundert, in dem Europa begann, die Welt zu kolonisieren. Heute sind es die Drogenhändler, die dieses europäische Erbe angetreten haben.

Noch bevor der 10. Breitengrad zum Highway 10 wurde, ließen sich Mitte der neunziger Jahre etliche spanische Bosse in Mali, Togo und dem Senegal nieder, um von dort aus gefahrlos ihre Aktivitäten zu koordinieren. Wie zuvor in Galicien gründeten sie auch hier Tarnfirmen, um ihr Geld zu waschen und ihre Schmuggelgeschäfte zu betreiben. So finanzierte ein ehemaliger spanischer Polizist, der mit Drogengeschäften sein Geld machte, afrikanische Fußballmannschaften und beteiligte sich am Transfer von Spielern nach Europa. Nach den Spaniern kamen die Kolumbianer und etwas später die Mexikaner. Ihr gemeinsames Ziel: den afrikanisch-eurasischen Kontinent und dessen Konsumenten zu beliefern, die so begierig darauf sind, sich die Nase zu pudern.

Von Aufständischen zu Spähern für die Narcos

Genau wie jene europäischen Kolonialmächte, die Otto von Bismarck im 19. Jahrhundert in Berlin an den Verhandlungstisch rief, damit sie den afrikanischen Kontinent (samt seinen Bewohnern) am Reißbrett unter sich aufteilten – ganze Völker wechselten hier aus Gründen diplomatischer Höflichkeit den Besitzer –, so teilen sich auch die Mafiaorganisationen ihre Routen zu, setzen sich in den jeweiligen Gebieten fest und instrumentalisieren die Flüsse und Seewege für ihre Geschäfte, in deren Namen sie zerstören, Gewalt ausüben und töten.

Die Voraussetzungen dafür waren ideal: Länder gänzlich ohne oder mit instabilen Regierungen und eine Schule der Korruption, aus der Männer im Stile Idi Amins in Uganda, Sani Abachas in Nigeria, Mobuto Seses im Kongo und viele andere Diktatoren hervorgingen. Unter diesen Umständen konnte Afrika leicht zum Mekka für Drogenhandel und organisierte Kriminalität werden. Auf denselben Gewässern, Inseln und Territorien Afrikas, von denen aus einst Sklaven und Rohstoffe nach Ostindien exportiert wurden, bevorraten und betanken sich heute die Schiffe der Drogenhändler. Ihre Eigner heuern unterdessen Arbeitskräfte für die Umladung des Kokains, Späher für die Bewachung und bewaffnete Gruppen zu ihrem Schutz an.

Afrika, der magische und geheimnisvolle Kontinent, ist geprägt von den offenen Adern, die die gierige Ausbeutung und die jahrhundertelange Kolonisierung durch die Europäer hinterlassen haben, aber auch von alltäglichen Massakern, ewigen Hungersnöten und Bürgerkriegen. Dieser gebeutelte Kontinent mitsamt seinen Dörfern und Städten, in denen man leichter an ein Maschinengewehr kommt als an ein Buch, ist heute einer der wichtigsten maritimen Stützpunkte des Drogenhandels und des organisierten Verbrechens: Durch die zahlreichen Bürgerkriege der achtziger Jahre entstanden hochgerüstete Milizen, die heute die Drogenfrachten der Kartelle bewachen oder als Späher für sie arbeiten. Und nichts anderes geschieht in den jüngsten Konflikten. So beklagte sich beispielsweise der malische General Amadou Sagafourou öffentlich, dass die im Zuge des libyschen Bürgerkrieges nach Mali gelangten Waffen heute dem Schutz der Drogenhändler und ihrer Routen dienen.

In manchen Regionen verlangen die bewaffneten Banden von den Kartellen Gebühren für jedes Kilogramm Kokain, das durch ihr Territorium geschleust wird – nach der gleichen Methode, die auch die AUC in Südamerika oder Gruppierungen wie das Tijuana-Kartell im mexikanischen Pazifik anwenden. Dabei lassen sie sich mit Geld, aber auch in Naturalien bezahlen. Letzteres hat für die Transitländer insofern verheerende Folgen, als sich sowohl das Problem der Drogenabhängigkeit als auch Krankheiten wie HIV und Hepatitis deutlich verstärkt haben.

Vom Kap der Guten Hoffnung nach Kap Verde

Wegen seiner schwierigen Wetterverhältnisse gilt das Kap der Guten Hoffnung im Süden Afrikas als eine der großen Prüfungen der Seefahrt. Die Schiffe, die sich in die Gewässer des Kaps wagen, müssen mit Windstärken von mehr als dreißig Knoten und mit über vier Meter hohen Wellen rechnen. Unter Seeleuten ist es daher auch als »Kap der Stürme« bekannt. Heute dient das Kap als Scharnier zwischen den Routen des Kokainschmuggels: Hier werden die Frachten auf eine Süd-Nord-Route umgelenkt, um von den Häfen an der Südspitze Afrikas bis in die Gewässer Kap Verdes zu gelangen.

Ihre insulare Lage hat Länder wie Kap Verde, das sich lediglich fünfhundert Meilen vor der afrikanischen Küste an der Schnittstelle dreier Kontinente befindet, zu strategischen Zentren des Drogenhandels werden lassen. Wo ehemals Sklaven anlandeten, die man anschließend auf Schiffen nach Amerika verschleppte, werden heute die von Mexikanern, Kolumbianern und deren Verbündeten verschifften Kokainsendungen entgegengenommen. Schätzungen der europäischen Anti-Drogen-Behörden zufolge wird mindestens ein Drittel des Kokains, das über Kolumbien, Venezuela, Peru und Brasilien nach Europa exportiert wird, in Afrika umgeladen.

Hierfür existieren zahlreiche Optionen: Für die Amerikanische Polizeigemeinschaft Ameripol sind die Häfen von Benin, Kap Verde, Gambia, Ghana, Guinea, Guinea-Bissau, Liberia, Mauretanien, Nigeria, Senegal, Togo, Sierra Leone und Elfenbeinküste Einfallstore für den Kokainhandel; Gleiches gilt für die langen Küsten und Strände dieser Länder: tief liegende, glühend heiße, stickige, gebeutelte, armselige, ausgehungerte Regionen.

Der Einfluss der kriminellen Banden und ihre Nutzung der landeseigenen Seewege haben dazu geführt, dass Länder wie Guinea-Bissau, Togo oder Sierra Leone zum Sitz von Scheinfirmen und Transportunternehmen wurden, die ausschließlich dem Drogenhandel dienen. Daneben fungieren diese Staaten als Lagerstätten für das Rauschgift, von dem ein Teil die Nachfrage in der Region deckt, während der Rest nach Europa oder auf den asiatischen Markt weitertransportiert wird, hauptsächlich versteckt auf Fischerbooten.

Werden die Frachten auf speziellen Drogenschiffen befördert, verläuft die Seeroute häufig durch die Gewässer Brasiliens oder Venezuelas, denn diese Länder sind der afrikanischen Küste am nächsten. So trennen Venezuela und Guinea-Bissau gerade einmal 5500 Kilometer Meer, die nicht überwacht und in wenigen Tagen überquert werden können.

Obwohl die Drogenhändler diese Route erst seit etwa zehn Jahren nutzen, schalten und walten sie dort inzwischen nach Belieben. Länder wie Gambia, Guinea-Bissau, Ghana, Benin, Nigeria, Sierra Leone, Mauretanien und Togo leiden erheblich unter dem Kokainhandel, aber auch unter dem zunehmendem Konsum. Die Häfen dieser Staaten dienen nachweislich als Operationszentren der Schmuggler.

Die wachsende Bedeutung dieser Region als Drehscheibe des internationalen Kokainhandels zwang Interpol, das Projekt COCAF zu initiieren, in dessen Rahmen Informationen an lokale Polizei- und Zollbehörden weitergereicht werden, um diese bei der Ermittlung verdächtiger Schiffe zu unterstützen. Denn die möglichen Schmuggelwege über den Highway 10 sind vielfältig. So können Frachten, die in den Häfen am Golf von Guinea umgeladen werden, auf dem Landweg bis nach Mauretanien weitertransportiert werden, durch Guinea, Westmali oder den Senegal. Die Ladungen, die in Mali oder Mauretanien ankommen, werden bisweilen auf dem Land-, Luft- oder Seeweg direkt nach Europa verbracht oder alternativ durch nordafrikanische Länder wie Algerien, Marokko und Libyen geschleust, um anschließend über das Mittelmeer verschifft zu werden.

Die Herausbildung der verschiedenen Narco-Routen wurde durch den bereits bestehenden Seehandel zwischen den einzelnen europäischen Ländern und ihren früheren afrikanischen Kolonien begünstigt. So profitieren die Schmuggler beispielsweise von den engen Verbindungen zwischen der Elfenbeinküste und Frankreich, zwischen Kap Verde und Portugal oder zwischen Nigeria und Großbritannien.

Der erste Narcostaat

Auf ihrer Suche nach neuen Routen haben die kolumbianischen und mexikanischen Drogenhändler afrikanische Länder besetzt, in denen man zuvor nicht einmal wusste, was es mit diesem weißen Pulver auf sich hat. Ihre Expeditionen glichen den ersten Überseefahrten der Portugiesen Mitte des 15. Jahrhunderts, die die unbekannten Gewässer, durch die sie nach Guinea segelten, »das finstere Meer« nannten. Als Erstes besiedelten sie die nächstgelegene Insel Madeira, nach und nach erkundeten sie die umliegenden Meere und erreichten – nur von den günstigen

Südostwinden geleitet – Inseln, die auf ihren Seekarten noch nicht verzeichnet waren. Auf den Spuren der portugiesischen Entdecker gelangten Jahrhunderte später auch die Drogenhändler in die ehemalige portugiesische Kolonie Guinea-Bissau und andere afrikanische Regionen des 10. Breitengrads – der heute eine veritable Autobahn ist, die gewissermaßen von oben und unten befahren wird: Letzteres mit eigens für den Drogentransport umgerüsteten U-Booten sowjetischer Bauart.

Dieser neuen Schmuggelroute verdanken wir eine kuriose und im Jahrhundert des Rauschgifts fast unglaubliche Geschichte, die sich in Guinea-Bissau zutrug: Im Küstengebiet von Biombo – das sich in östlicher und südlicher Richtung entlang des Atlantiks erstreckt – kenterte 2005 ein Schiff, wurde durch die starken Wellen auf eine Insel getrieben und verlor seine Fracht. Die dort lebenden Fischer fanden Pakete am Strand, die mehrere Tüten voller weißem Pulver enthielten. Doch was war das für ein weicher, feiner, glatter weißer Stoff, der sich so angenehm auf der Haut anfühlte? Sie bemalten sich damit während traditioneller Zeremonien den Körper, was nicht funktionierte, manche bestreuten auch ihre Pflanzen damit, weil sie dachten, es sei Dünger. Doch das hatte tödlich Folgen: Die Aussaat welkte bereits nach kurzer Zeit. Schließlich fand jemand eine sinnvolle Verwendung und zog mit dem Pulver die Linien auf dem Fußballfeld nach. So hatten alle etwas davon. Diese Naivität war jedoch nur von kurzer Dauer: Innerhalb weniger Jahre sollte sich Guinea-Bissau zum ersten Narcostaat der Welt, zur afrikanischen Kapitale des Kokains mausern.

Die kriminellen Gruppierungen haben sich dabei nicht nur in der 1687 von den Portugiesen gegründeten Hauptstadt Bissau und in ihrer Hafen-Infrastruktur, dem wirtschaftlichen Herzstück des Landes, festgesetzt, sondern auch in den Häfen von Cacheú und Bolama. Nach wie vor betrachten sie Guinea-Bissau als Zweigstelle Portugals, in der sie Seeleute anheuern können, die aufgrund ihrer umfangreichen Erfahrung mit der rauen und

»finsteren« See in der Lage sind, Anti-Drogen-Einsätzen auszu-weichen, wenn sie Routen zwischen Brasilien oder Venezuela und Häfen oder Buchten wie Bissau, Buba, Cachéu und Farim befahren. Doch es gibt noch mehr Gründe, die das arme, 36 120 Quadratkilometer große Land für den Transport von Drogen so geeignet machen: das aus 88 Inseln bestehende Bissagos-Archi-pel, von denen lediglich 21 bewohnt sind, zahlreiche unüber-wachte Landepisten sowie der direkte Atlantikzugang im Westen des Landes.

Guinea-Bissau ist das fünftärmste Land der Welt: Es hat 1,5 Millionen Einwohner, von denen 54 Prozent nicht lesen und schreiben können; die durchschnittliche Lebenserwartung be-trägt lediglich 47 Jahre. Die Portugiesen herrschten dort seit 1446 und betrieben bis mindestens 1866 Sklaverei und Sklavenhandel. Das vom Bürgerkrieg zerrüttete Land wurde erst 1974, vor etwas mehr als vierzig Jahren, in die Unabhängigkeit entlassen.

Doch noch immer liegt die Wirtschaft am Boden, und es herrschen chaotische gesellschaftliche Zustände. In diesem aufgewühlten politischen Umfeld haben sich Kolumbianer und Mexikaner im Land festgesetzt, um ihre Rauschgiftgeschäfte zu koordinieren. Heute gilt der Drogenhandel als größte Einnahme-quelle des Staates. 2005 gelang es der spanischen Polizei, einen von Guinea-Bissau aus operierenden kolumbianischen Drogen-ring aufzudecken, der an der Mündung des Flusses Geba – von wo aus 85 Prozent des Überseehandels abgewickelt werden – Schiffe und Kleinflugzeuge mit Drogen belud.

Die Kriminalpolizei, die einzige Strafverfolgungsbehörde des Landes, die für den Kampf gegen den Drogenhandel zuständig ist, verfügt über lediglich sechzig Polizeibeamte. Obwohl sie von internationalen Behörden für die Jagd auf Drogenhändler ausge-bildet wurden, haben die Mafiagruppierungen sie inzwischen, genau wie die Politik und die Regierung, bis ins Innerste infil-triert. Im Folgenden will ich einige Beispiele für diese Infiltrie-rung geben.

Zwischen 2006 und 2008 wurden in Bissau 674 Kilogramm Kokain im Wert von circa zwanzig Millionen Euro konfisziert. Man lagerte sie im Tresorraum des Finanzministeriums, von wo sie allerdings verschwanden. Als Täter identifizierte man José Américo Bubo Na Tchuto, Generalstabschef der Marine, unter dessen Schutz die kriminellen Organisationen standen – daher sein Spitzname »der Drogenkönig« –, und später zwei Soldaten, Hauptmann Rui Na Flack und Leutnant Augusto Armando Balanta. Die beiden wurden verhaftet, als sie gerade eine Fracht von 634 Kilogramm Kokain entladen wollten, auf Anordnung des Oberbefehlshabers der Streitkräfte anschließend aber wieder freigelassen.

Am 12. Juli 2008 musste ein Privatjet am Flughafen von Bissau notlanden. Der spanischen Polizei zufolge war das Flugzeug vollgeladen mit Kokain, doch nachdem die Armee die Fracht sichergestellt hatte, ward von ihr nichts mehr gesehen. Seit diesem Zwischenfall weiß man, dass sich kolumbianische Drogenhändler im Land aufhalten; zwei von ihnen, Juan Pablo Camacho und Luis Fernando Ortega, nahm man zwar kurzzeitig fest, setzte sie jedoch wenige Stunden später wieder auf freien Fuß.

Zweigstelle des Sinaloa-Kartells

Der Einfluss des mexikanischen Sinaloa-Kartells in Guinea-Bissau kam ans Licht, nachdem man sich an die Fersen von Carmelo Vázquez Guerra geheftet hatte. Der Mann mit venezolanischem Pass, der zum Sinaloa-Kartell gehört, war im April 2006 schon einmal verhaftet worden, und zwar auf dem kleinen Flughafen von Ciudad del Carmen auf der Isla del Carmen. Diese Insel liegt vor der Bucht von Campeche, im Golf von Mexiko, und ist ein Zentrum der mexikanischen Erdölförderung. Vázquez Guerra war dort mit fünf Tonnen Kokain an Bord seiner DC-9 gelandet. Bei seiner zweiten Festnahme in Guinea-Bissau hatte er sich an Bord ebenjenes Privatflugzeugs befunden, das im Juli 2008 mit fünfhundert Kilogramm Kokain in Bissau notgelandet war. Die mexikanischen Behörden forderten seine Auslieferung, doch da zwischen den beiden Ländern kein Auslieferungsabkommen bestand, konnte er erneut entkommen.

Im Jahr 2013 veröffentlichte der *Spiegel* einen Artikel, der beschreibt, wie das Sinaloa-Kartell den afrikanischen Kontinent für Zwischenlandungen nutzt, wenn es auf dem Luftweg Rauschgift von Südamerika nach Europa transportiert. So werden beispielsweise in Guinea-Bissau Flugzeuge aufgetankt, die keine Transatlantikflüge absolvieren können. Neben den Zetas zählt das Sinaloa-Kartell heute zu den einflussreichsten Verbrechersyndikaten, die in Guinea-Bissau operieren. Auch die amerikanische DEA verweist auf die Verbindungen zwischen den mexikanischen Drogenhändlern und den kriminellen Organisationen in Guinea-Bissau, Mosambik, Ghana, Nigeria und im Kongo.

Aus Piraten werden Späher der Narcos

Anders als der furchtlose, charmante Sandokan, der berühmte Tiger von Malaysia, den Emilio Salgari in elf Romanen verewigte, handelt es sich bei den Piraten aus Fleisch und Blut, die im 21. Jahrhundert ihr Unwesen treiben, um unerbittliche, bis an die Zähne bewaffnete Wegelagerer. Ihre perfekt koordinierten Angriffe aus allen vier Himmelsrichtungen sind so wirkungsvoll, dass sie inzwischen den internationalen Handel schachmatt gesetzt haben: Die Piraten entführen Containerschiffe, Massengutfrachter, Öltanker und sogar Schiffe mit Waffenlieferungen an Bord, für die sie astronomische Lösegeldsummen fordern; andernfalls drohen sie, die Besatzungsmitglieder hinzurichten.

Im Rahmen des boomenden Geschäfts mit der Piraterie wird die Fracht der gekaperten Schiffe weltweit als Schmuggelware veräußert, die Schiffe erhalten einen neuen Anstrich und werden mit gefälschten Papieren anderswo wieder in Betrieb genommen. Für die falschen Dokumente sorgen korrupte Beamte, die mit den kriminellen Organisationen unter einer Decke stecken.

Das IMB Piracy Reporting Center, eine Piraterie-Meldestelle mit Sitz in Kuala Lumpur, registriert jährlich im Schnitt vierhundert Fälle von Piraterie. Diese Zahl bezieht sich jedoch nur auf die Überfälle, die zur Anzeige kommen: Zahlreiche Reeder schweigen lieber, um mit den Piraten eine rasche Rückgabe ihrer Schiffe auszuhandeln – denn mit jeder Anzeige steigen unweigerlich auch die Versicherungsprämien – oder sie weigern sich einfach, das Lösegeld zu bezahlen, und nehmen lieber den Verlust ihrer Schiffe – und ihrer Besatzungen – in Kauf. Dies gilt insbesondere für die Eigentümer kleinerer Schiffe, etwa von Fischfangschiffen. In diesem Fall werden die Schiffe von den Piraten an die Drogenhändler weiterverkauft.

Obwohl vor der Ostküste Afrikas mittlerweile Kriegsschiffe patrouillieren, ereignen sich dort immer noch die meisten Piratenangriffe. Inzwischen werden aber nicht nur Schiffe gekapert, die von der Nordküste Somalias nach Osten oder Süden fahren; die Piraten haben ihren Aktionsradius vielmehr bis zum Golf von Oman im Norden, zu den Komoren im Süden, den Malediven im Osten und zum Roten Meer, von der Meeresstraße Bab al-Mandab, die zwischen Dschibuti und der Südwestküste Jemens verläuft, über den gesamten Golf von Aden ausgeweitet.

Auf offenem Meer reichen die Angriffe mittlerweile schon bis an die Küsten von Kenia, Tansania sowie der Seychellen; im westlichen, mittleren und östlichen Teil des Indischen Ozeans bis Madagaskar und im Arabischen Meer von den Küsten von Oman und den Malediven bis zur Westküste Indiens und Sri Lankas. Und die Überfälle werden auch immer brutaler, denn die Piraten setzen zunehmend Panzerfäuste ein, um Schiffe zu kapern.

In Nigeria, dessen wichtigstes Exportprodukt das Erdöl ist, werden Schiffe an der Küste, auf Flüssen, in Häfen und den umliegenden Gewässern von Piraten attackiert und entführt. Dabei spielt es keine Rolle, ob sie vor Anker liegen oder sich in voller Fahrt befinden. Die in dieser Gegend operierenden Gruppen stehen im Ruf, äußerst gewalttätig zu sein: Wenn sie ein Boot entern, schrecken sie nicht vor Körperverletzung zurück, um die Besatzung gefügig zu machen. Die Überfälle in dieser Region sind so eskaliert, dass Schifffahrtsorganisationen mittlerweile fordern, diese Gewässer als »Kriegsgebiete« einzustufen, um entsprechende Schutzmaßnahmen umsetzen zu können.

Im September 2010 wurde im Rahmen des Weltschifffahrtstags am Sitz der Internationalen Seeschifffahrts-Organisation (IMO) in London unter dem Motto »Es reicht!« die Kampagne »End Piracy Now« lanciert. Die UNO sollte sich des Problems annehmen, so lautete die Forderung, für die über eine Million Unterschriften gesammelt worden waren. Und tatsächlich reagierte die UNO und erhöhte die Zahl ihrer Einsätze zur Bekämpfung der Piraterie, was jedoch unerwünschte Konsequenzen hatte. Denn viele Piratenbanden ließen sich daraufhin von den Drogenschmugglern anheuern. Sie sind heute als Späher für die Narcos tätig, steuern ihre Schiffe, sammeln das Rauschgift auf hoher See ein, bringen es in die Häfen, deponieren es an den Küsten, bewahren es in Lagerräumen auf, bewachen die Umladungen an Land oder werden gleich selbst zu Drogenkurieren.

»Wie kam es zu derartigen Allianzen?«, frage ich Kapitän Sebastian Mariol, einen Seemann aus Galicien, der seit über zehn Jahren Frachtschiffe von der somalischen Ostspitze des Kontinents am Horn von Afrika über die Gewässer vor Mogadischu bis zum Golf von Guinea steuert. Diese Route wird in den vergangenen Jahren zunehmend von schwer bewaffneten Piraten heimgesucht, die inzwischen aber auch die über das Meer transportierten Drogenfrachten bewachen. Er antwortet mir:

Als die ersten Anti-Piraten-Einsätze in den Gewässern vor
Somalia durchgeführt wurden, ließen sich viele Söldner
und Piraten von den Rauschgiftringen anwerben, entweder
um als Mulis Drogen zu schmuggeln oder um auf hoher See
die Drogenpakete aufzufischen, die von Mutterschiffen aus
über Bord geworfen oder von Kleinflugzeugen über dem
Meer abgeworfen werden. Die kriminellen Banden profitieren von den qualifizierten Crewmitgliedern, denn diese
kennen die betreffenden Gewässer wie ihre Westentasche,
sie sind im Besitz von Waffen und außerdem bereit, die
Frachten um jeden Preis zu verteidigen; sie sind es gewohnt, extrem hohe Risiken einzugehen. Davon abgesehen
sind sie sehr gut organisiert. Der Stoff wird stets in wasser-
feste Materialien verpackt, damit er nicht nass wird, wenn
er im Wasser landet; an jedem Paket sind zudem Bojen befestigt, die dafür sorgen, dass die Fracht mehrere Stunden
lang im Wasser treiben kann, bis die Boote kommen, um sie
aufzunehmen.

Die Piraten sind die besten Späher und Bewacher, die sich die
Narcos wünschen können. Drogenhandel und Piraterie gehen
heutzutage Hand in Hand.

Bereits in den fünfziger Jahren des vergangenen Jahrhunderts trugen die Schmuggelrouten zwischen Afrika und Amerika
erste Früchte: Damals schickten libanesische Kriminelle von
afrikanischen Häfen oder Flughäfen aus »menschliche Post«,
hauptsächlich Nigerianer, mit Heroin nach New York. Heutzutage stellen Afrikaner die Besatzungen der Schiffe, die das Koks
der Mexikaner und Kolumbianer transportieren.

Ghana – Sammelbecken des Rauschgifts

Während Guinea-Bissau zum Stützpunkt der Drogenschmuggler und ihrer Handlanger wurde, entwickelten sich die weiter südlich gelegenen Länder Liberia und Ghana zu Anlaufstellen der mit Kokain beladenen Schiffe und Container. Das Kokain, das dort ankommt, wird entweder nach Guinea-Bissau versandt oder zwischengelagert, um an andere Orte in Afrika und von dort aus nach Europa weitergeschleust zu werden.

Eines der ersten Drogenschiffe, das diesem Zweck diente, war die in Ghana registrierte *Ceres II*, die mit einer aus zwölf Ghanaern, vier Koreanern und zwei Spaniern bestehenden Mannschaft nach Kolumbien geschickt wurde. Im Sommer 2005 ereilte die Besatzung ein Missgeschick, als auf dem Schiff vor der Küste Liberias 3,5 Tonnen Kokain entdeckt wurden, die in Kolumbien verladen worden waren. Der Stoff hätte in Afrika an Land gebracht und auf kleinere Boote verteilt werden sollen, um anschließend in den Hafen von Las Palmas, auf Gran Canaria, geschafft zu werden.

Ein weiteres Schiff, die *Baia Azul*, wurde im Februar mit drei Tonnen Kokain aufgebracht, die ein Mexikaner, ein Ukrainer und sechs Ghanaer zur Zwischenlagerung nach Ghana bringen sollten. Ghana gilt als Sammelbecken des Rauschgifts, weil in seinen Häfen Accra, Kumasi und Sunyani nicht nur tonnenweise Kokain aus Südamerika in Containern angeliefert, gelagert und auf kleinere Schiffe umgeladen wird, sondern auch ein Teil des afghanischen Heroins, das in umgekehrter Richtung nach Amerika weiterverschickt wird, sowie Methamphetamine für den japanischen und koreanischen Markt. Hierfür sind heutzutage zahlreiche ghanaische Schiffe im Einsatz, etliche davon einschlägig bekannt, wie etwa die *Blue Atlantic*, die regelmäßig mit ghanaischen Schiffsmannschaften unterwegs ist.

Aktuell stammen über vierzig Prozent der in Europa wegen Drogenhandels verhafteten Personen aus Ghana, Nigeria,

Guinea und Kap Verde. Auch die Fischerboote, die das Kokain von der afrikanischen Küste aus nach Europa bringen, fahren häufig mit afrikanischer Besatzung. Dafür gibt es eine einfache Erklärung: Man muss ihnen deutlich weniger zahlen als den europäischen und sogar den philippinischen Seeleuten, die bereits als Billigarbeitskräfte gelten.

Sowohl in Ghana als auch in Guinea-Bissau hat der Drogenhandel zu einem größeren Rauschgiftkonsum und zu mehr Gewalt geführt. Hierfür gibt es zwei Gründe: Zum einen bezahlen die Rauschgiftringe die Afrikaner für ihre Dienste immer häufiger zumindest teilweise in Naturalien, zum anderen sind sie mittlerweile auch hier im großen Stil in die Herstellung synthetischer Drogen und den Anbau von Marihuana eingestiegen. Die Hanfpflanzen werden dabei versteckt auf Maniok- oder Kakaoplantagen gezogen. Zu beobachten ist dies unter anderem an der Elfenbeinküste, im Kongo, im Senegal, in Malawi, Nigeria, Benin, Südafrika, Tansania, Togo, Sambia und sogar in Marokko. Marokkos Hauptstadt Casablanca zeichnet sich heutzutage nicht nur als Exporthafen für das im Land selbst produzierte Rauschgift (Marihuana und Haschisch) aus, sondern auch als attraktiver Umschlagplatz für Kokain.

Die Salzstraßen – Route des Kokains

In etlichen Gegenden des afrikanischen Kontinents haben die geopolitischen Verwerfungen und Turbulenzen der letzten fünf bis zehn Jahren dazu beigetragen, dass auch die Drogenhändler ihre Geschäfte vermehrt in andere Gebiete verlagerten. Verstärkt wurde diese Tendenz durch ihre Allianzen mit terroristischen Organisationen, die inzwischen ebenfalls in den Kokainschmuggel eingestiegen sind. Auch der Bürgerkrieg in Libyen, der 2001 ausbrach, und die damit einhergehenden chaotischen Zustände im Land haben zu einer Intensivierung der Schmuggelaktivitäten geführt. So gesehen war nicht alles grün, was im Arabischen Frühling blühte.

Das Kokain gelangt dabei über den islamischen Maghreb, eine zwischen der Sahara und der Sudan-Savanne gelegene Region mit Zugängen zum Roten Meer, zur Mittelmeerküste und zum Atlantik, bis in die Sahelzone. Seit 2007 gilt diese Gegend als strategischer Rückzugsort von al-Qaida. Und sie wird von »Drogenkarawanen« durchquert, deren Wege sich hier in der Sahara kreuzen. Das Heroin, das von Asien nach Ostafrika geschmuggelt wird, um den europäischen und amerikanischen Markt zu versorgen, die Kokainlieferungen aus dem Westen und auch das Marihuana und die daraus erzeugten Produkte – all diese Drogen sammeln sich in der Sahara und werden von dort aus Richtung Tschad, Nigeria, Mali, Mauretanien und Marokko bis zu den Häfen transportiert, von denen aus sie weiter verschifft werden.

Diese alten Salz- oder Karawanenstraßen, über die einst Handelsgüter – darunter auch Sklaven – aus verschiedenen nordafrikanischen Reichen über das Mittelmeer nach Europa transportiert wurden, haben sich in der heutigen Zeit zu Rauschgiftrouten entwickelt. Sie führen durch unkontrollierte Staatsgebiete, in denen sich illegale Geschäfte risikolos abwickeln lassen. Selbstverständlich wird das Rauschgift heute nicht mehr mit Kamelen befördert; die Schmuggler sind auf Geländewagen und Frachtflugzeuge umgestiegen. Den Missionen des UNODC zufolge existieren zudem ganze Flotten großer Transportflugzeuge, die vollbeladen mit Kokain bis ins Zentrum Westafrikas fliegen und dort auf verborgenen Pisten inmitten der Sahara landen. Laut Berichten militärischer Nachrichtendienste hat sich der Drogenhandel in Westafrika sowie in Afrika südlich der Sahara zu einem äußerst lukrativen Geschäftszweig entwickelt.

Neben Marokko, aus dem mittlerweile nicht nur Cannabis, sondern wie erwähnt auch Kokain nach Europa verschickt wird, ist auch Kap Verde ins Visier der Drogenfahnder geraten.

Organisationen wie das in Lissabon ansässige MAOC-N führen in der Inselrepublik deshalb gelegentlich Anti-Drogen-Einsätze durch. Ein größerer Fang gelang 2011: Bei einer Razzia in Achada de Santo António, einem Stadtviertel der Hauptstadt Praia, wurden 1500 Kilogramm reines Kokain aus Kolumbien beschlagnahmt – eine Rekordmenge in der Geschichte der Insel. Der Stoff war sorgfältig verpackt und wartete darauf, verladen und in die Häfen Europas gebracht zu werden. Neben dem Rauschgift wurde eine Million Dollar in bar sowie ein Waffenarsenal konfisziert. Im März 2013 wiederum wurde siebenhundert Seemeilen südöstlich von Kap Verde ein Schiff im Atlantik gestoppt, das die Inseln mit zwei Tonnen Kokain an Bord ansteuerte. Die Fracht war von Venezuela ausgelaufen und wurde von fünf Seeleuten, vier Brasilianern und einem Koreaner, bewacht.

Der Suezkanal, eine alternative Route

Wenn die Drogenhändler von Einsätzen vor der Küste von Kap Verde oder im Golf von Guinea erfahren, so verlängern sie einfach die Überfahrt, um einen besser geeigneten Hafen zu finden. Dazu verlassen sie den Highway 10, fahren in südliche Richtung, mitunter bis an die Grenze zwischen dem Atlantischen und dem Indischen Ozean, um auf diese Weise Zugang zu alternativen Routen wie dem Suezkanal zu haben.

»Ich bin Perser. Von Persien aus eroberte ich Ägypten. Ich hatte befohlen, diesen Kanal zu graben von dem Nil-Strome aus, der in Ägypten fließt, hin nach dem Meere, das von Persien ausgeht. Da wurde dieser Kanal gegraben, wie ich es befohlen hatte, und Schiffe fuhren von Ägypten durch diesen Kanal nach Persien so, wie es mein Wunsch war.« – So lautet die Inschrift, die Dareios' I. zur Einweihung des riesigen Kanals in den Sprachen Aramäisch, Altpersisch, Elamisch und Babylonisch auf vier rote Granitstelen meißeln ließ. Der persische Großkönig hatte fünfhundert Jahre vor Christus eine schiffbare Verbindung über das Mittelmeer nach Europa geschaffen.

Der weitblickende, oft auch »der Große« genannte Dareios hatte die Bedeutung der Infrastruktur für den Handel und den Transport von Waren über das Meer erkannt und deshalb den in der Epoche des Neuen Reiches angelegten Pharaonenkanal zu einer Wasserstraße ausbauen lassen, die fortan zwei Meere miteinander verband: das Rote Meer und das Mittelmeer. Die von Dareios dem Großen geschaffene Wasserverbindung, der spätere Suezkanal, ist heute zur Route der Drogenhändler geworden.

Wenn Drogen auf dem Highway 10 geschmuggelt werden, führt der Weg sehr häufig durch diesen Kanal; denn von hier aus sind die Häfen und Gewässer Europas zum Greifen nah. Ameripol zufolge zählt der Kanal zu jenen Routen, die beim Transport von Drogen auf dem Seeweg von Südamerika nach Europa und Asien zunehmend an Bedeutung gewinnen. Der Grund dafür ist, dass der Suezkanal, der sich von den Hafenstädten Port Said bis nach Port Taufiq erstreckt, eine direkte Durchfahrt zwischen dem Mittelmeer und dem Roten Meer ermöglicht und Schiffen, die von Europa nach Asien gelangen wollen, die Umfahrung Afrikas erspart.

Hier, auf dieser Wasserstraße, kreuzen sich die Wege der Drogenschiffe mit denen der über 17 000 Öltanker und Frachtschiffe, die den Kanal jährlich durchfahren, gelegentlich auch mit denen der Kriegsschiffe, die Syrien und die Länder des Nahen Ostens anlaufen. Das Rauschgift, das sie mit sich führen, ist für Häfen in Rumänien, der Türkei, Bulgarien, Italien oder den Balkanländern bestimmt. In Häfen wie dem rumänischen Constanţa, am Ufer des Schwarzen Meeres, ist es infolgedessen nichts Ungewöhnliches mehr, wenn Schiffe mit südamerikanischen Drogen an Bord einlaufen. Sogar Touristen werden inzwischen davor gewarnt, dass sowohl der Drogenhandel als auch der Besitz oder Konsum von Drogen in diesem Land mit Haftstrafen bis zu 25 Jahren geahndet wird.

Obwohl in Rumänien bisher nur wenige Drogenschiffe aufgebracht wurden, ist eine Beschlagnahmung erwähnenswert, die im April 2011 stattfand. Versteckt zwischen Parkettdielen entdeckte man damals 150 Kilogramm Koks mit einem geschätzten Straßenwert von zehn Millionen Euro. Der Container aus Bolivien war über die Häfen von Arica (Chile), Manzanillo (Mexiko), Valencia (Spanien) nach Malta und anschließend nach Constanța verschifft worden. Von dort aus sollte die teure Fracht in den Hafen von Rotterdam verbracht werden; ein Teil war für den Weitertransport nach Deutschland bestimmt.

Mit der Nutzung des Highway 10, den afrikanischen Häfen als Umschlagplatz der Drogen und dem Suezkanal als Ausweichroute ist Afrika zu einer wichtigen Transitregion der Drogenhändler geworden. Insbesondere Westafrika hat sich zu einer wichtigen Drehscheibe des Kokainschmuggels entwickelt. Neben Kokain werden Opium, Haschisch und Heroin durch diese Region geschleust und teilweise auf dem Landweg weitertransportiert. Hiervon profitieren auch terroristische Organisationen wie al-Qaida, die sich unter anderem dadurch finanzieren, dass sie die aus Kolumbien, Brasilien und Venezuela stammenden Drogenfrachten durch die Sahelzone passieren lassen.

Die Marshallinseln – der letzte Zufluchtsort

Der allerletzte Ort auf dem Highway 10 sind die zu Mikronesien gehörenden Marshallinseln mitten im Pazifik. Bestehend aus 29 Atollen und fünf Inseln sind sie nach dem englischen Forschungsreisenden John Marshall benannt, der die Inseln Ende des 18. Jahrhunderts besuchte.

Zwar werden auf den nordöstlich von Australien gelegenen, schwer zu erreichenden Inseln ertragreich Kokospalmen, Tomaten, Melonen, Brotfruchtbäume und Bananen angebaut, doch bilden selbstverständlich Fischerei und Schifffahrt die Grundlage der einheimischen Wirtschaft. Diesen Umstand wie auch die Tatsache, dass sich die Marshallinseln ähnlich wie Panama oder Malta zu einem Billigflaggenstaat entwickelt haben, der Schiffen unterschiedslos erlaubt, seine Flagge zu führen, machen sich Kriminelle für ihre illegalen Geschäfte zunutze. Tatsächlich zählen die Marshallinseln nach Panama, Liberia, den Bahamas, Malta und Zypern zu den sechs am häufigsten genutzten Billigflaggen in der internationalen Handelsschifffahrt. Die unter diesen Flaggen fahrenden Schiffe können ungehindert alle Weltmeere befahren, selbst wenn sie nachweislich in den Drogenhandel verwickelt sind.

Einige Beispiele hierfür: Im Juni 2009 beschlagnahmte die mexikanische Marine im Hafen Puerto Progreso auf der Yucatán-Halbinsel eine Kokainladung, die sie in tiefgefrorenen Haifischen entdeckt hatte. Das Rauschgift befand sich an Bord der *Dover Strait*, eines Frachtschiffs, das in Puerto Limón ausgelaufen war und unter der Flagge der Marshallinseln fuhr. Die zwei Container mit vierhundert Haifischen, von denen 97 Kokain im Bauch hatten, waren für eine Importfirma in Tonalá im mexikanischen Bundesstaat Jalisco bestimmt.

Am 29. Oktober 2007 legte die mit 23,6 Tonnen Kokain beladene *Esmeralda* am Kai von Manzanillo im mexikanischen Bundesstaat Colima an und entlud zwei Container. Die Container waren im kolumbianischen Buenaventura auf den Weg gebracht worden und jeweils für das Juárez- und das Sinaloa-Kartell bestimmt. Im selben Hafen lief im April 2011 auch die *CCNI ANDES* aus Busan in Südkorea mit 12 Kilogramm Kokain an Bord ein, drei Monate später ein weiteres Schiff aus Buenaventura, das versuchte, 39 Kilogramm reines Kokain in den Hafen zu schleusen.

All diese Schiffe fuhren unter der Flagge der Marshallinseln. Sie transportieren das Kokain jedoch nicht nur in mexikanische Häfen, sondern auch nach Argentinien, an die französische Küste und in galicische Gewässer. Auf solchen Schiffen herrscht das Gesetz des Meeres, also das Recht des Stärkeren: So entdeckte der Kapitän der *RM Power*, die im Juli 2013 von einem argentinischen Hafen aus nach Kongo gefahren war, wo sie mehrere hundert Container an Bord nehmen sollte, auf der Rückreise ins argentinische Rosario vier blinde Passagiere. Sie hatten sich in einem afrikanischen Hafen an Bord geschlichen und sich im Inneren des Schiffs versteckt. Ohne zu zögern, befahl er, die vier in internationalen Gewässern über Bord zu werfen, wo sie ertranken.

Im Folgenden möchte ich kurz den geschichtlichen Hintergrund der Marshallinseln, dieses abgelegensten Punktes des Highway 10, beleuchten: Im Jahr 1526 von dem spanischen Seefahrer Alonso de Salazar entdeckt, wurden die Inseln schon bald für das spanische Königreich in Besitz genommen; im 19. Jahrhundert kamen sie unter deutsches Protektorat, danach unter britische Verwaltung. Es scheint, als hätte jeder irgendwann einmal Anspruch auf die Inselgruppe erhoben. Im 20. Jahrhundert waren es die Amerikaner, und erst 1990 sollten die Inseln die vollständige formale Unabhängigkeit erlangen. Seither hat das Land zwar einen Präsidenten und eine eigene Verfassung, doch ist seine laxe Gesetzgebung in der Welt der Seefahrt ein offenes Geheimnis. Wen wundert es da, dass die unter der Flagge der Marshallinseln fahrenden Schiffe bei den Drogenhändlern so beliebt sind?

Gleichzeitig ist dieser abgelegene Flecken Erde, an dem der Highway 10 endet, selbst ein dankbarer Markt für die kriminellen Organisationen: Hier werden Marihuana, Opioide, Amphetamine, Ecstasy und Kokain konsumiert; außerdem ist auf den pazifischen Inselstaaten der Genuss von Kava (*Piper methysticum*) weit verbreitet. Besonders unter jungen Leuten steigt die Nachfrage nach Amphetaminen und Methamphetaminen; die Droge aber, die immer mehr an Bedeutung gewinnt, ist, genau wie in Australien und in vielen anderen Teilen der Welt – so habe ich in diesem Buch aufzuzeigen versucht –, das Kokain. Die

Bewohner der Marshallinseln sowie der Inseln Palau und Vanuatu spritzen sich den Stoff oder ziehen sich die dünnen Linien dieser weißen Substanz durch die Nase, vermutlich ohne darüber nachzudenken, dass das Rauschgift von der anderen Seite der Erdhalbkugel zu ihnen gelangt.

Seit Neuestem wird diese Route auch in umgekehrter Richtung befahren, um Heroin und Drogen aus asiatischer Herstellung auf den amerikanischen Kontinent zu bringen. Vom sogenannten Goldenen Dreieck zwischen Myanmar, Thailand und Laos aus werden die Drogenfrachten über Bangkok und Mauritius in Häfen an der Elfenbeinküste, in Ghana, Nigeria, Südafrika, Kenia, Sambia oder Mosambik gebracht, um von dort aus an ihren Bestimmungsort Mexiko oder USA verschifft zu werden.

Wie die Schaltkreise auf einer Leiterplatte, so umspannen die Kokainschmuggelrouten den gesamten Globus; die Droge wird von Südamerika aus über Flüsse, Meere und Ozeane in die ganze Welt geschickt. Zwar ist es den Anti-Drogen-Behörden nach und nach gelungen, Sonderermittler in Häfen einzuschleusen, um dort verdeckt zu ermitteln; gelegentlich gehen sie an Bord von Drogenschiffen oder lassen sich sogar von Drogendealern rekrutieren und werden so selbst zum Köder. Doch auch die Drogenhändler verlieren offenbar keine Zeit: Der Rauschgifttransport über das Meer ist ein stark expandierendes Geschäft, mehr noch, es ist *das* illegale Megageschäft des weltweiten Seehandels. Genau in diesem Moment sind die Headhunter der Drogenhändler wieder auf den Meeren und in den Häfen des gesamten Planeten unterwegs. Sie suchen nach Visionären, die ihnen in der Nachfolge des wohl größten Kartografen der Geschichte, Piri Reis, neue Wasserwege erschließen, um auch in Zukunft den Behörden immer eine Nasenlänge voraus zu sein.

Register

Acapulco   39, 108f., 115

Afghanistan   187f., 225, 228, 232, 273, 285, 306

Afrika   12, 15, 35, 42f., 47f., 67, 126f., 153, 166, 172, 183, 192, 210, 222, 225, 232, 236, 245, 247, 249f., 252f., 255, 266, 272, 274, 286, 291–299, 302–308, 310f., 313f.

Alimar (Schiff)   119

Alkoholschmuggel   153, 158, 187, 208

Amazonas   14, 41, 103, 131–147, 152, 204, 226, 267

Ameripol   122, 286, 297, 310

Amphetamine   41, 96, 189, 191f., 204, 271, 273, 289, 306, 313

Antwerpen   44, 111, 116, 158, 170, 201, 268, 274

Argentinien   22, 26–28, 48, 56, 134, 144, 171, 175, 180, 208, 227, 243, 286, 312f.

Asien   12, 14, 42f., 47f., 108–110, 172, 185, 187, 213, 225, 293, 308, 310

Astro Saturn (Schiff)   147–151

Atlantic Warner (Schiff)   276–279

Atlantik   12, 17–19, 29, 35, 47, 64, 69, 71, 79, 113f., 116–118, 123–126, 128, 130–134, 137, 141f., 147, 152–154, 157f., 163f., 168, 170–172, 175–178, 204, 209, 222, 226f., 235, 239, 243, 249f., 252–256, 258–261, 263, 265f., 275, 279, 291, 299f., 302, 308f.

AUC (Autodefensas Unidas de Colombia)   62, 64f., 70–74, 79, 140, 239, 296

Australien   12, 14, 42, 47, 111, 116, 215–220, 236, 286, 288, 291, 311, 313

Azoren   116, 134, 165, 168, 170, 250, 254f.

Bahamas   36, 49f., 55, 58, 129, 312

Balkan   171f., 204, 207, 310

Barcelona   22, 40, 147, 150, 168, 243

Belgien   111, 116, 123, 128, 134, 163, 175f., 182, 185, 197, 209, 281

Belize   36, 42, 115, 121, 127f., 180

Beltrán-Leyva-Kartell   108, 121

Bestechung *siehe* Korruption

Billigflagge   36, 121, 246, 312

Bolivien   22, 36, 41, 47, 49, 104, 133, 147, 195, 201, 220, 226, 273, 311

Brasilien   41, 47, 56, 87, 123, 131–152, 153, 171, 175, 223, 226, 245, 255, 266f., 286, 288, 297, 300, 309, 311

Buenaventura   31, 53f., 60f., 67–84, 125, 140, 150, 226f., 312

Bulgarien   27, 172, 179, 206, 310

Cali   52, 57f., 68, 74, 76f., 81, 125, 143

Cali-Kartell   24, 51f., 74, 78, 98f., 145, 212, 226, 244

Camila (Schiff)   139

Camorra   160, 194, 226f., 230, 235f., 245

Cannabis   111, 308

Catalejo (Schiff)   170, 281

Chile   23, 47f., 109, 120, 159, 311

China   40, 159, 185, 189, 230

Chubasco (Schiff)   130, 180

CIDA (Unabhängiges Kartell in Acapulco)   108

Corleone   229, 238, 248

Cosa Nostra   194, 222f., 226–232, 235, 238f., 241, 244f.

Costa Rica   26, 58, 60, 74, 79, 119, 123–128, 206, 227, 291

Crack   133, 189, 271

Crystal   193

DEA (US-Rauschgiftbehörde)   35, 42, 48, 53, 58, 61f., 88, 102, 115f., 120, 123, 129, 143–145, 165, 212f., 219, 302

Destiny Empress (Schiff)   279f.

Deutschland   7f., 49, 68, 134, 155, 170f., 183–202, 206, 209, 230, 239, 268, 287, 311, 313

Dunkerque   175f.

Ecstasy   43, 89, 96, 129, 268, 271, 313

Ecuador   26, 38, 41f., 47, 58, 69, 74, 77f., 116, 130, 134, 142, 146, 152, 175, 198, 201, 207f., 210, 213, 215, 220, 236, 243, 273

Ephedrin   41, 109

Esmeralda (Schiff)   110, 312

Europol   42f., 169, 172, 175, 185, 192, 225, 283f.

FARC (Revolutionäre Streitkräfte Kolumbiens)   69–74, 79f., 82, 89, 124f.

FBI (Federal Bureau of Investigation)   59, 78, 87, 238, 241–243

Fentanyl   206

Frankreich   25, 123, 128f., 134, 152, 170f., 175–182, 191, 196, 207, 220, 249, 252, 280, 286–288, 298, 312

Gatún (Schiff)   113–117, 122f., 258

Geldwäsche   15f., 44, 51, 56f., 60, 76, 87f., 97, 109f., 119, 122, 125, 157–159, 162, 168, 182, 213f., 224, 231, 239, 243, 275, 282, 284, 287–289, 294

Ghana   291, 297, 302, 306f., 314

Golf-Kartell   42, 78, 86, 121, 140, 238, 240

Grafenberg (Schiff, später *Nadia*)   170f.

Großbritannien   23, 26, 43f., 111, 127–129, 134, 170, 179f., 192, 196, 198, 203, 249, 271–290, 298

Guatemala   76, 108, 121, 128, 145, 280

Guerilla   53, 60–62, 65, 73f., 78f.

Guinea-Bissau   14, 255, 297, 299–302, 306f.

Hamburg   38, 44, 46, 113, 175, 183–189, 192, 195–201

Haschisch   158f., 184, 188–191, 196, 225, 286, 307, 311

Heroin 12, 43, 50, 111, 146, 150, 168, 175, 180f., 184, 187–189, 191, 196, 204, 206f., 223, 225, 228, 232, 240–242, 244, 270–273, 305f., 308, 311, 314

Highway 10 18, 168f., 222, 227, 247, 254, 256, 261, 263, 274, 291–314

Honduras 36, 74, 121, 125, 128, 130

Hongkong 109f., 183

Immobiliengeschäfte 57, 95, 125, 142f., 157, 163, 186, 194, 224, 240

Interpol 220, 227, 283, 298

Iran 187f., 202, 207, 273

Italien 14, 43f., 62f., 127, 134, 166, 169, 171, 175, 192, 194, 196, 221–248, 249, 310

Jamaika 36, 111, 127f., 178

Japan 110, 306

Jerevé (Schiff) 214–216

Juárez-Kartell 50, 78, 85, 98, 121, 211, 312

Juan Sebastián Elcano (Schiff) 38

Juergen Schulte (Schiff) 175f.

Kanada 22, 42, 48, 88, 110f., 240, 242, 279

Kängururoute 214–216

Kap Verde (Kapverdische Inseln) 42, 127, 134, 169, 171, 254f., 260, 296–298, 307–309

Karibik 17–19, 39, 51, 55, 82, 118, 124, 126–128, 148, 154, 163, 177, 181, 197, 203, 234, 239, 252, 259, 274f., 279, 281, 288

Kath 192

Kava 313

Kokain passim

Kolumbien passim

Korruption 9, 11, 13, 15, 31, 44, 46, 65, 89, 111, 130, 163, 167, 209, 217, 236, 274f., 292, 295, 303

Layón (Schiff) 165, 199

Louise (Schiff) 129, 180, 280f.

Malta 36, 121, 163, 172, 222, 245, 247, 286, 311f.

MAOC-N (Maritimes Analyse- und Operationszentrum – Rauschgift) 29, 249–252, 258, 260–262, 266, 270, 275, 309

Marihuana 23f., 43, 50, 89, 97, 101, 104f., 184, 189, 191f., 196, 204, 225, 269, 271, 274, 289, 307f., 313

Marokko 26, 225, 239, 274, 298, 307f.

Marseille 175, 180f., 232

Marshallinseln 14, 36, 178, 291, 311–313

Mauretanien 36, 169, 256, 274, 297f., 308

Medellín-Kartell 24, 48, 51, 145, 156, 244

Methamphetamine 193, 271, 306, 313

Mexiko passim

Mittelmeer 23, 153, 172, 179, 205, 221f., 233f., 239, 243, 247, 249, 298, 308–310

MV Andrea (Schiff) 203, 205, 208

Nataly I (Schiff) 115f.

Nativa (Schiff) 120

'Ndrangheta 160, 194, 202, 226f., 230, 237–244

Nicaragua 123, 125, 128, 130

Niederlande 111, 116, 128f., 134, 146, 148, 152, 163, 170f., 180, 182, 185, 195, 209, 225, 235, 249, 269, 273f., 281

Nigeria 22, 27, 274, 291, 295, 297f., 302, 304–308, 314

Nordkorea 36, 202

Nordsee 185, 189, 204, 209, 282

Norte-del-Valle-Kartell 52f., 56, 58f., 62, 71, 74, 77, 80, 98f., 104, 145, 163, 226, 277

Opium 40, 146, 180f., 187f., 191, 232, 271, 273, 311

Orinoco 41, 64, 147, 176f.

Ostsee 185, 194, 198, 203–211, 214

Pacific Reefer (Schiff) 200

Palermo 44, 144, 221, 227–230, 232f., 235, 238

Pampáno (Schiff) 91–96

Panama 14, 36, 47, 58, 60, 63, 69, 74, 76, 79, 99,109, 113–115, 117–126, 151, 153f., 157–159, 163, 182, 202, 220, 227, 247, 258, 288, 312

Panamakanal 47, 113f., 117–121, 128

Paramilitärs 53, 61–65, 70–73, 78f., 82, 89, 161, 165, 238

Pazifik 12, 19, 25, 29, 31, 39, 42, 45, 47f., 51–56, 60f., 67–69, 73, 75, 77, 79, 81, 85–87, 90f., 95, 106–111, 113–115, 117–120, 124f., 127f., 130, 137, 145f., 153, 157, 170, 175, 200, 213, 215f., 218–222, 258, 291, 296, 311, 313

Pazifikroute 42, 108f.

Peru 12, 14, 41, 47, 49, 58, 74, 89, 120, 132f., 137–139, 142, 145f., 152, 207, 220, 226, 273, 297

Piraten 20, 32, 40, 49, 119, 140, 189, 225, 257, 271f., 302–305

Polizei passim

Portugal 23, 47, 129, 131, 134, 142, 152, 162, 171, 175, 179, 191, 198, 249–270, 278, 298–300

Reeder/Reedereien 14, 21, 25f., 29, 36, 55, 73, 76, 78f., 94f., 100, 114, 117, 146, 154, 158, 161, 163f., 175, 187, 202, 209, 223, 226, 243, 246, 260, 271, 303

Río Manzanares (Schiff) 17–21, 38, 152, 160, 249, 261, 267, 270

Russenmafia 208–212

Sahelzone 274, 308, 311

Scheinfirmen siehe Tarnfirmen

Schmuggelrouten 29, 44, 50, 74, 78, 85, 226, 228, 239, 256, 299, 305, 314

Schutzgeld 61, 90, 102, 108, 225, 238

Schwarzes Meer 28, 44, 153, 171f., 310

Schweiz 124, 127, 159, 191, 196, 214, 288

Sinaloa-Kartell 37, 43, 60f., 76, 78, 83, 104, 107f., 114, 116, 121–123, 146, 162, 171f., 182, 215, 219f., 226, 301f., 312

Sizilien   159f., 181, 194, 221f., 224, 226, 228–238, 244f., 247f.

Skandinavien   185f., 201, 203f., 209, 234

Spanien   14, 18f., 22, 26, 28, 38–40, 43, 47, 58, 123, 129f., 134, 146, 153–173, 178–180, 182, 191–193, 198, 208, 214, 220, 230f., 239, 245, 249, 256, 262, 264f., 269, 278–280, 285, 287f., 294, 300f., 306, 311, 313

Stockholm   202f., 205

Südkorea   110, 147, 206, 312

Suezkanal   239, 309–311

Sun Sea (Schiff)   110

synthetische Drogen   43, 89, 96, 108, 206, 225, 271, 273, 307

Tarnfirmen   36, 91, 100, 142, 198, 214, 235, 284, 294, 297

Tasman Mermaid (Schiff)   198

Tijuana-Kartell   52, 54, 85–90, 92, 96, 98, 100–102, 104–108

Tortuga (Schiff)   259f.

Türkei   14, 180f., 187f., 196, 207, 228, 232, 273, 310

Ukraine   172, 206f.

UNODC (Vereinte Nationen für Drogen- und Verbrechens-bekämpfung)   34f., 110f., 146, 187, 224, 272

USA   15, 23f., 27, 30, 42, 44f., 47–49, 55–59, 61, 63f., 74–77, 85f., 88–90, 96, 98f., 104, 106, 109, 111, 122–126, 128, 130, 133, 142, 144f., 148, 151, 156, 162f., 180f., 185, 202, 220, 223, 230, 232, 240f., 247, 264, 314

Venezuela   17, 19, 22, 41, 47, 58, 64, 114, 129, 134, 147f., 150, 170, 175–181, 227, 229, 244f., 266, 273, 279, 286, 288, 291, 297, 300, 309, 311

Waffenhandel, illegaler   12, 15, 41, 43f., 63f., 79, 82, 109, 121, 125f., 187f., 202, 207–211, 218, 243, 246, 296, 302, 305, 309

Weltzollorganisation (WZO)   34, 111, 146

Zetas (Kartell)   42–44, 82, 109, 121, 140, 226, 236, 238, 240, 272, 276, 302